大 学 问

始 于 问 而 终 于 明

守望学术的视界

章太炎 传

革命儒生

王锐 著

广西师范大学出版社
·桂林·

革命儒生：章太炎传
GEMINGRUSHENG: ZHANGTAIYANZHUAN

广西师范大学出版社·大学问
品牌策划 | 赵运仕
品牌总监 | 刘隆进

策划编辑 | 刘隆进
责任编辑 | 罗诗卉　王佳睿
责任技编 | 伍先林
营销编辑 | 赵艳芳
封面设计 | 今亮后声·郭维维

图书在版编目（CIP）数据

革命儒生：章太炎传 / 王锐著. --桂林：广西师范大学出版社，2022.11
　　ISBN 978-7-5598-5536-7

Ⅰ.①革… Ⅱ.①王… Ⅲ.①章太炎（1869-1936）—传记　Ⅳ.①B259.25

中国版本图书馆 CIP 数据核字（2022）第 193817 号

广西师范大学出版社出版发行

(广西桂林市五里店路 9 号　邮政编码：541004)

(网址：http://www.bbtpress.com)

出版人：黄轩庄
全国新华书店经销
广西民族印刷包装集团有限公司印刷
(南宁市高新区高新三路 1 号　邮政编码：530007)
开本：880 mm ×1 240 mm　1/32
印张：10.75　字数：250 千
2022 年 11 月第 1 版　　2022 年 11 月第 1 次印刷
定价：88.00 元

如发现印装质量问题，影响阅读，请与出版社发行部门联系调换。

目　录

早年生活梗概　1

求学诂经精舍　16

参与变法运动　32

走上革命之路　53

重订《訄书》，鼓吹革命　72

投身政治论战　91

重诂中国传统　114

批判近代思潮　139

东京讲学，团体内讧　159

身陷民初政争　179

困居京城，增删旧作　202

针砭新文化运动　222

奔走联省自治运动　*242*

徘徊政治歧路　*261*

晚年讲学宗旨　*282*

辞世、国葬与身后评　*304*

评价章太炎一生　*321*

后记　*338*

早年生活梗概

1869年1月12日(农历1868年十一月三十日),章太炎出生于浙江省余杭县仓前镇。章太炎初名学乘,后改名为炳麟,字枚叔(一称"梅叔")。后因仰慕顾炎武之为人,遂改名绛,别号太炎。世人常以其别号"太炎"来称呼他。此外,他还用过许多别名和笔名,比如章爔、章缁、绛叔、西狩、日本西狩祝予、末底、戴角、独角、菿汉阁主、台湾旅客、知拙夫、陆沉居士、支拉夫、支那夫、刘子政私淑弟子、刘子骏之绍述者、萧海琳等。①

章太炎出生之时,正值太平天国起义被清政府镇压下去不久。这场轰轰烈烈的农民运动对浙江的经济生产与社会结构产生了极大影响。随着太平天国军队进入浙江,许多地主逃亡,土地被当地农民与外来人口占据开垦。虽然太平天国政权在浙江的主要精力都放在与清军作战上面,并没有太多时机与空间施行其定都南京

---

① 汤志钧编:《章太炎年谱长编(增订本)》上册,北京:中华书局,2013年,第1页。

之时所宣传的土地制度,因此依然按照清廷对基层的统治方式来征收赋税,同时经常聘用地方士绅与富户为"乡官",①但农民起义毕竟一定程度上撼动了地主士绅对基层社会的支配,其结果之一就是农村当中的自耕农数量增多。据研究者20世纪60年代在余杭县调研时发现,当地不少农户都是太平天国运动之后从外地迁居过来的,属于由清政府招垦而来的自耕农,并且趁着地主阶级势力日趋衰落,这些自耕农低价买入不少土地,使当地的地权分布得更为平均。②

此外,太平天国运动之后,浙江农村盛行永佃制。其主要原因在于当地农民借着太平天国的影响,开始与地主阶级进行斗争,要求后者承认农民对土地的永佃权,防止地主采取新的手段来剥削农民。而在一些地区,永佃权的性质逐渐发生变化,即农民从拥有土地使用权发展为对土地拥有部分所有权。凡此种种,加上近代资本主义商品经济在当地的普及与洋货逐步深入农村市场,不断冲击着传统的地主经济,③浙江农村的社会结构发生了颇为深刻的变化,这对包括章太炎家族在内的本地士绅阶层产生了不小的影响。章太炎后来长期关注中国的土地问题与农民问题,思考如何通过合理的土地制度来保证经济生产的活力,从渊源上来看,似与他所成长的地方经历过的社会经济变迁颇有关系。④

关于清代以来的浙江,史家贺昌群曾说:"两浙为鱼米之乡,人

---

① 郦纯:《太平天国制度初探》下册,北京:中华书局,1989年,第425—437页。
② 王兴福:《太平天国革命后浙江的土地关系》,《史学月刊》1965年第5期,第13页。
③ 范文耀:《清末江浙农村经济生活的新变化》,《南开史学》1982年第1期,第209—224页。
④ 姜义华:《章炳麟评传》,上海:上海人民出版社,2020年,第11—12页。

口繁殖之地。因近古以来,地理环境之变迁,其人士最能得风气之先,接受时代思潮。明末遗贤之所以倡于彼者,而其影响则在于此。其人物殷阜,明清以来藏书之家甚多,乾隆朝修四库全书,以浙江采进之书最多,号称人文渊薮。"① 具体到余杭县隶属的杭州府,清代以来,随着经济生产力的提高,物质财富、人才与文化资源不断输入当地,使杭州府成为浙江省乃至全国重要的文化中心,科举中举人数在全国名列前茅。② 章太炎家族便是当地颇有名望的耕读之家。他的曾祖名叫章均,字安圃,生于乾隆中叶,通过家族的几代积蓄,家资充盈。据章太炎说,章均家"赀产至百万"。③ 章均曾经在当地县学做增广生,后担任训导,教于海盐儒学。后来他用自己的钱财创办苕南书院,又购置田产设立章氏义庄和家塾,养育族中子弟。当时章氏宗族人数多达三百余人,其中的贫寒子弟也可至家塾中学习受业。

章太炎的祖父名叫章鉴,字聿昭,自署晓湖,是章均最小的儿子。曾入县学为附学生,援例为国子监生,但不愿出仕为官。借助师承关系,他较为广泛地了解了古今学术梗概。章鉴非常喜好藏书,积累了许多宋、元、明旧版书,并用此来教授子弟。中年以后,由于妻子之病为医所误,他开始钻研医学,购买了大量医学典籍,对历代名方甚为熟悉。章鉴经常为亲族治病,还为周围的穷人免费治疗。太平天国军队占领余杭期间,苕南书院毁于战火,义庄券

---

① 贺昌群:《江南文化与两浙人文》,《图书展望》1936 年第 2 卷第 1 期,第 14 页。
② 何炳棣著,徐泓译注:《明清社会史论》,北京:中华书局,2019 年,第 319—320 页。
③ 章太炎:《先曾祖训导君先祖国子君先考知县君事略》,载《章太炎全集》第 9 册,上海:上海人民出版社,2018 年,第 211 页。

册也遭焚毁。章鉴为了躲避战乱,开始以行医为生。他一度担任太平天国的乡官,但却不想久任此职,在为一位太平天国将领治好病后,他就辞官返乡,无意仕途,专门为穷人看病。①

章太炎之父章濬(字轮香)是章鉴的长子。廪生出身,成绩优异,但屡次应试而未能中举。左宗棠率军来浙江与太平天国作战时,章濬曾向其献地图,并进言善后之策,左宗棠对其颇为欣赏。1867年,新任杭州知府的谭钟麟聘请章濬为幕僚。之后谭钟麟迁任河南按察使,承担起镇压捻军起义的任务,但章濬却不想长期离开家乡,遂以母亲年高需要照料为名,辞职返回故乡。在余杭,他担任县学训导,成为当地知名士绅。晚年热心于家乡水利建设,同时与其父一样,经常给穷人看病。② 章太炎是章濬的第四个儿子。

从表面上看,章太炎的家族虽然在当地属于精英阶层,但对仕宦却并不怎么热衷,而是将更多的时间放在教育本族子弟、致力地方公益上。从社会心态史的角度来看,这样一种"人生规划"在当时的士绅阶层中也颇为常见。至于为何做此抉择,或因自感升迁无望,或因厌倦庶务缠身,或因看透官场陋习,或因不愿辞家远行,各种缘由,不一而足。

不过即便如此,也不能忽视士绅阶层在当地社会的影响力。晚清下层士绅群体虽然未必会对朝廷大政方针产生影响,但在地方上依然有着举足轻重的地位。作为地方精英阶层,他们经常和官府结成同盟,而后者的成员也多由士绅阶层构成。他们在本地承担许多社会与文化职责,经常作为官府与百姓之间的中介来活

---

① 姜义华:《章炳麟评传》,第12页。
② 汤志钧编:《章太炎年谱长编(增订本)》上册,第2页。

动。他们一面替官府治理地方出谋划策,另一面也时常在与官府打交道时代表地方上的利益。在一般情况下,官府和士绅之间的主要利益是比较一致的。而为了保持当地秩序稳定,钱粮赋税按时缴纳,伦常秩序得以维系,他们也相互离不开对方。① 从社会结构的角度来看,章濬在当地也处于这样的地位,因此他和余杭县的知县刘锡彤关系密切,这在晚清社会当中本属寻常之事。但也正因为如此,当时一起引起朝野轰动,甚至造成一定国际影响的案件,让章太炎的父亲章濬卷入其中,这就是著名的杨乃武与小白菜案。

  这个案件的情节并不复杂。杨乃武是当地的一名秀才,喜欢打抱不平,常将官绅欺压百姓的事状编为歌谣。他反对余杭的县吏在征粮之时设置陋规,盘剥百姓,于是替百姓写状子控告此事,因此得罪了县令刘锡彤。小白菜原名毕秀姑,与其夫葛品连曾租住杨家的房子,却因此被一些市井闲人散布流言,说她与杨乃武关系不正常。为了避嫌,葛品连夫妇遂搬出杨家住所,另寻住处。1873年下半年,葛品连突然暴病身亡。刘锡彤认定他是遭人投毒而死,于是将毕秀姑收监,拷问她曾与何人通奸,最终毒死亲夫。刘锡彤的儿子刘子翰则差遣亲信诱逼毕秀姑栽赃杨乃武,以免被凌迟处死。在严刑逼供之下,毕秀姑遂按刘子翰的说辞招供。刘锡彤随后将杨乃武收监,称其与毕秀姑通奸,毒死葛品连。此案报至杭州府后,杭州府知府陈鲁因受刘锡彤先入之辞的影响,断定毕秀姑的供词无误,用严刑逼问杨乃武,后者熬不过跪钉板、跪火砖、

---

① 张仲礼:《中国绅士——关于其在19世纪中国社会中作用的研究》,李荣昌译,上海:上海社会科学院出版社,1991年,第67—68页。

上夹棍等酷刑,只好接受刘锡彤对他的指控,承认曾将毒药交给毕秀姑,让她毒死葛品连。陈鲁又逼问毒药从何而来,杨乃武只好声称是在仓前镇的仁爱堂药铺购买的,这个药店的店主名叫钱宝生。于是杭州府遂下令传讯钱宝生。由于担心钱宝生在大堂上不肯认账,刘锡彤就和章濬商量对策。章濬建议由他写信给钱宝生陈明利害,让后者大胆承认,并担保不会受到拖累。同时告知钱宝生,如果不承认,根据杨乃武在严刑之下形成的供词,他可能会被治以重罪。

杨乃武与小白菜案不久之后就传至浙江全省。杨乃武家属分别向浙江省藩司、臬司、抚台衙门告状喊冤。但是浙江省各级衙门并未因此而重审该案,而是维持原判。杨乃武的姐姐遂赴北京分别向都察院、刑部等衙门投递冤状,并恳请在京的浙江籍官员为自己的亲人主持公道。① 这样一来,此案成为清政府高层聚焦的重点,甚至其中还掺杂了错综复杂的官场斗争。熟悉清末民初典故的黄濬就指出,该案"有科名门地之争,官民之争,省籍成见之争,内外官之争,尤大者为疆吏枉法欺罔朝廷之问题"。② 更为重要的是,由英国人在上海投资创办的《申报》持续关注该案,造成广泛的舆论影响。《申报》通过报道此案来彰显中国司法的黑暗与腐败,披露审讯过程中各种酷刑之不人道。从动机上来说,这固然包含着英国方面希望借着报道此案强调中国司法是如何野蛮落后,进而暗示列强在华的领事裁判权有其必要性。但不可否认的是,通

---

① 以上叙述参见杨濬《记我父杨乃武与小白菜的冤狱》,载《文史资料选辑》编辑部编《文史资料精选》第1册,北京:中国文史出版社,1990年,第45—66页。
② 黄濬:《花随人圣庵摭忆》下册,北京:中华书局,2013年,第566页。

过这些报道,也让人们意识到了地方吏治与司法的诸多阴暗面,使有识之士萌生改革之念。当然,《申报》在报道此案的过程中时常抨击浙江省各级官员,特别是浙江巡抚杨昌濬。① 杨昌濬是当时正在率大军在西北征讨阿古柏势力的左宗棠的好友,同时,浙江省承担着为西征大军筹集粮饷的重任,而英国人不希望左宗棠顺利平定新疆,而是打着企图保存阿古柏势力来对抗俄国的盘算,那么《申报》的这些报道,在动机上就更不那么纯粹了。

这一轰动朝野的案件,最终让浙江省许多官员丢掉了乌纱帽。余杭县令刘锡彤被发往黑龙江充军,不准收赎,浙江巡抚杨昌濬被革职,章濬由于曾写信唆使钱宝生承认卖砒霜给杨乃武,被革去训导之职。

根据现存的材料,很难判断这一案件对章太炎家族产生的冲击与影响,不过可以肯定的是,章濬由此看透了晚清的官场世态。在一首名为《长夏偶成》的诗里,章濬说自己"我有一间屋,不共热客逐",凸显自己懒得再为纷纷扰扰的利禄之争而劳神,同时强调自己现在的状态是"高卧侣羲皇,静坐休贪沐",一副世外散人的模样。而他此时致力于做的,便是"课儿居其中,犹之牛舐犊"。②

章濬说要像"牛舐犊"那样"课儿",指的就是亲自教育章太炎等人。除了章濬,章太炎的外祖父朱有虔也经常指导章太炎阅读经籍。在如此优渥的家庭条件下,章太炎13岁的时候,于学习律诗与科场应试文之余,已经对古人的辞章之学颇感兴趣,但章濬却

---

① 卢宁:《早期〈申报〉与晚清政府》,上海:上海科学技术文献出版社,2012年,第88—103页。
② 姜义华:《章太炎思想研究》,上海:上海人民出版社,1985年,第5—6页。

要求章太炎还是应当先能熟练应付科场应试文,再谈其他。章太炎16岁的时候,赴县城应童子试,但因身体不适而未能过关。也正是在这一年,他开始阅读《老子》与《庄子》。第二年,章太炎开始读前四史、《昭明文选》《说文解字》,同时决心不再参加科考。1885年,章太炎18岁(按:本书中章太炎年龄以虚岁计),此时他开始较为系统地研读经学与小学。这一年他阅读了唐人的《九经义疏》,顾炎武的《音学五书》,王引之的《经义述闻》,郝懿行的《尔雅义疏》,第二年他又读了《学海堂经解》。可以说,在弱冠之年,他已经开始立志于继承清代乾嘉汉学的传统,力图在考订经籍文字、音韵、制度方面有所建树。而从他能够独自研究清儒论学之作这一点来看,他必然已经对中国主要传统典籍十分熟悉。所以到了1888年,21岁的章太炎已经一面继续阅读经籍,同时旁涉诸子学与史学,一面开始有"著述之志"。① 此刻,他似乎已是一位初出茅庐的青年汉学家了。

或许是为了凸显自己颇有家学,章太炎在人生不同阶段里几次追忆自己青少年时期的学习经历。除了在撰写于1928年的《自订年谱》中较为详细地梳理自己的学术成长过程,在1898年与李鸿章的信中,他自言:"幼诵六籍,训诂通而已。然于举业,则固绝意不为。年十七,浏览周、秦、汉氏之书,于深山乔木间,冥志覃思,然后学有途径,一以荀子、太史公、刘子政为权度。"②1933年,在向弟子诸祖耿自述治学经历时,章太炎说:

---

① 章太炎:《太炎先生自订年谱》,台北:文海出版社,1981年,第2—3页。
② 章太炎:《与李鸿章(1898)》,载马勇编《章太炎书信集》,石家庄:河北人民出版社,2003年,第19页。

> 余家无多书，年十四五，循俗为场屋之文，非所好也。喜为高论，谓《史》《汉》易及，揣摩入八比，终不似。年十六，当应县试。病未往。任意浏览《史》《汉》，既卒业，知不明训诂，不能治《史》《汉》，乃取《说文解字》段氏注读之。适《尔雅》郝氏义疏初刊成，求得之。二书既遍，已十八岁。读《十三经注疏》，暗记尚不觉苦。毕，读《经义述闻》，始知运用《尔雅》《说文》以说经，时时改文立训，自觉非当。复读学海堂、南菁书院两《经解》皆遍。①

在这里，章太炎说自己家里"无多书"，显然是谦辞。和江浙一带的著名藏书家比，章太炎家中的藏书或许并不算多，但要和一般民众相比，甚至和偏远地区的士绅家庭相比，章太炎家已经算是藏书颇丰了。也正因为有这样的藏书基础，他才有可能在读书之初就涉猎清代汉学论著。而在当时那些文教不怎么兴盛的地区，读书人所能见到的书籍种类其实是比较有限的，甚至有时只能读到一些和科举考试相关的书。比如在湖南地区，在曾国藩、左宗棠等人因事功而名扬四海之前，当地的学问主流依然是与科举考试密切相关的性理之学。而在四川，张之洞在1873年担任四川学政之初，发现当地的读书人见识极为有限，有的人终身只会诵读一种经典，并且还没什么心得。更有甚者，当地还流行用道教的内容去解读《大学》《中庸》这两种被列入"四书"之中的经典。而张之洞所设想的

---

① 诸祖耿：《记本师章公自述治学之功夫及志向》，载陈平原、杜玲玲编《追忆章太炎》，北京：生活·读书·新知三联书店，2009年，第66页。

改造当地学风方案,就是将章太炎自少年时代起就已经比较熟悉的江浙学术(主要是汉学)引入四川,使那里的士子有机会一窥学术门径。① 总之,章太炎后来能在思想与学术领域有这样大的成就,一方面固然离不开他从小养成的勤奋治学的习惯,另一方面也和他的家庭背景,包括江浙地区文教兴盛的大环境有关系。

在结束本章叙述之前,还需辨析一个问题。在章太炎对自己早年读书治学活动的追忆中,他经常强调自己从小就受到周围长辈的影响,具有了朴素的基于古典"夷夏之辨"的反清之志。他在《自订年谱》里说朱有虔经常向他讲授明清之际的历史,以及王夫之、顾炎武的学术思想。章太炎当时虽不能完全领会其要旨,但却深受启发。此外,在自己13岁那年,他看到家中书架上有蒋良骐的《东华录》,就取来观看。读到戴名世案与吕留良案的时候,深感不平,于是想起了《春秋》的"尊诸夏,贱夷狄"之旨。他还声称自己无意于举业,也与这样的思想意识有关系。② 在为章濬所写的传记里,章太炎叙述自己早年就有"夷夏之辨"的观念,章濬对此并不在意。后者还对章太炎等人谈道:"吾家入清已七八世,殁皆用深衣敛。吾虽得职事官,未尝诣吏部。吾即死,不敢违家教,无加清时章服。"③这段话的意思就是说,章濬强调自己虽然曾经担任清廷的下层官吏,但章家一直都有不承认清朝合法性的传统,所谓"用深衣敛",就是显示不忘"故国衣冠",以此来表达自己坚守"夷夏之

---

① 傅正:《古今之变:蜀学今文学与近代革命》,上海:华东师范大学出版社,2018年,第22—29页。
② 章太炎:《太炎先生自订年谱》,第2页。
③ 章太炎:《先曾祖训导君先祖国子君先考知县君事略》,载《章太炎全集》第9册,第212页。

辨"。因为在清初,就有不少以明遗民自任的士人坚持拒绝下葬之时穿清朝服饰。① 相似地,吕思勉回忆,他的家乡常州有一位老人,声称其远祖于明亡时,留下一套明代衣冠,命子孙后代珍藏,待"光复"后再穿出祭拜祖先。②

关于这个问题,章太炎在向弟子朱希祖口述少年事迹时有更为翔实的描述:

> 本师云:余十一二岁时,外祖朱左卿(名有虔,海盐人)授余读经,偶讲蒋氏《东华录》曾静案,外祖谓夷夏之防同于君臣之义。余问前人有谈此语否,外祖曰:"王船山、顾亭林已言之,尤以王氏之言为甚。谓历代亡国,无足轻重;惟南宋之亡,则衣冠文物亦与之俱亡。"余曰:"明亡于清,反不如亡于李闯。"外祖曰:"今不必作此论。若果李闯得明天下,闯虽不善,其子孙未必皆不善。惟今不必作此论耳。"余之革命思想即伏根于此。依外祖之言观之,可见种族革命思想原在汉人心中,惟隐而不显耳。③

在这里需要注意的是,朱希祖既是章太炎的学生,又是朱有虔的族人,因此不排除章太炎在朱希祖面前会多说一些朱有虔对自己的

---

① 王汎森:《清末的历史记忆与国家建构——以章太炎为例》,载《中国近代思想与学术的系谱》,台北:联经出版公司,2003年,第103—105页。
② 李永圻、张耕华编撰:《吕思勉先生年谱长编》上册,上海:上海古籍出版社,2012年,第131页。
③ 朱希祖:《本师章太炎先生口授少年事迹笔记》,载陈平原、杜玲玲编《追忆章太炎》,第63页。

影响。不过将这些材料结合来看，需要辨析的是章太炎是否像自己自述的那样，早年在周边长辈们的影响下就萌生了不认同清朝统治合法性的意识。

在清代汉学的传统里，顾炎武的地位十分重要，不少人将其视为汉学的开山，推崇他的治学方法。因此，朱有虔向章太炎提及顾炎武的学说，其实也未自外于清代汉学的范围。王夫之著作能在晚清以较为齐整的面目重见天日，离不开曾国藩在金陵主持刊刻的《船山遗书》。而坚守君臣纲常的曾氏之所以敢于将反清之念甚强的王夫之著作整理刊刻，某种程度上是因为他相信经过几百年的统治，清朝的政治合法性已经毋庸置疑，无需担心人们会通过读王夫之的论著而心生异念，反倒是王夫之对性与天道的精深思考，有助于促进儒家义理之学的发展。① 在这个意义上，即便朱有虔向少年章太炎讲授王夫之的学说，也未必就属于异端之举。

再来看朱希祖的那段记录。朱希祖1936年4月向章太炎询问少年事迹。而在1933年，章太炎在苏州国学会讲演"民国光复"，专门讲述自己眼中的辛亥前后史事，鉴于他3年之后便与世长辞，可以说，这次讲演应该算是章太炎叙述辛亥革命的最终版本。其中他说道：

> 按清入主中原三百年间，反清之意见，时载于书籍，鼓励人民之同情，今举其一代所宗大儒之言论以概其余。顾亭林《日知录》中解《中庸》"素夷狄行乎夷狄"，见目录而解义删

---

① 关于曾国藩刊刻王夫之著作的始末，参见彭大成《曾国藩与〈船山遗书〉》，《船山学报》1988年第1期，第81—82页。

去。然见钞本《日知录》中说曰:"居处恭,执事敬,与人忠,虽之夷狄,不可弃也,是之谓素夷狄行乎夷狄。非谓可仕于其朝也。"又解《论语》"管仲不死子纠",谓"君臣之分,所关者在一身;华夷之防,所系者在天下。故夫子之于管仲略其不死子纠之罪,而取其一匡九合之功"。即见亭林之志矣。王船山亦谓:"一朝之变革不足论,惟宋之亡于夷狄,则中国失其为中国矣。"又云:"种族不能自保,何仁义之云云。"二先生学问极大,见地独高,故彰明于世,学者宗之。而草野户牖中诸儒,与二先生论调同而名不显者,不知几何也。吕留良之意见与顾、王相同,及曾静狱兴,事乃大露,清廷因之大兴文字之狱,以集《四库全书》为名,焚禁天下诋毁清廷之篇籍。秦始皇焚书,刘向校书,二者不可得而兼,惟清四库馆则兼而行之,其防制可谓无微不至。然不知此种观念已深入人民心中,故洪秀全、杨秀清、李秀成、孙中山虽未读顾、王诸先生之书,亦能起兵抗清,何必读书之士为能然耶?①

总之,在章太炎看来,辛亥革命的思想渊源可以远溯至晚明。抗清诸义士奋起相争,不向清廷屈服;诸遗老不降志,不辱身,通过著书立说来阐释夷夏之辨。这使得反清思想得以流传甚广,潜伏民间,一旦时机允许,各阶层民众便会揭竿而起。而辛亥革命正是因为继承了前人的这些思想,所以能够武昌军兴不久,天下纷纷响应,不旋踵清廷即遭覆灭。在这里,章太炎只强调革命思想的本土源

---

① 章太炎:《民国光复》,载章念驰编订《章太炎演讲集》,上海:上海人民出版社,2011年,第388页。

流，而有意不提近代西方政治思想对当时革命党人的巨大影响，①这与章太炎晚年对中国知识界一味尊西、排斥传统的风气深表不满极有关系。正是出于对当时崇洋之风的强烈批判，他才要反复强调辛亥革命只是在实践明清之际以来长期潜伏于社会上的反清思想，而并非近代以来世界范围内民主革命运动的重要组成部分。② 也正是在这样的思想背景下，章太炎在去世前夕（他于1936年6月去世）向自己弟子讲述少年事迹，自然就要强调自己在少年时代就萌生反清之念，这样方能凸显自己的革命生涯渊源有自，一以贯之。毕竟，章太炎对自己的革命者身份极为珍视。

因此，章太炎对自己少年时代的这些追忆，既有可信的部分，也有由于后来政治立场与政治实践的原因而被"重塑"的部分。但必须注意到，"重塑"不是向壁虚造，而是当事人基于不同的时代认知，用自己此刻的政治立场重新审视过去，对自己的早年经历进行重构或重组，进而从新的角度来叙述自己的往事，并对之加以新的定性。而可以作为旁证的，就是章太炎自己虽然很早就无意于举业，但在给其兄长章籛所撰的传记里，章太炎提到了后者在16岁就被杭州知府谭钟麟赏识。之后章籛八次参加浙江乡试才中试，再之后三次参加会试却屡不中第。③ 可见，在同样的家庭氛围熏陶下，章籛对参加科举颇为积极，这明显与章太炎不一样。由此可以推测，章太炎无心举业，或许并非反清之念使然，只是比较淡泊名

---

① 关于这些内容，在本书的后面几章里会详细论述。
② 王锐：《时势变迁下的历史反思——论章太炎的辛亥记忆》，《苏州大学学报（哲学社会科学版）》2018年第1期，第187—189页。
③ 章太炎：《伯兄教谕君事略》，载《章太炎全集》第9册，第213页。

利罢了。更为关键的是,直到庚子事变为止,章太炎一直对旨在维系清廷统治的变法运动抱有希望,还一度与清廷大员张之洞等人建立联系。从这些具体实践中,也可判断章太炎在决定投身反清革命运动之前,并不是一位立志坚决不与清廷为伍的人。①

---

① 其实即便在立志革命之后,章太炎也并不总是强调自己少年时即有革命思想。中华民国建立之初,章太炎在接受访问时,被问到:"人言先生八九岁时即有革命思想,然否?"他回答:"是或有之,然少年非有一定宗旨也。"参见章太炎《答张庸问》,载《章太炎全集》第 10 册,第 430 页。很明显,他自言少年时"非有一定宗旨",就是在含蓄地承认他彼时尚无坚定的反清之念。

求学诂经精舍

1890年,章太炎23岁。这一年年初,章濬去世。章濬在生前曾立过家训,其中提到:"妄自卑贱,足恭谄笑,为人类中最庸下者。吾自受业亲教师外,未尝拜谒他人门墙。"其意就是告诫后代不要成为热衷于钻营奔竞之徒。此外,他还说:"精研经训,博通史书,学有成就,乃称名士。徒工词章,尚不足数,况书画之末乎?"认为只有致力于经史之学才能称得上学有所成,而不能仅以善于写诗文顾盼自雄。最后,他提及自己曾在当时由著名学者俞樾担任山长的杭州诂经精舍当"监院"。① 所谓"监院",其工作主要为负责书院日常庶务,协调书院主政官、山长和生徒之间的关系。在整个书院的运作体系里,这一职位颇为重要。某种程度上,章濬就是在提醒章太炎要去向俞樾拜师求学。

也正是在这一年,章太炎入诂经精舍学习。他的入学过程其

---

① 汤志钧编:《章太炎年谱长编(增订本)》上册,北京:中华书局,2013年,第2页。

实颇有一番曲折。在晚年向弟子诸祖耿口述治学经历时,他提到自己"入诂经精舍,陈说者再,先生(俞樾)率未许"。后来俞樾提了几个关于古代典籍名物制度的问题测试章太炎,后者应答如流,俞樾感到很满意,才答应章太炎入学受教。① 之所以会有这样一个过程,是因为诂经精舍对于学子学术积累的水平要求极高,因此常从在学之廪生、增生、附生,或者具有正途出身的人当中选拔。而章太炎很早就无意于科举,没有任何功名,因此在报名入学时就会遭到一些质疑,这才需要俞樾来亲自面试考核,决定是否允许他成为书院生徒。②

1800年,时任浙江巡抚的清代汉学名家阮元在杭州设立诂经精舍。他创办书院的宗旨是表彰正学,示范门径,重视经解训诂,引导士人从事与乾嘉汉学传统不背离的经学研究,以此端正学风,树立典范。③ 及至晚清,诂经精舍名扬学林,离不开俞樾的主持。自从咸丰年间被从河南学政任上罢免之后,俞樾就绝意仕途,一心治学。他宗尚高邮王氏父子之学,强调:"本朝经学之盛,自汉以来未之有也。余幸生诸老先生之后,与闻绪论,粗识门户,尝试以为,治经之道大要有三:正句读、审字义、通古文假借。得此三者以治经,则思过半矣。"④他所撰写的《群经平议》《诸子平议》《古书疑义

---

① 诸祖耿:《记本师章公自述治学之功夫及志向》,载陈平原、杜玲玲编《追忆章太炎》,北京:生活·读书·新知三联书店,2009年,第66页。
② 刘明:《章太炎肄业诂经精舍考》,《近代中国》第32辑,上海:上海社会科学院出版社,2020年,第350页。
③ 於梅舫:《科考与经解——诂经精舍、学海堂的设置与运思》,《中山大学学报(社会科学版)》2010年第6期,第81—84页。
④ 俞樾:《群经平议序》,载徐世昌编纂《清儒学案》第9分册,北京:人民出版社,2010年,第4774页。

举例》等著作,发扬乾嘉汉学的治学之道,在训诂文字、考证典制、辨析古义等方面创获尤多,在当时的学术界影响甚广,奠定了其学术名家的地位。特别是《古书疑义举例》,被誉为"融贯群籍,发蒙百代,足以梯梁来学,悬之日月而不刊"①。

1867年,俞樾开始主诂经精舍讲席。关于诂经精舍的治学主旨,他这样说道:

> 昔阮文达公之抚浙也,悯俗学之苟且,慨古训之失传,爰于西湖孤山之麓,创建诂经精舍,俾两浙之士,挟册负素,讽诵其中。沿流以溯源,因文以见道。而又惧流传既久,失其初意,或且以世俗之学,羼并拾驱,特奉许郑两先生栗主于精舍之堂,用示凯式。使学者知为学之要,在乎研求经义,而不在乎明心见性之空谈,月露风云之浮藻,斯精舍之旧章,文达之雅意也。②

他又说:

> 我浙素称人文渊薮,而书院之设,亦视他省为多。其以场屋应举诗文课士者,则有敷文、崇文、紫阳三书院在。至诂经

---

① 张舜徽:《清人文集别录》,武汉:华中师范大学出版社,2004年,第486页。
② 俞樾:《诂经精舍文四集序》,转引自张崟《诂经精舍志初稿》,载王国平主编《西湖文献集成》第20册(书院、文澜阁、西泠印社专辑),杭州:杭州出版社,2004年,第712页。

精舍,则专课经义,即旁及词赋,亦多收古体,不涉时趋。①

可见,俞樾强调诂经精舍应致力于继承发扬乾嘉汉学传统,从事实事求是的考据训诂之学,以此发明经义。他提醒生徒,要主动与那些以追求世俗功名为目的的学问保持距离,此外,还要力戒浮华空泛的学风。这一治学旨趣,对章太炎影响极大。

需要注意的是,在刚入诂经精舍学习的几年里,章太炎其实并未常驻书院,而是处于一边应课,一边自修的状态,他主要还是居住在余杭,来杭州仅为暂居。而且俞樾在当时也并不经常在杭州,有的时候甚至数月或数年不至书院,每次来杭居住的时间也不长,所以与书院生徒接触的机会并不是很多。② 1893年,章太炎致信俞樾,称自己"自逮门下,星历三移,猥以蟠木恒材,得蒙雕饰。而僻居下邑,拥蔽朴愚,未得一侍董帷,亲奉几杖,岂直怅惘,负笞实深"③。从中可知,章太炎虽然已经来到诂经精舍三年了,可是却并没有机会亲自拜谒俞樾,这说明章太炎此时与俞樾之间的关系还并不是特别紧密。

但是,虽然章太炎在初入诂经精舍之时还未能和俞樾建立密切的师生关系,但他在诂经精舍学习期间,却得到了其他老师宿儒的指教,比如高学治、黄以周、谭献。在为高学治写的传记里,章太炎回忆自己向他请教治经之道,后者建议章太炎去读陈乔枞的著

---

① 俞樾:《诂经精舍文五集序》,转引自张崟《诂经精舍志初稿》,载王国平主编《西湖文献集成》第20册(书院、文澜阁、西泠印社专辑),第711页。
② 刘明:《章太炎肄业诂经精舍考》,《近代中国》第32辑,第356、358页。
③ 俞国林、朱兆虎:《章太炎上曲园老人手札考释》,《文献》2016年第1期,第101页。

作,并认为长洲陈奂治学过于"拘牵"。此外,高学治还对章太炎说:"惠、戴以降,朴学之士,炳炳有行列矣。然行义无卓绝可称者,方以程、朱,俔也。视两汉诸经师,坚苦忍形,遁世而不闷者,终莫能逮。夫处陵夷之世,刻志典籍,而操行不衰,常为法式,斯所谓易直䙡中,君子也。小子志之!"①在为黄以周所撰的传记里,章太炎重点表彰了他对古代礼制的考订与阐述,同时强调黄以周认为礼学不但可以挽救汉学与宋学末流之失,还有助于培植良好的民风政风。在章太炎看来:"清世大人称程、朱者,多曲学结主知,士民弗触,则专重汉师,抑洛、闽。其贤者诚弘毅,知质文之变,而末流依以游声技,愈小苛,违道益远,夷为食客而不知耻。先生博文约礼,躬行君子,独泊然如不与世俗成污者。"②可见,高学治和黄以周不仅在治学门径方面给予章太炎极大的启发,更为重要的是,他们二人强调修身的重要性,重视礼制与道德的作用,这深刻影响着章太炎日后的思想主张。比如他十分重视立身行事的诚伪之辨、强调礼制对规范社会伦常的不可替代作用、在进行革命运动之时尤为重视革命者的革命道德,以及在梳理中国历代学术流变时细致辨析理学传统,挖掘其中可被继承之处。当然,黄以周精于史学,其史论于历代典章制度多有发明,这一点也为章太炎所继承。③

梁启超说,在清代汉学家的圈子里,"后辈之谒先辈,率以问学书为贽,有著述者则媵以著述。先辈视其可教者,必报书,释其疑

---

① 章太炎:《高先生传》,载《章太炎全集》第 8 册,上海:上海人民出版社,2018 年,第 216 页。
② 章太炎:《黄先生传》,载《章太炎全集》第 8 册,第 221 页。
③ 张舜徽:《清儒学记》,武汉:华中师范大学出版社,2005 年,第 195—196 页。

滞而奖进之"①。谭献在1892年5月与1895年9月的日记里记载收到章太炎寄来的文章,可见章太炎曾主动向谭献请教学问。② 在《自述学术次第》一文里,章太炎回忆他与谭献的交往:"时乡先生有谭君者,颇从问业。谭君为文,宗法容甫、申耆,虽体势有殊,论则大同。"③在《自订年谱》中,章太炎也自言在诂经精舍期间曾向"谭仲仪先生问文辞法度"④。除了辞章之学,谭献推崇颜元与章学诚,这或许也对章太炎有所影响,因为章太炎后来在提倡"新史学"时就改造了章学诚的"六经皆史"之论,而他认为颜元谨守礼教、重视实践,堪称荀子之后的又一位大儒。⑤

在诂经精舍学习期间,章太炎撰写了大量的治学札记,比如著名的《膏兰室札记》和《春秋左传读》。前者是他研究先秦典籍(还包括一些后代史书)的笔记汇编,后者收录了他在诂经精舍时期钻研《左传》的笔记。关于清儒重视治学札记的原因,梁启超有过颇为精当的分析:

> 大抵当时好学之士,每人必置一"札记册子",每读书有心得则记焉。盖清学祖顾炎武,而炎武精神传于后者在其《日知

---

① 梁启超:《清代学术概论》,载朱维铮校注《梁启超论清学史二种》,上海:复旦大学出版社,1985年,第52页。
② 范旭仑、牟晓朋整理:《谭献日记》,北京:中华书局,2013年,第302、321页。
③ 章太炎:《自述学术次第》,载虞云国整理《蓟汉三言》,上海:上海书店出版社,2011年,第197页。
④ 章太炎:《太炎先生自订年谱》,台北:文海出版社,1981年,第14页。
⑤ 王锐:《章太炎、钱玄同对颜元学说的阐释与讨论》,载华中师范大学中国近代史研究所编《近代史学刊》,第16辑,北京:社会科学文献出版社,2016年,第245—248页。

录》……推原札记之性质,本非著书,不过储著书之资料,然清儒最戒轻率著书,非得有极满意之资料,不肯泐为定本,故往往有终其身在预备资料中者。又当时第一流学者所著书,恒不欲有一字余于己所心得之外。著专书或专篇,其范围必较广泛,则不免于所心得外摭拾冗词以相凑附,此非诸师所乐,故宁以札记体存之而已……训诂学之模范的名著,共推王引之《经传释词》,俞樾《古书疑义举例》。苟一察其内容,即可知其实先有数千条之札记,后乃组织而成书。又不惟专书为然耳,即在札记本身中,其精到者,亦必先之以初稿之札记,例如钱大昕发明古书轻唇音,试读《十驾斋养新录》本条,即知其必先有百数十条之初稿札记,乃能产出。①

就此而言,从勤于写札记这一点来看,章太炎在研究方法上充分继承了乾嘉汉学的传统。

从内容上看,《膏兰室札记》主要以考订字义为主,兼及研究古代制度、评价历代史事与学风。从这些札记所涉及的内容上看,除了《诗经》《礼记》《周礼》《仪礼》等儒家典籍,还有先秦诸子的著作,这为章太炎后来重新阐释诸子各派的思想、形成许多前人所未发的观点奠定了扎实的基础。

此外,1896年章太炎致信俞樾:"举世皆谈西学者,无阮仪征、魏邵阳之识,吾道孤矣。漆室悲时,端忧多暇,复取周秦诸子,笼罩西书,除张力臣《瀛海篇》所疏,又得二十许条,匏瓜徒悬,无裨宙

---

① 梁启超:《清代学术概论》,载朱维铮校注《梁启超论清学史二种》,第51—52页。

合,聊以张汉赤帜,亦俟秋日呈之。"①正如其言,在收录在《膏兰室札记》卷三的札记里,章太炎经常援引一些西学著作来作为考订旧籍的参考。虽然在研究方法上,这些内容也正如他所提及的张力臣的《瀛海篇》那样,经常简单地将中国古书里的内容比附西学,以此彰显所谓西学中源,但可见他当时已经有意识地去阅读西学著作,使自己的知识范围不再局限于中国经史典籍。对此,姜义华老师统计:"手稿(《膏兰室札记》的稿本)最后一册,有三四十条之多,引用赫士《天文揭要》、雷侠尔《地学浅释》、韦廉臣《格物探原》等书,借助于它们所介绍进来的天体运动学说、星球演化学说、生物进化学说、分子原子与物质结构学说、光的运动学说、化合与分解学说、地层与考古学说等,否定上帝的存在,否定冥冥在上的天的存在,将人类的形成确定为自然发展的结果。"②而可作为这一时期章太炎重视汲取新知之佐证的,就是章太炎在1896年曾经三次参加以重视新学为特点的上海格致书院举办的课艺征文,虽未获奖,但都名列一等。他所参加的这三次课艺征文,主题涉及中外条约、万国公法、西书翻译、修筑东三省铁路、数学、物理学、海关税则等众多方面,他能够应试,说明一直很关心这些新知识、新热点,特别是涉及数学与物理学的问题,他能撰文抒发己见,说明已具备了一定的基础。③

据沈瓞民回忆,1895年他与章太炎见面闲谈,发现"太炎言吏

---

① 俞国林、朱兆虎:《章太炎上曲园老人手札考释》,《文献》2016年第1期,第103页。
② 姜义华:《章炳麟评传》,上海:上海人民出版社,2020年,第285页。
③ 熊月之:《章太炎早年参加书院课艺活动钩沉》,《史林》2017年第4期,第99—100页。

治,至三时许,滔滔不绝,真雄才大略也"①。可见,章太炎在诂经精舍期间并未因钻研故纸而忽视现实问题。在《膏兰室札记》里,章太炎就通过评论历代史事,抒发其对于政治与文化的看法。比如针对《晋书·刘超传》里记载有关征收赋税的内容,章太炎认为:

> 近世州县钱粮、尚有库吏包征者,民既受其朘削,而官亦多赔累。光绪初,谭钟麟抚浙江,诛钱塘库吏何培,令民自封投匦,由是氓庶乐生,县令亦免亏空。然嘉兴各属如故也。呜呼!衙蠹中饱,古今不殊,安得百刘超为民除害耶!②

在这里,章太炎抨击地方胥吏在征收赋税时利用中间人之便,贪污钱粮、中饱私囊,指出此乃吏治败坏的表现,希望将来的地方治理能够祛除此弊端。此外,在摘录《晋书·四夷传》时,章太炎认为边疆少数民族的部落选举制与"泰西民主"相似,这显示他已经关注到了近代西方资本主义国家的政治制度。③ 又比如在摘录《晋书·谢安传》时,章太炎指出谢安命令修缮宫殿,并非由于他为政不仁,劳民伤财,而是他为了借此试探在外临强敌的情形下,民众是否听从其指挥,如果能够让政令有效执行,那么就说明"军民可用",一旦大战来临,必能将士用命,这显现出作为政治家的谢安的深谋远

---

① 沈瓞民:《记凤凰山馆论学——纪念亡友太炎先生》,载陈平原、杜玲玲编《追忆章太炎》,第 146 页。
② 章太炎:《膏兰室札记·读史丛说》,载《章太炎全集》第 1 册,第 234 页。
③ 章太炎:《膏兰室札记·读史丛说》,载《章太炎全集》第 1 册,第 235 页。

虑。① 在评价周文王被拘于羑里之事时,章太炎说道:

> 佞臣媚子之风,汉时已兆,尚系法家,或即词章之士,至唐而儒者亦尽被其毒矣。如《琴操》《拘幽操》《古今乐录》文王拘羑里之歌皆曰:遂临下土,在圣明兮。讨暴除乱,诛逆王兮。此虽未必文王所作,而文义古质,实周、秦间儒者所为,其词与《大雅·荡》篇文王咨殷同旨,皆能仰体圣心者。乃退之改作,反云:臣罪当诛,天王圣明。沟犹瞀儒,群相欢以为得体,噫!是岂知圣人先天勿违,履位不疚之旨哉! 同时啖、赵之说经,后此孙、石之倡义,皆墨守此宗旨,惟以损下益上为标识,而孔子所放远者,今乃奉之为格言,吾于是知汲黯之所见远矣。②

1895 年,严复在天津的《直报》上发表著名的《辟韩》一文,通过剖析韩愈的政治思想,批判秦汉以来的君主制度,认为"自秦以来,为中国之君者,皆其尤强梗者也,最能欺夺者也"。③ 借此来向国人介绍近代民主政治的要义。虽然很难断定章太炎在写这条札记时是否参考过严复的文章,但他也一针见血地指出以韩愈为代表的唐宋儒者,曲解周文王被拘于羑里之事,宣称周文王虽然遭遇不测,但依然对最高统治者忠心耿耿,强调"天王圣明,臣罪当诛",把古人的君臣关系扭曲成君主说什么都是对的,臣子必须无条件服从君主之命。这显示出尽管章太炎的西学功底还未能和曾经留学英

---

① 章太炎:《膏兰室札记·读史丛说》,载《章太炎全集》第 1 册,第 234 页。
② 章太炎:《膏兰室札记·拘羑里》,载《章太炎全集》第 1 册,第 258 页。
③ 严复:《辟韩》,载王栻主编《严复集》第 1 册,北京:中华书局,1986 年,第 34 页。

国的严复比肩,但也已经开始形成朴素的反思唐代以来政治制度之弊病的观念。

除了《膏兰室札记》,章太炎在诂经精舍学习期间撰写的另一部著作就是《春秋左传读》。关于这本书的缘起,他自言:

> 《春秋左传读》者,章炳麟著也。初名《杂记》,以所见辄录,不随经文编次,效臧氏《经义杂记》而为之也。后更曰《读》,取发疑正读为义也。盖籀书为读,紬其大义曰读,紬其微言亦曰读。《左氏》古字古言,沈、惠、马、李诸君子既宣之矣,然贾生训故,觕见《新书》,而太史公与贾嘉通书,《世家》《列传》诸所改字,又皆本贾生。可知刘子政呻吟《左氏》(见《论衡》),又分《国语》(见《艺文志》),实先其子为古学,故《说苑》《新序》《列女传》三书,孤文牸字,多有存者。惠氏稍稍道及之,犹有不赜,故微言当紬,一矣。左氏既作《内传》,复有《左氏微》说其义例,今虽亡逸,曾、吴、铎、虞、荀、贾、三张之言,时有可见(谓张北平、张子高、张长子),皆能理董疑义,闎圚雅言……夫《左氏》古义最微,非极引周、秦、西汉先师之说,则其术不崇;非极为论难辨析,则其义不明。故以浅露分别之词,申深迂优雅之旨,斯其道也。大义当紬,二矣。紬微言,紬大义,故谓之《春秋左传读》云。①

这里所谓"沈、惠、马、李诸君子",指的是著有《春秋左传小疏》的沈

---

① 章太炎:《春秋左传读叙录·序》,载《章太炎全集》第2册,第758页。

彤、著有《春秋左传补注》的惠栋、著有另一种《春秋左传补注》的马宗琏、著有《春秋左氏传贾服注辑述》的李贻德。章太炎指出这几位学者虽对《左传》字义多有发明，但未能注意到汉代典籍当中保留下来可资引证的"孤文牼字"，因此他在《春秋左传读》中力图填补前人这一缺失。而所谓"曾、吴、铎、虞、荀、贾、三张之言"，指的是曾申、虞卿、吴起、铎椒、荀子、贾谊、张苍、张敞、张禹，这几位在自己的文章著作里都曾引用、转述《左传》的内容。章太炎认为这些人生活的时代距离《左传》的成书年代不远，通过绎读他们的文章著作，可以找到不少材料来考证《左传》的著述宗旨与义例。关于这本书的具体内容与学术价值，姜义华老师曾做概括。现移录如下，以明其义：

一、诠释《左传》中各种难解的或疏解极为歧异的古言古字、典章名物。章太炎广泛而熟练地运用了他异常丰富的古文字学和古文献学知识，将《左传》与其他大量周秦典籍联系起来深入进行比较研究与综合考察。尽管他所运用的方法仍是传统的考据，未能在整个体系上超越前人，就一词一句、一事一物的训诂考订而言，他还是取得了非常可观的成就。

二、疏证《左传》体例、叙事和立论所蕴含的本义。他说："夫《左氏》古义最微，非极引周、秦、西汉先师之说，则其术不崇；非极为论难辨析，则其义不明。故以浅露分别之词，申深迂优雅之旨。"史称曾申、吴起、吴期、铎椒、虞卿、荀况、张苍、贾谊、贾嘉、贯公、贯公卿、张敞、张禹、尹更始、翟方进、刘向、刘歆等人曾依次传授过《左传》。他们的奏疏、论著，常常指明或未指明地引证《左传》，概述《左传》所提出的理论观点。章太炎精心钩求、仔细辨析，通过周、秦、西汉左氏学大师们旧说的复原，在说明《左传》叙事和立论的古义方面，提出了不少创见。

三、辨明《左传》并非刘歆伪造，《左传》传授系统亦非向壁虚构。由于章太炎对周、秦、西汉文献娴熟，他详尽地列举了这些文献中袭用、引用或采用《左传》的情况，对《左传》各传授者的有关言论与行动进行了值得重视的钩稽，为进一步深入研究《左传》提供了很有价值的参考资料。他还批评了硬把《左传》说成出自刘歆之手的主观主义研究方法，指出了强称《荀子》《韩非子》《吕氏春秋》《新书》《史记》等等引述《左传》俱是刘歆羼入这一说法的荒谬，反复强调了在《左传》研究中必须坚持实事求是的严谨学风，说明应如何坚持这种学风。①

章太炎在诂经精舍潜心治学，并在经学与小学研究上崭露头角，因此逐渐受到同门的重视。在此期间，他结交了同时代另一位颇有名气的学者宋恕。宋恕喜谈经世致用之学，十分关注当时的内政与外交，对晚清朝政不修、学风空泛、吏治腐败、民不聊生等现象深感忧虑，努力探寻救亡图存之道，在1892年撰写了《六字课斋卑议》一书，俞樾称该书"意义闳深而文气朴茂"，可比肩东汉王符的《潜夫论》与仲长统的《昌言》。② 1895年10月，宋恕在夏曾佑处

---

① 姜义华：《章太炎思想研究》，上海：上海人民出版社，1985年，第25—26页。
② 俞樾：《俞曲园先生书后》，载胡珠生编《宋恕集》上册，北京：中华书局，1993年，第42页。

听闻章太炎精通《左传》。① 1897年4月,宋恕在日记里记录章太炎前来拜访。② 1897年7月,宋恕致信章太炎,谈及后者提到的"振浙学"之事,认为要想实现这一目标,需要创办一个学会,然后请俞樾出面支持。他说自己打算邀请其他同门一起向俞樾提及此事,一旦后者应允,即登报广为宣传。③ 一年以后,宋恕致信俞樾,称赞章太炎品行高洁,学问精湛,希望俞樾能推荐他到在湖南创办新政、大兴新学的巡抚陈宝箴处任事。④

不过,后来二人的政治与文化立场出现了明显分歧。章太炎成为革命者,宋恕主张君主立宪。章太炎对日本的汉学研究嗤之以鼻,宋恕却对日本学术文化颇为推崇。章太炎希望汲取法家著作当中的正面遗产,宋恕出于对秦汉以来政治制度的反感,认为法家是造成这种现象的罪魁祸首之一。1910年,宋恕去世不久,身在日本的章太炎致信弟子钱玄同,询问宋恕"著述不知有何种?"并且谈及宋恕"天性畏祸,其言政事者,固宜秘不示人,然他种学问,亦皆深藏不出,未知何意"⑤,显示出他对这位昔日同窗挚友的关心。而在民初被袁世凯囚禁期间撰写的《对二宋》一文里,当时已决定与袁世凯对抗到底的章太炎,回忆起宋恕和自己曾就是否应借鉴日本政治经验和是否应推行君主立宪而展开辩论。虽然辛亥革命之后中国政局依然混乱不堪,但章太炎仍旧坚信革命的正当性不

---

① 宋恕:《乙未日记摘要》,载胡珠生编《宋恕集》下册,第935页
② 宋恕:《丁酉日记摘要》,载胡珠生编《宋恕集》下册,第937页。
③ 宋恕:《复章枚叔书(1897年7月14日)》,载胡珠生编《宋恕集》上册,第573页。
④ 宋恕:《上俞曲园师书(1898年6月15日)》,载胡珠生编《宋恕集》上册,第588页。
⑤ 章太炎:《与钱玄同》(1910年),载马勇编《章太炎书信集》,石家庄:河北人民出版社,2003年,第110页。

容置疑,强调宋恕设想的君主立宪道路是不可取的,并相信宋恕自己后来也应该意识到了这一点。① 可见,虽然在政治与文化立场上相左之处甚多,但章太炎并不因此而断绝对宋恕的感念。

而此时,俞樾也已经开始注意到这位对《左传》及其他典籍颇有钻研的学生。章太炎在完成《春秋左传读》的初稿之后,曾将此书呈送俞樾指正,后者建议他不要存太多门户之见,同时应力戒穿凿之弊。② 虽然俞樾对章太炎的著作提出了一些批评意见,但至少证明他已经关注到章太炎的学术研究了。随后,章太炎有机会拜谒俞樾,当面问学,俞樾则向他调侃康有为的经学主张。③ 此外,章太炎参加诂经精舍考课,课艺文频繁被收录到诂经精舍编撰的生徒课艺文集中,其中就包含了一些《春秋左传读》里的文章。④ 按照清代的书院传统,课艺文能以这样的方式刊出,就说明其水准一定程度上得到了书院执教者的认可。与此同时,章太炎还承担了诂经精舍课艺文集第七集的校勘之任。

随着与俞樾关系日渐熟络,章太炎希望俞樾能为自己推荐一个好的去处。1898 年,章太炎致信俞樾,提到自己在报纸上看到时任江苏学政的瞿鸿禨恰在苏州。章太炎觉得他对古今学问颇为包容,并且有意提拔后学,因此希望俞樾向瞿鸿禨推荐一下自己。此外,章太炎在信中还询问俞樾,之前曾拜托后者向廖寿丰、谭钟麟

---

① 章太炎:《检论·对二宋》,载《章太炎全集》第 3 册,第 614—615 页。
② 俞国林、朱兆虎:《章太炎上曲园老人手札考释》,《文献》2016 年第 1 期,第 107 页。诸祖耿:《记本师章公自述治学之功夫及志向》,载陈平原、杜玲玲编《追忆章太炎》,第 67 页。
③ 章太炎:《太炎先生自订年谱》,第 15 页。
④ 刘明:《章太炎肄业诂经精舍考》,《近代中国》第 32 辑,第 354 页。

推荐自己,不知俞樾是否已经着手进行。章太炎觉得廖寿丰此时正担任浙江巡抚,估计会比较在意本省青年才俊,而章太炎之父章濬曾在谭钟麟幕府中任事,章家与后者属于颇有渊源的旧交,所以也有可能会重视自己。①

而俞樾也颇为热心地向瞿鸿禨推荐章太炎。他给瞿鸿禨写信,称赞章太炎"以经学见长,乃精舍高材生",并将章太炎的著作转交给后者,希望瞿鸿禨予以重视。② 不久之后,俞樾再次致信瞿鸿禨,建议他提拔章太炎。③ 可见,俞樾对章太炎的前途还是比较关心的。当章太炎走上反清革命的道路后,俞樾曾当面严厉批评他,后来章太炎写了《谢本师》,公开断绝与俞樾的师生关系。而联系章太炎曾经希望得到清廷大员的赏识,并请求俞樾从中推荐,那么他毅然决定参加革命之后,公开写信"谢本师",其实不仅是在向俞樾宣示自己坚定的革命立场,某种程度上也在表明自己要与过去的生活经历和交游圈子诀别,强调今是昨非。不过,1907年俞樾去世之后,章太炎写了一篇《俞先生传》,其中依然对俞樾的学术成就极为推崇。当他提及自己的治学经历时,也时常不忘强调曾经师从俞樾,并从中受益。就此而言,章太炎的《谢本师》应被视为特定政治语境下的产物,一旦时过境迁,章太炎依然很重视自己的学术师承关系。

---

① 俞国林、朱兆虎:《章太炎上曲园老人手札考释》,《文献》2016年第1期,第116页。
② 俞樾:《致瞿鸿禨》,载张燕婴整理《俞樾函札辑证》上册,南京:凤凰出版社,2014年,第291页。
③ 俞樾:《致瞿鸿禨》,载张燕婴整理《俞樾函札辑证》上册,第293页。

参与变法运动

前面谈到,章太炎在诂经精舍求学期间,已经关注到现实的政治与文化问题。1894年,他撰写了《独居记》一文。章太炎借此文来表彰与自己有姻亲关系的钱塘汪曾唯。后者长期在湖北为官,曾任湖北咸丰县知县,1890年以后,罢官返浙。此文个别字句经过一些修改与增订后,被章太炎分别收入出版于1900年的初刻本《訄书》与出版于1904年的重订本《訄书》,在两个版本之间仅有少许改动。因此,此文可被视为章太炎早期思想的代表作之一。在这篇文章里,章太炎指出:

> 夫大独必群,不群非独也。是故卓诡其行,虓然与俗争,无是非必胜,如有捲(拳)勇,如不可敌者,则谓之鏊夫而已矣。厚其泉贝,膏其田园,守之如天府之寀,非已也,莫肯费半菽也,则谓之啬(穑)夫而已矣。深溪博林,幽闲以自乐,蓄华矣,不蓄人也,觭鸟矣,不觭宾也,过此而靓,和精端容,务以尊其

生,则谓之旷夫而已矣。三者皆似独,惟不能群,故靳与之独也。

大独必群,群必以独成。日红采而光于晁(朝),天下震动也;日柳色而光于夕,天下震动也。使日与列星群,尚不能照寸壤,何暇及六合?海尝欲与江河群矣,群则成一渠,不群则百谷东流以注壑,其灌及天表,曰:与群而成独,不如独而为群王……由是言之,小群,大群之贼也;大独,大群之母也。①

在这里,章太炎运用一系列类比式的论说方式来论证"大独必群,不群非独也";"小群,大群之贼也;大独,大群之母也"这些命题。这里的"群"字,让人不禁想起晚清时期十分流行的用"群学"二字来翻译源自近代西方的 sociology,以及在此基础上形成的探讨如何有效整合社会,形成良性的组织与动员机制的制度安排。但《独居记》撰于 1894 年,而 1895 年严复方在天津《直报》上发表《原强》一文,首次向国人介绍斯宾塞的社会学。② 之后严复又翻译了斯宾塞的《群学肄言》,并希望用"群学"来对抗源自日文译名的"社会学"。"群学"这一概念及其衍生的政治想象在 1900 年以后开始逐渐在中国较为广泛地传播开来。③ 由此可见,章太炎所强调的"群",其含义与其说是源自近代西方,不如说与他所熟悉的中国传统观念更为相关。

---

① 章太炎:《独居记》,载《章太炎全集》第 10 册,上海:上海人民出版社,2018 年,第 1—2 页。
② 严复:《原强》,载王栻主编《严复集》第 1 册,北京:中华书局,1986 年,第 6—7 页。
③ 黄克武:《新语战争:清末严复译语与和制汉语的竞赛》,载《惟适之安:严复与近代中国的文化转型》,北京:社会科学文献出版社,2012 年,第 93—133 页。

章太炎自言他从青年时代起就对荀子之学颇为青睐。① 荀子认为，人之所以异于禽兽，就是因为"人能群，彼不能群也"。人能够有效组织起一个互相分工、互相协作、共同生活的共同体，通过一系列制度安排，保障基本民生，倡导社会伦理，让人们能够较为安定地生活下去。如果把"君"视为首脑的象征的话，那么有资格成为首脑者，必须要"善群"，保证生活与生产能够正常地进行。总之，"群"的最终目的并非一己之私利，而是维系一个大的政治与文化共同体，使所有生活于其中的人都能得到安顿，即"万物皆得其宜，六畜皆得其长，群生皆得其命"②。

如果说儒家传统所形塑的作为政治与文化共同体的中国在历史上曾经较为有效地实现了"群"的理想，那么到了章太炎生活的年代，面对西方列强挟坚船利炮而造成的割地赔款、商品倾销、租界林立、传教无碍，行之已久的政治组织与意识形态还能否实现"群"所要求的内涵，就成为一个答案可能并不太乐观的事情。因此，章太炎呼吁"大独必群"，其目的就是秉持由中国传统所形塑的心系天下兴亡与万民福祉的传统，重建一个在新的历史条件下能够保证"万物皆得其宜，六畜皆得其长，群生皆得其命"的共同体。"大独必群"中的"必"字更是十分明显地体现了这种诉求。可以说，章太炎的这一观点，既充分继承了中国传统思想的要义，又是他后来如饥似渴地阅读西学、求取新知的基本动力。

而说起"独"，在中国传统思想语境里，很容易让人想起《中庸》

---

① 章太炎：《与李鸿章》（1898年），载马勇编《章太炎书信集》，石家庄：河北人民出版社，2003年，第19页。
② 北大哲学系注释：《荀子新注》，台北：里仁书局，1983年，第153页。

里的"慎独"。对此朱子曰"独者,人所不知而己所独知之地也",为了保持心性修养的完整性,必须"遏人欲于将萌,而不使其滋长于隐微之中"。① 对于清末士阶层为人处世影响极大的曾国藩即引申其义,撰《君子慎独论》,强调"幽独之中,情伪斯出",所以君子必须于"独知之地,慎之又慎",时刻保持高度的自我道德警惕。② 值得注意的是,章太炎强调"大独",主要是针对"小群"而言的,所以他说:"小群,大群之贼也;大独,大群之母也。"③ 只有毅然从"小群"中独立出来,不再与之同流合污,才能投入拯救"大群"的事业中去。可见,与理学传统中的"慎独"不同,章太炎的"大独"具有极强的实践性。

关于"小群",章太炎在表彰汪曾唯的事迹时进行了具体的描述。在他看来:

> 章炳麟入其居,曰:"翁之独,抑其群也。"其为令,斡榷税,虽一锱不自私,帑臧益充,而同官以课不得比,怨之。其群于国也。罢归,遇乡里有不平,必争之,穷其柢,豪右衔怨,而寡弱者得其职姓。其群于无告者也。悖礼必抨弹,由礼必善。其群于知方之士也。夫至性恫天下,博爱尚同,辄录以任之,虽贾怨不悔,其群至矣,其可谓独欤?入瞖师之室,则视者独矣;入伛巫跛击之室,则行者独矣。视与行,至群也,而有时谥

---

① 朱熹:《四书章句集注》,北京:中华书局,1983年,第18页。
② 曾国藩:《君子慎独论》,载唐浩明编《曾国藩诗文集》,长沙:岳麓书社,2015年,第139页。
③ 章太炎:《独居记》,载《章太炎全集》第10册,第2页。

之曰独。故夫独者群,则群者独矣。人独翁,翁亦自独也,案以知群者之鲜也。①

很明显,这里所指的"小群",是各种带有强烈私利色彩的小团体、小圈子,比如官僚集团("同官")、豪右地主,他们是致使"大群"有涣散之象的祸首。由于不愿意与彼辈同流合污,所以才毅然划清界限,君子有所不为,而从"小群"的角度观之,此举实为"大独"。也正是因为如此,"大独"并非一种哲学意义上的抽象探讨,也非对某种"原初状态"的假设性描述,而是章太炎针对当时中国社会中真实存在的主要矛盾而言的。

总之,章太炎之所以强调"大独",其最终目的是重建"大群",即保卫作为政治与文化共同体的中国,让中国的老百姓不受欺凌与压迫,都能过上好日子。在这个过程里,主要的动力来自他充分继承了中国传统学说中对于治国平天下的强烈责任感,于是希望奋然投身于救亡运动当中。这背后的伦理准则,与被视为宋代儒学先驱的范仲淹所强调的"不以物喜,不以己悲""居庙堂之高则忧其民;处江湖之远则忧其君"颇为一致,虽然对于如何实践这一伦理准则,随着对时代变局的敏锐观察,章太炎已有新的思考。因此,这篇文章可以视为章太炎立志投身政治运动的一份宣言。而终其一生,他都未曾背离这一初衷。

正是秉持这样的立场,1895年,在甲午战争中国战败的巨大刺激下,章太炎加入旨在宣传变法思想、唤起民众救亡意识的上海强

---

① 章太炎:《独居记》,载《章太炎全集》第10册,第2页。

学会。① 也正是在此时，新式大众媒体开始在中国广泛兴起。汪康年、梁启超、严复等人在报刊上发表了一系列政论，宣扬自己的政治主张，借由初步形成的出版与发行渠道，通过带有传统色彩的士人交游网络，让散居在全国各地的读书人能够在较短时间内形成某种具有一定群体效应的政治共识与政治感觉。② 从今天由上海图书馆整理的《汪康年师友书札》可见，汪康年主持创办的《时务报》，成为各地士人了解中外大势的主要渠道，其中刊登的事件、撰写的时评成为士人圈里的重要议论对象。不少外地士人时常写信给汪康年，或是抒发其读后感，或是索购尚未搜罗到的某一期《时务报》。③ 在时人眼里，《时务报》"风行寰宇，力开风气之先，其为裨益，讵可限量"④。该报"崇论闳（宏）议，以激士气，以挽颓波，他年四百兆人当共沐盛德，此举诚不朽矣"⑤。吕思勉则回忆："予之知读报也，自民国纪元前十七年上海之有《时务报》始也。是时海内情势，晦盲否塞，政俗之有待改革日亟，而莫或能为之倡者。《时务报》出，风运甚速，销数至万七千份，此在今日诚不足为异，然在当时，则创举也。读《时务报》者，虽或持反对之论，究以赞成者居多，即反对者，亦咸知有改革之说矣。"⑥ 在此过程当中，梁启超堪称

---

① 汤志钧编：《章太炎年谱长编（增订本）》上册，北京：中华书局，2013年，第16页。
② 潘光哲：《"西学"的"新闻化"：〈时务报〉与它的读者》，载《晚清士人的西学阅读史（1833—1898）》，台北："中研院"近代史研究所，2014年，第163—212页。
③ 上海图书馆编：《汪康年师友书札》，上海：上海古籍出版社，1986年。
④ 《张鹤龄致汪康年》，载上海图书馆编《汪康年师友书札》第2册，第1815页。
⑤ 《张元济致汪康年》，载上海图书馆编《汪康年师友书札》第2册，第1676页。
⑥ 吕思勉：《追论五十年来之报章杂志》，载《吕思勉全集》第12卷，上海：上海古籍出版社，2015年，第815页。

近代第一批通过新式媒体而扬名士林的知识分子。他的大量论著也基本是以刊登在报刊上为主要亮相方式,所谓"饮冰体",即用适于大众宣传的文风和体裁,将最能引起时代共鸣的内容呈现于世人。对此,黄遵宪评价梁启超的报刊政论"惊心动魄,一字千金,人人下笔所无,却为人人意中所有,虽铁石人亦应感动,从古至今文字之力之大,无过于此者也"①。

或许是意识到了新式报刊十分有助于传播新知,1897年在汪康年、梁启超的邀请下,章太炎赴时务报馆任职。② 章太炎从在诂经精舍里潜心研究经史的经生,变成任职于报馆的政论家,这样的身份转变,一度让俞樾颇感不怪。③ 究其缘由,大概是俞樾认为在报刊上发表面向公众的文章,有悖于古人在深思熟虑之前需矜于下笔的传统,实属孟浪之举。但黄遵宪则指出,章太炎文风"稍嫌古雅。此文集之文,非报馆文"④。换言之,"学究气"依然过浓。对于这段经历,章太炎后来回忆:"中岁主《时务报》,与康、梁诸子委蛇,亦尝言及变法。"⑤正如其言,在当时,他颇为积极地参与变法运动,鼓吹改革思想。在与汪康年的信中,他认为当下倡言改革,需要一方面广泛继承中国古代思想学说,另一方面借鉴西方近代历史经验。他特别强调,黄宗羲的《明夷待访录》中有不少值得阐

---

① 黄遵宪:《致饮冰主人书》,载丁文江、赵丰田编《梁任公先生年谱长编(初稿)》,北京:中华书局,2010年,第138页。
② 汤志钧编:《章太炎年谱长编(增订本)》上册,第21—22页。
③ 章太炎:《太炎先生自订年谱》,台北:文海出版社,1981年,第15页。
④ 《黄遵宪致汪康年》,载上海图书馆编《汪康年师友书札》第3册,第2351页。
⑤ 章太炎:《狱中答新闻报》,载汤志钧编《章太炎政论选集》上册,北京:中华书局,1977年,第233页。

发的内容。①

戊戌变法前后那些支持变法的士人除了致力于探索如何改革内政,还对清政府的对外政策颇为关注。1897 年 2 月,章太炎在《时务报》上发表了《论亚洲宜自为唇齿》一文。他根据在当时江浙士人圈里颇为流行的新学知识,认为世界政治矛盾的根源是所谓黄种人与白种人之间的种族冲突,中国所处的环境面临着以沙皇俄国为代表的白种人的侵略威胁。而为了缓解这样的外部压力,中国应当团结同属黄种人的日本。章太炎相信中日之间理想的状态应该是互为唇齿之盟,共同抵御沙俄。但这就面临一个问题,既然中日之间唇亡齿寒,那如何解释日本在几年前发动的侵华战争(甲午战争)?如何解释日本在战后向中国提出割地赔款的要求?在章太炎看来,日本发动对华战争,并非侵略,而是所谓"自救",即为了防范沙俄的威胁。他认为假如中国能够发奋自强,提升国力,那么日本不但不会侵略中国,还会主动向中国示好。因此,他给当时中国对外政策开出的方案是"莫若外昵日本,以御俄罗斯"②。同年他又在《译书公会报》上发表文章,在羡慕日本明治维新取得成功的同时,认为日本的崛起是在为黄种人抵御白种人保留希望。③

从这些观点中可见,虽然章太炎投身政治活动的动机是十分纯粹的,但他此时的政治见识,特别是对于中国所面临的外部环境的认识,其实还是比较单薄的,甚至是幼稚的。他当时很可能并不

---

① 章太炎:《致汪康年书》,载汤志钧编《章太炎政论选集》上册,第 3 页。
② 章太炎:《论亚洲宜自为唇齿》,载汤志钧编《章太炎政论选集》上册,第 6 页。
③ 章太炎:《读日本国志》,载汤志钧编《章太炎政论选集》上册,第 47—49 页。

知道，自己所说的中日之间需要基于所谓"同文同种"之谊而建立唇齿相依的关系，其实很大程度上属于近代日本政、学、军三界对华政策的产物。在近代日本的对外政策中，曾流行所谓"保全中国论"与"中日提携论"。其主要内容就是认为日本在东亚处于理所应当的领导者地位，为了对抗西方列强，日本需要让中国成为自己的附庸，使中国服务于日本的政治与经济利益，为日本称雄亚洲创造条件。而为了向中国读书人宣扬这一理念，日本的来华浪人、军方间谍、御用民间团体等，经常以"同文同种""唇亡齿寒"等观念为话术，将日本的战略意图进行巧妙包装，使中国官绅相信与日本联合不但有利于日本，更有利于中国。这种话术直接的表现之一，就是把同样作为殖民者的日本与沙俄争夺中国东北控制权的活动，刻画为黄种人与白种人之间的对抗，让中国的精英阶层只注意到沙俄的威胁，却忽视日本的企图。更有甚者，这些日本人大概不会告诉中国的读书人，甲午战争前后，日本国内盛行的中国观是对中国极尽丑化与蔑视之能事，认为中国早已腐败堕落至极，日本理应成为"东亚盟主"。① 总之，章太炎虽然意识到当时的中国必须重视对外政策的制定，但他对近代东西列强的殖民扩张活动及其意识形态说辞还是比较缺乏深入认识的，因各种主客观条件所限，他在当时也没什么机会形成一种可以揭示、批判近代殖民主义与帝国主义，进而更为全面地思考如何让中国振衰起微的理论视野。

---

① 王美平：《日本对中国的认知演变——从甲午战争到九一八事变》，北京：社会科学文献出版社，2021年，第19—60页。王屏：《近代日本的亚细亚主义》，北京：商务印书馆，2004年，第54—68页。赵军：《辛亥革命与大陆浪人》，北京：中国大百科全书出版社，1991年，第83—108页。

当然，这绝非章太炎一人的缺憾。就拿当时名震朝野的康有为来说，在对世界形势的认知上，他不但深受当时传教士所翻译的著作与主办的报刊影响，而且随着与来华传教士往来越来越密切，在不知不觉间受到了后者的有意引导。在甲午战争期间，李提摩太建议身为地方大员的张之洞迅速与日本谋和，并主张中国应主动成为英国的保护国，并让英国驻华公使欧格纳将自己撰写的《中英同盟密稿》交给李鸿章，极力宣扬中国需要和英国结盟。而在此前，李提摩太、林乐知等人创办的报刊上经常刊登美化英国形象与英国对外政策，丑化长期在远东、中东与近东和英国对抗的俄国，劝说中国与英国结盟的文章。① 必须承认，第一次鸦片战争以来，沙皇俄国不断侵占中国北方领土，掠夺中国资源，残害中国民众②，但相比于沙俄，先是通过走私鸦片来赚取中国白银，后又借助坚船利炮来霸占中国土地的英国又能好到哪里去呢？1895年，李提摩太撰写了《新政策》一文，建议中国政府广泛延请西人担任职务，包括聘请他们担任政府顾问，让彼辈负责对外邦交；成立所谓"新政部"，让八人担任总管，其中一半必须是英、美两国人士；聘请西人负责中国修筑铁路的事宜。③ 也就是在这一年，康有为认识了李提摩太。由于这样的因缘，1898年，康有为代其弟康广仁撰写了一篇名为《联英策》的文章。在文中他强烈建议清政府应和英国建立联盟关系，并声称英国"真能出死力以救邻国也"，在对外政策上有乐

---

① 王树槐：《外人与戊戌变法》，台北："中研院"近代史研究所，1970年，第125—128页。
② 复旦大学历史系《沙俄侵华史》编写组：《沙俄侵华史》，上海：上海人民出版社，1975年。
③ 王树槐：《外人与戊戌变法》，第78—79页。

善好施、扶弱抑强的传统,基于现实利害考量,英国定会帮助中国对抗俄国等其他列强。① 从后见之明来看,康有为如此这般的英国观不但严重违背常识,而且一旦被采纳,将会对中国的国家利益造成严重损害。因为从19世纪的外交史来看,半殖民地国家想通过与强国"结盟"来摆脱困境,其结果往往是赔了夫人又折兵,成为列强之间争霸的牺牲品。从章太炎、康有为的例子可知,戊戌变法前后中国精英阶层的对外认识,是带有明显时代局限性的。

戊戌年间,梁启超受湖南维新派的邀请,到长沙时务学堂任教,并撰写了不少文章来指导湖南的变法事业。在《论湖南应办之事》一文里,他认为"欲兴民权,宜先兴绅权",强调"绅权固当务之急矣",即扩大地方士绅的政治与经济力量,使他们成为变法运动的中坚力量。② 在梁启超的逻辑里,他认为当时中国的普通民众,特别是占人口绝大多数的农民的"文化素质"与"政治素质"着实有限,因此不能立即赋予其政治权利,而是应从作为社会精英阶层的士绅入手,使他们成为政治现代化的先驱,然后再"循序渐进"。这样的观点落实到组织层面,就是一时间在各地出现了许多"学会",或是以研究共同感兴趣的经世致用之学为号召,或是以直接介入政治活动为目的,通过这一平台,聚集志同道合的士绅群体,收同声相应、同气相求之效,使改革思想广为传播。③

---

① 康有为:《联英策》,载姜义华、张荣华编校《康有为全集》第4集,北京:中国人民大学出版社,2007年,第8—9页。
② 梁启超:《论湖南应办之事》,载吴松等点校《饮冰室文集点校》第1集,昆明:云南教育出版社,2001年,第95、97页。
③ 章开沅、罗福惠主编:《比较中的审视:中国早期现代化研究》,杭州:浙江人民出版社,1993年,第474—480页。

或许是感受到了学会的重要性,章太炎1897年3月在《时务报》第19册发表了一篇名为《论学会有大益于黄人亟宜保护》的文章。他认为中国的传统学术还是有不少值得发扬之处的,但之所以未能有助于抵御外侮,致使中国屡遭列强侵略,主要是由于士绅阶层"不能合群以张吾学"。他认为中国士绅阶层没有团结协作的习惯,总是彼此相争,这样就难以形成一股有凝聚力、有影响力的政治力量。因此,他主张效仿黄宗羲在《明夷待访录》中对学校职能的设计,将那些有志于从事改革事业的士人聚合在一起,讲求学问、联络感情、策划共同行动,这样既能培养良好的政治能力,又能传播新知,开启民智。或许是对1895年孙中山在广州发动的反清起义有所耳闻,章太炎认为自己这些"礼秀民,聚俊材"的建议属于"革政",有别于旨在"变郊号,柴社稷"的"革命"。因此,他呼吁应"以革政挽革命"。①

相似地,在发表于1897年8月的《变法箴言》里,章太炎认为在中国大多数人还不具备现代政治素养、朝野上下严重缺乏政治共识之际贸然设置议会,将政治议题诉诸公论,容易出现政治动荡。特别是在守旧者占大多数的情形下,若以民主的形式决定是否施行新政改革,那么结果极可能是受到守旧者的反对而难以推行。他以自己所了解的西方近代史上的相似史事为例,认为在内忧外患之时,民主政治很容易造成内部冲突与损耗。因此,他提醒人们,一旦在此刻施行民主,设置议会,将难以避免"域内抢攘,流血漂卤"。在他看来,"学堂未建,不可以设议院;议院未设,不可以

---

① 章太炎:《论学会有大益于黄人亟宜保护》,载汤志钧编《章太炎政论选集》上册,第8—13页。

立民主",应当利用学会,广开民智。其具体方法,则为"合中西之言以喻之",告诉人们近代西学的很多内容在中国古籍里都能找到相似的例子,虽然这样有比附之嫌,但能较为有效地化解一些人好古守旧的心理。① 章太炎的这些主张,其实和洋务运动以来的"托古改制"论颇为相似。为了让更多服膺儒学的士阶层接受新的政治组织模式与政治学说,主张洋务的士人习惯于运用"托古改制"的方式申说政治变革之道,即强调那些被西洋诸国不断实践的政治模式,其实都与中国古人之言暗合,只是由于各种因缘,中国古人的微言大义在后世不被重视而已,以此化解反对改革之人的成见。② 由此可见,此时的章太炎虽然救国热情极高,但思想见解基本还是在自洋务运动至戊戌变法之间流行的改革思想之框架内,谈不上有太多自己的独到之见。

虽然与梁启超等人在政治立场上颇为一致,但章太炎任职时务报馆才几个月就辞职离去了。之所以如此,是因为他在学术立场上和包括梁启超在内的康有为门生势若冰炭。史家张荫麟曾说:"'经学'在中国历史上之地位,与哲学在欧洲历史中之地位相当。其在西方史中,每当社会有剧变之世,哲学必先之或缘之而变;其在中国史中,每当社会有剧变之世,经学必先之或缘之而变。"③康有为等人的变法思想是建立在一套经过他们改造的今文经学理论之上的。在《孔子改制考》中,为了突显在当时展开变法

---

① 章太炎:《变法箴言》,载汤志钧编《章太炎政论选集》上册,第17—24页。
② 王尔敏:《清季维新人物的托古改制论》,载《晚清政治思想史论》,台北:商务印书馆,1995年,第31—50页。
③ 张荫麟:《近代中国学术史上之梁任公先生》,载张云台编《张荫麟文集》,北京:教育科学出版社,1993年,第189页。

运动的合理性与紧迫性,康有为构建了一套论述先秦学术脉络的话语体系,即认为上古史事茫昧无稽,无人能确知当时的历史状况究竟是怎样。之所以在春秋战国时期出现大量关于上古时期历史人物与史事的论述,主要是由于诸子各派为了向统治者兜售自己的思想主张,遂将其渊源追溯至上古,强调自己的那些主张皆属于古有征,以此来增强其说服力。诸子各派虽然纷纷论述上古史事,但并没有多少真实性,只是一种政治修辞(或曰政治话术),而诸子各派的政治主张,也并非基于对历史流变的深刻考察,而是类似宗教领袖的创教之语,极具创新性,从抽象的概念与信仰出发铺陈出一套对于政治与社会的见解。诸子各派也并不是学术团体,而是秉持不同教义的宗教团体。① 在《新学伪经考》中,康有为认为现存的许多儒家典籍都是西汉末年的刘歆为了迎合王莽篡汉有意伪造而成,在这一"作伪"的过程中,刘歆故意将儒家学说当中的微言大义删改涂抹,使儒家思想的"本意"黯而不彰。正是刘歆的举动,导致后世儒家思想的传承多以真实性极不可靠的古文经学为基础。其中,东汉末年的郑玄也起到推波助澜的作用。这样的古文经学难以体现儒家思想之"本意"。更为夸张的是,康有为认为刘歆为了尽可能掩盖自己的作伪痕迹,不但刻意篡改增删了许多当时流行于世的典籍,而且创造了许多"伪字"。在康有为笔下,刘歆以一人之力完成了常人难以想象的极为繁复的造伪工程。② 而他

---

① 康有为:《孔子改制考》,载姜义华、张荣华编校《康有为全集》第 3 集,北京:中国人民大学出版社,2007 年,第 1—260 页。
② 康有为:《新学伪经考》,载姜义华、张荣华编校《康有为全集》第 1 集,第 355—558 页。

之所以要这样刻画刘歆，主要是因为他想在恢复儒家思想"本来面貌"的名义下宣扬变法改制主张。当然，既然这一关乎能否认识儒家思想真面目的千古公案由康有为定谳结案，那么康氏自然就是光大儒家思想的不二人选，因此他的门生常将康有为视为教主。

康有为等人的政治主张，在戊戌年间其实得到了不少人的支持，否则梁启超就不会因在《时务报》上发表鼓吹变法的文章而扬名天下。但是，康党的学术主张，却很难让那些学有根底的士人真心认同。例如翁同龢在读了《新学伪经考》之后，认为康有为实乃"说经家一野狐也"①。本非守旧之人的朱一新反复与康有为辩论其说经之失。同情改革的陈庆年批评"近日学术日坏，如康有为遍伪群经，自谓刈除无用之学。其读书分月日程，至以速化诱天下，谓六月即可成通儒，狂悖已极"②。同样支持改革的孙宝瑄在日记里调侃，如果刘歆真像康有为说的那样能够大规模制作伪书，那么"歆亦圣人也"。③ 叶瀚更是直接称康有为之学为"南海伪学"，预料其势力将来"必一败涂地"。④ 宋恕初见康有为，认为后者还算"中智之士"，⑤但随着对康党的深入了解，便日感不满，认为"康长素侈然自大，实不过贴括变相。《公车上书》中议论可笑已极！其文亦粗俗未脱岑僚气，说经尤武断无理，乃竟能摇动天下，赤县民

---

① 翁同龢：《翁文恭公日记（节录）》，载中国史学会主编《戊戌变法》第 1 册，上海：上海书店出版社，2021 年，第 511 页。
② 陈庆年：《戊戌己亥见闻录》，载《清廷戊戌政变记（外三种）》，桂林：广西师范大学出版社，2008 年，第 107 页。
③ 孙宝瑄：《孙宝瑄日记》上册，北京：中华书局，2015 年，第 169 页。
④ 《叶瀚致汪康年》，载上海图书馆编《汪康年师友书札》第 3 册，第 2600 页。
⑤ 宋恕：《致王浣生书》，载胡珠生编《宋恕集》上册，北京：中华书局，1993 年，第 532 页。

愚可谓极矣!"①总之,对康有为等人的学术主张,康党门生时常声称康有为有"符命",康有为本人也以圣人自命的高傲自负姿态,这固然可以通过卡里斯玛效应凝聚其内部成员,但却让其他同情变法的人嗤之以鼻,最终选择与康党保持距离。②

在时务报馆中,章太炎因有机会近距离与康党接触,对后者的学术主张与做事风格自然深为不满。虽然他在一些政论当中也偶尔使用今文经学的概念,诸如"通三统"与《齐诗》"五际"说,但作为对《左传》深有研究、认同以刘歆为代表的古文经学的人,章太炎必然不会接受康有为的刘歆作伪说与孔子改制说。由于学术上的分歧,章太炎与康门弟子发生了激烈的冲突。在1897年4月与谭献的信中,章太炎详细描述了冲突详情。今摘录如下,以窥其景:

> 麟自与梁、麦(麦孟华)诸子相遇,论及学派,辄如冰炭。仲华亦假馆沪上,每有论议,常与康学抵牾,惜其才气太弱,学识未富,失据败绩,时亦有之。卓如(梁启超)门人梁作霖者,至斥以陋儒,诋以狗曲。麟虽未遭奊诟(诟),亦不远于辕固之遇黄生。康党诸大贤,以长素为教皇,又目为南海圣人,谓不及十年,当有符命,其人目光炯炯如岩下电,此病狂语,不值一吷。而好之者乃如蛣蜣转丸,则不得不大声疾呼,直攻其妄
>
> ……三月十三日,康党麏至,攘臂大哄,梁作霖复欲往殴仲华,昌言于众曰:昔在粤中,有某孝廉诋諆康氏,于广坐殴

---

① 宋恕:《又复胡、童书》,载胡珠生编《宋恕集》,上册第578页。
② 贾小叶:《戊戌时期学术政治纷争研究——以"康党"为视角》,北京:社会科学文献出版社,2017年,第127页。

之,今复殴彼二人者,足以自信其学矣。噫嘻!长素有是数子,其果如仲尼得由,恶言不入于耳邪?遂与仲华先后归杭州,避蛊毒也。①

其实在这场斗殴当中,章太炎也被康有为门生殴打了。孙宝瑄在日记里记载:"枚叔以酒醉失言,诋康长素教匪,为康党所闻,来与枚叔斗辩,至挥拳。"②闹到这个地步,章太炎也无法在时务报馆继续干下去了。

虽然离开了时务报馆,但章太炎依然致力于依托新式报刊来宣扬变法理念。1897年8月,章太炎与宋恕等人在杭州创办《经世报》。不久之后,章太炎提议发起一个旨在联系同志、扩大政治影响的"兴浙会"。在《兴浙会序》里,章太炎历数浙江历代文化先贤,表彰其学术遗产,这在当时的江浙士人圈里本属常见之事。但章太炎还提到了反抗清朝的张煌言,认为张煌言抗清失败乃浙江人的"隐痛",这就引发了不小的争议。③《经世报》最早的筹办人之一胡道南致信宋恕,认为章太炎写的《兴浙会序》"欠含蓄",致使"入会者少"。④ 与此同时,《经世报》刊登了一则"告白",公开批评《兴浙会序》用词不当,将内部分歧公之于众,同时暗含与章太炎划清界限之意,章太炎由此愤而离去。⑤

---

① 章太炎:《与谭献》(1897年),载马勇编《章太炎书信集》,第3页。
② 孙宝瑄:《孙宝瑄日记》上册,第98页。
③ 汤志钧编:《章太炎年谱长编(增订本)》下册,第575页。
④ 《童亦韩、胡钟生来书》,载胡珠生编《宋恕集》上册,北京:中华书局,1993年,第586、587页。
⑤ 姜义华:《章炳麟评传》,上海:上海人民出版社,2020年,第606页。

1897年8月,章太炎又开始在创办于上海的《实学报》上频繁撰文。《实学报》的创办人之一是江苏吴县人王仁俊,他和章太炎一样曾经受业于俞樾,后入张之洞幕府。他在辑佚学与目录学领域颇有成就,但在戊戌年间,他更为世人所知的是其编撰的《格致古微》一书。这本书广泛征引中国古籍,用强行比附的方式"考证"西方自然科学都源自中国。此书堪称晚清"西学中源说"的集大成之作,俞樾也为该书作了序。或许是因为与章太炎有同门之谊,王仁俊邀请章太炎为《实学报》撰文。章太炎在该报上发表了不少分析中国古代学术的文章,如《儒道》《儒兵》《儒墨》《儒法》《儒侠》,后经本人修改,收录于《訄书》之中。在发表于该报的《后圣》中,章太炎极力表彰荀子学说,认为孔子之后,光大儒家者为荀子,他强调:"同乎荀卿者与孔子同,异乎荀卿者与孔子异。"①1897年9月,章太炎在《实学报》上发表《异术》一文,认为"三统迭建,王各自为政。仲尼以春王正月莫络之,而损益备矣"。② 他用今文经学的话语来论述变法的必要性,或许是想表达自己依然认同康梁的变法主张。也正因为这样,由于王仁俊在《实学报》上刊登了反对变法的文章,章太炎遂不再刊文于该报。在同一时期,章太炎还担任创办于上海的《译书公会报》的主笔,在该报上发表鼓吹多译新书、增进国人见闻的言论。

　　1898年春,章太炎离开上海,赴武昌拜谒当时以开明而稳健自诩的湖广总督张之洞。作为清流出身的地方大员,张之洞向来喜欢招揽士人,扩充幕府规模。眼见梁启超声名鹊起,张之洞一度极

---

① 章太炎:《后圣》,载汤志钧编《章太炎政论选集》上册,第39页。
② 汤志钧编:《章太炎年谱长编(增订本)》下册,第577页。

意笼络,并给《时务报》捐款。据章太炎自己说,张之洞之所以注意到章太炎,是因为前者也颇为厌恶康有为的今文经学,因此希望章太炎来武昌撰写一些反驳康有为学术主张的文章。① 而据时在张之洞身边的陈衍回忆,张之洞向他询问上海的优秀青年士人,陈衍推荐了章太炎。一开始张之洞还嫌弃章太炎行文古奥,喜用生僻字,但陈衍随即指出章太炎对《左传》颇有研究,这才引起张之洞的注意。② 可见,张之洞之所以招揽章太炎入幕,很可能是想让章太炎发挥其在经学上的才华。在赴武昌之前,章太炎一度还想结识另一位清廷要员李鸿章。他给李鸿章写了一封长信,大谈自己的外交主张,可当时李鸿章因甲午之战失利而受冷落,不会有什么兴趣与这位天真而执着的青年儒生讨论如何办外交,因此章太炎的这封信也就没了下文。③

章太炎来到武昌之后,为由张之洞幕僚们创办的《正学报》撰写了一篇"缘起"。不过他很快就与以梁鼎芬为代表的张之洞幕府中人产生不和,其原因还是在于如何评价康梁师徒的变法运动。章太炎坚持认为应将学术分歧与变法运动分开对待,关于前者,他确实与康有为等人极不相契,但在后一个问题上,他们之间是有共识的,因此章太炎反对梁鼎芬等人诋毁变法运动。④ 这一段武昌之行让章太炎十分失望,以至于在后来的岁月里,每当他回忆起与张之洞等人的交往,常从各方面给予后者不高的评价,例如认为张之

---

① 章太炎:《太炎先生自订年谱》,第6页。
② 黄濬:《花随人圣庵摭忆》下册,北京:中华书局,2013年,第937页。
③ 章太炎:《与李鸿章》(1898年),载马勇编《章太炎书信集》,第19—22页。
④ 章太炎:《识康有为复书》,载《章太炎全集》第10册,第105页。

洞学术水平极为有限,仅能做一些普及性质的工作;①张之洞办洋务喜欢弄华而不实的表面文章,湖北创办的新式学校很容易让学子养成浮华嗜利之风。②

离开张之洞幕府后,章太炎重回上海,任职于《昌言报》。其间他主要从事的工作是与曾国藩的孙子曾广铨合译了近代英国学者斯宾塞的文集,具体分工是曾广铨摘编并译成初稿,章太炎笔述润色。作为主张社会演化论、社会有机体论与社会达尔文主义的代表人物,斯宾塞认为在社会演化过程中应奉行"最适者生存"原则,反对国家采取政治与经济政策救济穷人、遏制贫富差距。相似地,他还反对通过国家力量来推行国民教育,反对限制个人私有财产的膨胀。在政治生活中,国家只能作为类似"守夜人"的角色而存在。所谓"社会有机体",主要指的是社会各个组成部分之间要有良好分工,某一部分不能干预另一部分,当每个组成部分都能有效运转时,整个社会自然就能维持正常秩序,其直接诉求依然是借此来强调国家职能的限度。③

在19世纪的美国,斯宾塞的学说深受坐拥巨富的资本家喜爱。他们认为斯宾塞主张的社会达尔文主义正好印证了他们为何能获取巨额财富,百万富翁正是优胜劣汰的产物,彼辈理所应当成为人生赢家,那些不适合在社会上生存的穷人则需接受被淘汰的

---

① 章太炎:《自述学术次第》,载虞云国整理《菿汉三言》,上海:上海书店出版社,2011年,第203页。
② 章太炎:《救学弊论》,载《章太炎全集》第9册,第92页。
③ 以上叙述,概括自斯宾塞的两本代表作《社会静力学》与《个体与国家》。参见[英]斯宾塞《社会静力学(节略修订本)》,张雄武译,北京:商务印书馆,2011年。[英]斯宾塞:《个体与国家》,林斯澄译,北京:商务印书馆,2021年。

命运。就此而言,想要运用国家力量来限制财产、周济穷人,是违反社会演化规律的,有的人之所以贫困,是因为他不具备在社会上生存的能力,那么就应该让其被自然淘汰掉。在此情形下,美国版的斯宾塞学说沾满了大资产阶级的铜臭气。①

而章太炎等人之所以要翻译斯宾塞的著作,自然不是为了让中国也出现类似美国大资本家式的人物,而是因为他们受到严复影响。严复在发表于1895年的《原强》一文里介绍过斯宾塞的学说,使后者初次在近代中国历史舞台亮相就和救亡图存、自立自强等观念结合在一起。斯宾塞的社会有机体论经常被中国士人拿来论证"合群保种"的重要性。② 与之相应,不少中国士人认为斯宾塞的学说有助于唤醒国人的救亡之念,有助于让人们明晰社会演进规律,认识中国所处的时代环境。

当然,章太炎在戊戌年间的"合群保种"之梦,随着1898年政变的发生而彻底破灭。1898年下半年,为了躲避清政府对维新人士的追捕,在《亚东时报》的负责人山根立庵、安藤阳州等人协助下,章太炎东渡台湾,首次体验身为政治流亡者的滋味。③

---

① [美]霍布斯塔特:《美国思想中的社会达尔文主义》,郭正昭译,台北:联经出版事业公司,1981年,第25—67页。
② 傅正:《斯宾塞"社会有机体"论与清季国家主义——以章太炎、严复为中心》,《近代史研究》2017年第2期,第34—51页。
③ 戴海斌:《〈亚东时报〉研究三题》,《史林》2017年第1期,第155—160页。

走上革命之路

1898年12月,章太炎抵达台北。1894年甲午战争中国战败,台湾被割让给日本。1896年,时任台湾总督的桦山资纪将"六三法"作为很长一段时间里日本侵占台湾的"基本法"。该法律依据委任立法制度,将管理台湾的大权交予总督,总督可以不受日本法律的限制,不受日本帝国议会的监督,除了军政与军令,还掌握行政、立法、司法、财政等权力,并可根据台湾的特殊情况颁布各种严刑峻法,镇压台湾民众的抵抗运动。1898年,身为日本陆军中将的儿玉源太郎出任台湾总督,后藤新平任民政长官。后藤根据所谓"生物学"理论,认为需要细化日本对台湾的侵占。他不求迅速改变台湾民众的风俗习惯,而是主张要利用台湾民众的"劣根性"来进行有针对性的统治,特别是在高压统治之余,还需施以小惠,造成台湾民众内部的分裂。与此同时,儿玉源太郎与后藤新平加强台湾的警察力量,增添警察人数,让警察直接参与行政管理,将警察与保甲制度相结合,密切监视台湾社会,捕杀抗日人士,造成台湾近代史上十分恶劣的"警察政治"时代。①

虽然日本侵略者此时在台湾推行高压统治,但对于章太炎这样来自大陆的青年名士,他们还是打算笼络的,希图借此彰显日本侵略者对中国传统文化的重视,可以在台湾本地读书人群体中收买人心。章太炎抵台后不久就被聘至《台湾日日新报》,为该报撰写文章。对于日本侵略台湾的政策与意图,章太炎一时间似乎还不能详细辨明。或许是出于对清政府镇压变法运动的不满,他一度对日本的侵略统治产生某种幻觉。② 他还设想中国能与日本结为同盟,然后大力经营长江流域,抵御沙皇俄国侵略中国北方的野心。③ 1899 年 1 月,儿玉源太郎赠送给章太炎一幅《帝国名胜图》,章太炎特意赋诗一首来答谢。同样在该年 1 月,章太炎致信汪康年,谈及自己的在台见闻,认为在这里有几位日本学者与自己相谈甚欢,其中以馆森鸿最为相契。④

馆森鸿对中国儒家典籍颇为熟悉,并且推崇清代汉学,尤为敬重被视为清代汉学开山之一的顾炎武,同时还很钦佩戴震,这与章太炎的学术立场十分相似。在文教水平还不是很高的台湾能遇见与自己畅谈学问之人,章太炎自然深感快意,于是与馆森鸿订交,在一起讨论中国传统学术。由于馆森鸿曾编撰日本明治维新时期著名人物的传记,而章太炎则刚刚经历一场以失败告终的"革政",

---

① 张海鹏、陶文钊主编:《台湾史稿》上卷,南京:凤凰出版社,2012 年,第 178—184 页。
② 汤志钧编:《章太炎年谱长编(增订本)》下册,北京:中华书局,2013 年,第 587 页。
③ 章太炎:《论亚东三十年中之形势》,载《章太炎全集》第 10 册,上海:上海人民出版社,2018 年,第 108—110 页。
④ 章太炎:《与汪康年》(1899 年),载马勇编《章太炎书信集》,石家庄:河北人民出版社,2003 年,第 8 页。

因此他感到与馆森鸿有不少共同语言。也正是通过馆森鸿,章太炎开始对日本近代汉学有了初步认识。后来馆森鸿整理日本汉学家照井泉都遗著,章太炎特意为其撰写序文。在章太炎看来,照井氏"礼乐、汤武、封建诸论,矩则荀子,最为闳深,以是洞通古义,而挹注九家,以说《庄子》,以训《四书》,不易其轨。盖自嬴吕以至于今,有照井全都,然后荀子由孽于东海"。"当西汉之朔,传荀学者,独伏、贾、董、韩诸明哲耳。其后若没若灭,陵夷至于宋明耗矣。日本之有文字,昉于应神,而当晋太康,是时荀学则已失其纲纪。全都生千四百纪以后,独能高厉长驾,引其微论,钓既沉之九鼎,而出之绝渊,其学术虽在伏、贾、董、韩间,其功则隃远矣。"因此称赞照井泉都"抗希大儒,仔肩绝学,信秦汉后一人哉"①。在与俞樾的信中,他亦言:"麟宗旨所在,以荀代孟,震旦儒人,鲜合兹契。惟日本照井全都箸汤武、礼乐诸论,独楬橥荀学,尊以继孔,玄照神契,独符鄙怀。"②由于学术旨趣相近,章太炎一度认为照井氏与自己颇似异代知音。

章太炎虽然身在台湾,但依然心系大陆,尤其是对戊戌变法的失败难以释怀。他撰文追思被清政府杀害的六君子;③抨击慈禧为了一己之私利而断送改革前途;④嘲讽张之洞政变前极力拉拢维新派,政变后却公开主张要对维新派"除恶务尽";⑤辨析康有为并非

---

① 汤志钧编:《章太炎年谱长编(增订本)》下册,第597页。
② 俞国林、朱兆虎:《章太炎上曲园老人手札考释》,《文献》2016年第1期,第122页。
③ 章太炎:《祭维新六贤文》,载《章太炎全集》第10册,第64页。
④ 章太炎:《书清慈禧太后事》,载《章太炎全集》第10册,第87—89页。
⑤ 章太炎:《佞贼盗名》,载《章太炎全集》第10册,第77—78页。

不忠之人,他公布光绪皇帝的所谓"密诏",无悖于为臣之道。① 他还给康有为写了一封信,并分别写诗寄予流亡海外的康梁师徒,向他们表达自己的关心之意,希望他们能够继续有所作为。对于章太炎的来函,康有为给他写了回信,感谢后者能在此刻坚持正义,支持变法运动,同时希望他不要常居台湾,而应同赴海外,共图良策。在信中,康有为甚至称章太炎为"豪杰""同志"。② 章太炎收到信后专门撰文一篇,强调自己与康有为"论学虽殊,而行谊政术自合也"。还十分客气地说自己"与工部(康有为)论辩者,特《左氏》《公羊》门户师法之间耳,至于黜周王鲁,改制革命,则亦未尝少异也"③。

虽说如此,但章太炎在其他文章里却不愿如此含混地看待自己与康有为之间的学术分歧。1899年,他发表了《今古文辨义》一文,较为系统地回应与批评了康有为的经学主张。或许是为了给康有为留些余地,他在文中并未点出康有为的名字,而是将批评对象换成了四川大儒廖平,因为在当时的士人圈里,时常盛传康有为的学术观点是因袭廖平而来,而且从表面上看,康有为与廖平之间确有不少相似之处。在这篇文章里,章太炎从经学家法、学术流变、古史记载等角度出发,批评廖平(其实是康有为)的经学观点,认为其中有不少穿凿附会之处。而对于这种治学方法的流弊,章

---

① 章太炎:《答学究》,载汤志钧编《章太炎政论选集》上册,北京:中华书局,1977年,第81—83页。
② 康有为:《致枚叔书》(1898年),载姜义华、张荣华编校《康有为全集》第5集,北京:中国人民大学出版社,2007年,第46页。
③ 章太炎:《识康有为复书》,载《章太炎全集》第10册,第104、105页。

太炎指出:

> 就廖氏之说以推之,安知孔子之言与事,非孟、荀、汉儒所造耶?孟、荀、汉儒书,非亦刘歆所造耶?邓析之杀求尸者,其谋如此;及教得尸者,其谋如彼。智计之士,一身而备输、墨攻守之具,若好奇爱博,则纵横错出,自为解驳可也。彼古文既为刘歆所造,安知今文非亦刘歆所造以自矜其多能如邓析之为耶?而《移让博士书》,安知非亦寓言耶?然则虽谓兰台历史,无一语可以征信,尽如蔚宗之传王乔者亦可矣。而刘歆之有无,亦尚不可知也。①

在章太炎看来,如果为了宣传政治主张而无视历代学术流变、任意质疑古书与古史的真实性,将会造成很不好的影响,使人觉得中国古代没有信史可言。而一旦形成了这样的认识,中国文化的根基也就被动摇了,这不但会造成学术研究上的混乱,还会危及中国人的政治与文化认同。在这个意义上,如果说政治变革是近代中国所必须面对的时代课题的话,那么这种变革绝不能建立在粗疏简陋的学术基础之上。后来章太炎在提出政治主张时,往往要从历史的角度追溯其流变,并从哲学的角度论证其合理性与必然性,这在某种程度上可视为他深思熟虑、立言谨严的表现。而从历史发展进程来看,恰恰是康有为如此这般的处理方式,开启了为宣扬特定的政治与文化诉求而任意质疑、否定古史记载的先河。不过,在

---

① 章太炎:《今古文辨义》,载汤志钧编《章太炎政论选集》上册,第115页。

这篇文章里,章太炎依然强调自己只是在讨论学术问题,而非由此来否定变法运动,强调自己与那些借反对康有为学术主张来抨击变法者绝非一类人。

除了对康有为的经学主张进行商榷,章太炎在当时还从哲学层面回应、批评康党的思想,特别是谭嗣同的《仁学》。当谭嗣同被捕遇害后,梁启超开始在他主持的《清议报》上连载谭嗣同的遗作《仁学》,并撰文表彰谭嗣同的事迹与品格。通过报刊的传播,一时间谭嗣同在当时青年知识分子眼中象征着锐意改革、勇猛无畏。谭嗣同在《仁学》一书里,运用"以太"这一概念,构建起从个人"心力"出发,终至彰显"仁"之普遍性的理想社会图景。其中,具有神秘主义特征的"以太"是贯穿于万事万物的关键。这个概念在19世纪的物理学领域主要用于解释电磁波的生成与运动。但在谭嗣同那里,"以太"可以脱离具体的物质实体而存在,能够超越时间与空间,有灵魂、有意识。① 早在1897年,章太炎就在宋恕那里读到了谭嗣同《仁学》的抄稿,但他觉得此书内容比较杂糅,因此评价不高。② 1898年,孙宝瑄也多次在日记里记载章太炎对《仁学》的评价,当然主要还是以批评为主。③

在戊戌变法期间,康有为为了宣传变法思想,借鉴西方宗教史的内容,将孔子诠释为开创孔教的教主,并将儒家思想神秘主义化。对此,章太炎在《儒术真论》一文里,通过从《墨子》当中钩沉与墨家进行辩论的战国儒者之言说,认为在战国时期儒者的特征恰

---

① 谭嗣同:《仁学》,台北:学生书局,1998年,第9—13页。
② 章太炎:《太炎先生自订年谱》,台北:文海出版社,1981年,第5页。
③ 孙宝瑄:《孙宝瑄日记》上册,北京:中华书局,2015年,第192、256页。

恰不是宗教化、神秘化,而是拒绝言鬼神之事,强调要从社会实践出发思考问题。章太炎强调孔子之所以被称为圣人,正是因为他"以天为不明"与"无鬼神"。所谓天道,原本就是人们因为不了解自然现象而产生的一种主观想象,随着自然科学的进步,人们会更为深入地认识天体运动规律,而人的生老病死也属于自然现象之一,并无鬼神之道掺乎其中。此外,人的性格和资质主要由后天熏染而成,正是有着这样的认识,为了实现理想的社会状态,孔子才致力于明庶物,察人伦,从社会生活与社会实践当中总结归纳人伦之道,而不依靠宗教来惑世诬民。这种以人为主体,重视对历史经验与社会关系进行总结升华的极强的实践性,实为儒家思想的光辉之处。① 后来章太炎重视历史,强调"依自不依他",反对建立孔教,都可以从这篇文章里窥见端倪。

针对谭嗣同的哲学思想,章太炎在《视天论》与《菌说》中进行了较为系统的回应,并借此提出自己对于宇宙生成与万物进化的观点。在《视天论》一文里,章太炎借助他所接触到的近代自然科学,特别是天文学知识,认为自然界中的万物运动是各个物质相互吸引而形成的,因此具有极强的物质属性,而非受制于一个外在于自然界物质的"天"。人们之所以想象出一个外在于自然界物质运动的、具有主宰意志的"天",主要是因为不了解大气层的运动规律。就此而言,所谓"神道设教"之语,不过是虚妄之论罢了。②

在《菌说》一文里,章太炎重点论述了人的物质属性。在他看来,人的出生、成长和衰老,与其他自然界的生物一样,都可以从生

---

① 章太炎:《儒术真论》,载汤志钧编《章太炎政论选集》上册,第118—124页。
② 章太炎:《视天论》,载汤志钧编《章太炎政论选集》上册,第125—127页。

物学的角度来认识,此即所谓"内有精虫,外有官骸,而人性使具"。而谭嗣同借以构建其哲学体系的关键之物"以太",其实只是一种借着自身振动来传播光波与电磁波的物质,尽管它比原子还微小,但却依然是一种物质实体,而"不得谓之无体"。因此,只能从自然界运动的角度来理解"以太",不应将其想象为一种带有神秘性与道德属性的超自然现象。而认识到"以太"的物质属性,也就可以认识人的物质属性了。章太炎根据生物进化论指出,有机物是从无机物变化而来的,高级动物是从最简单的微生物变化而来的。从无生命的物体变成有生命的物体,从细菌变为草木,从低等生物变成高等生物,变成猴子,最后再变成人,这是自然界发展的过程。①

章太炎指出,正是由于人是从动物进化而来,那么人和人之间为什么要建立道德规范,为什么要形成复杂的社会组织,也就不需要靠谭嗣同笔下的"以太"来证明。人之所以能够进化为人,人类社会之所以形成,是因为人在长期的生产实践中智力越来越发达,为了更好地在自然界生存而形成团体。人们为了维系团体,需要有一套道德规范,各种文教活动也就随之而生。据此,章太炎引入荀子思想,认为根据进化原理,讲求"合群名分"之道至为关键,这样才能"御他族之辱"。如果一个团体变得"涣志离德",那么就会"帅天下而路",使团体涣散。这样,章太炎就将此一人类进化理论与救亡图存思想相结合,强调要重视后天的教育,使人们的素质不断提高,同时着力于政治与社会组织的建设和完善,这样才能更好

---

① 这一段概述,参考了姜义华老师的研究。参见姜义华《章太炎思想研究》,上海:上海人民出版社,1985年,第98—100页。

地实现"合群名分"。此外,还要培养人们"爱类"的观念,使人们认识到"仁民爱物"的重要性。① 可见,相比于谭嗣同简单地借用近代自然科学概念构建自己的思想体系,章太炎的这些观点体现出他对于近代自然科学与社会科学有更为全面的认识,能将自然界的生物进化规律、人的物质属性与社会属性、社会组织和社会道德的生成过程结合起来进行理性的考察,尽可能地祛除其中的神秘主义因素与不可知论。就此而言,虽然《菌说》等文章的遣词造句异常古奥,但其中的思想见识却是十分现代的。

这一时期章太炎从事的另一重要的学术工作就是在1899年下半年至1900年初将自己发表的文章修改结集为《訄书》(初刻本《訄书》)。② "訄"的意思是逼迫、紧迫。章太炎以此字命名自己的著作,就是想强调自己的这些文章都是在危急的时代环境里的不得不发之言,体现出强烈的忧患意识。这本书主要包括了讨论中国历代学术得失、运用近代自然科学与社会科学知识来分析人类社会形态、具体探讨中国政治与社会改革诸议题等内容,其中不少文章曾经在报刊上发表,在收录于书中时,章太炎又进行了一些修改。因此,这本书可视为章太炎从甲午到庚子思想的一个总结。他曾托好友夏曾佑居间介绍,将《訄书》与《儒术真论》送给以翻译《天演论》而名扬士林的严复,希望能得到后者的批评。由此可见,此时章太炎对严复的思想颇为认同。③

---

① 章太炎:《菌说》,载汤志钧编《章太炎政论选集》上册,第136—142页。
② 这里借用朱维铮教授的观点。他认为:"(《訄书》)初刻本在己亥年冬、庚子年春结集于上海。"参见朱维铮《本卷前言》,载《章太炎全集》第3册,第7页。
③ 朱维铮、姜义华编注:《章太炎选集》,上海:上海人民出版社,1981年,第109—113页。

也正是受到严复介绍的进化论的影响,在该书的《原变》篇里,章太炎认为"物苟有志,强力以与天地竞,此古今万物之所以变"。人之所以能成为万物之首,是因为人适应了自然环境,并不断力求改造自然环境,因此形成了极强的生存与发展能力。而要想在竞争越来越激烈的时代里生存,就必须讲求合群之道,建立良好的政治与社会制度。一旦放弃竞争意识,不再致力于自我完善,那么物种就会退化,最终难逃优胜劣汰的"定律"。① 因此,为了救亡图存,抵御外侮,有必要对当时中国的政治、社会与经济制度进行全面检讨,思考如何建立起一套既能保证广大民众生存发展,又能让中国在列强环伺的局面下得以自立自强的制度。

除了思考制度建设问题,章太炎认为还必须重视如何评价中国传统学术,毕竟当时大多数读书人的知识基础依然是中国传统学术,如果不能对之有较为恰当的评价,那么将极难形成对于政治与经济变革的共识,也难以引入新知,增广见闻。因此,该书的第一篇文章就是《尊荀》。章太炎认为不但荀子的"合群名分"思想值得发扬,并应用近代社会科学对之进行新的诠释,而且荀子的"法后王"思想同样值得重视,因为这暗含着强调变革重要性、不能恪守旧章的思想因素。当然,章太炎在诠释这一思想时借用了今文经学的观念,如《春秋》为新王制法,而非为汉代制法等,这显示出他并未像后来那样对今文经学抱以强烈批判的态度。而在《独圣》篇里,章太炎进一步阐发自己在《儒术真论》中的观点,认为孔子之所以伟大是因为不尚鬼神,这也是中国文化胜于其他地区文化的

---

① 章太炎:《訄书(初刻本)·原变》,载《章太炎全集》第3册,第25—27页。

地方。章太炎说:"自仲尼之厉世摩钝,然后生民之智,始察于人伦,而不以史巫尸祝为大故。"他还说:"神怪绌,则人道始立。"①正是因为杜绝了鬼神迷信,人们才有可能直面社会的真实矛盾,从社会实践出发思考未来发展的道路,人自身的主体性也能够建立起来。章太炎相信,由于中国传统学术中有这样的宝贵遗产,身处危局之中的中国定能通过变革来摆脱危机。

此外,章太炎在书中还评价了法家学说。早在戊戌年间,不少士人就已经熟知章太炎认为法家学说有可取之处。对商、韩之言甚为厌恶的宋恕,在戊戌年的日记中记下:"与枚叔争商鞅及鄂帅不合,大辩攻。"②随后他致信章太炎:"商鞅灭文学,禁仁孝,以便独夫,祸万世,此最仆所切齿痛恨,而君乃有取焉。"因此要和章氏"暂绝论交"。③由于时人不满于君主制度,因此对主张申君权、抑臣下的法家学说大力抨击,宋恕之外,像严复、孙宝瑄、谭嗣同等人皆如此。但章太炎一反时流,在《儒法》篇指出"儒者之道,其不能摈法家,亦明已"④。中国历史上之所以有一些良法美制,法家的因素至为重要。历代行政之衰不在于严刑峻法,而由于后世背离法家循名责实之宗旨,致使法律条文烦琐矛盾,进而形成了上下相蒙、政务废弛的局面。同时他在《商鞅》篇中强调,"法者,制度之大名","法家者流,则犹西方所谓政治家也,非胶于刑律而已"。⑤法

---

① 章太炎:《訄书(初刻本)·独圣下》,载《章太炎全集》第3册,第104、105页。
② 宋恕:《戊戌日记摘要》,载胡珠生编《宋恕集》下册,北京:中华书局,1993年,第941页。
③ 宋恕:《答章枚叔书》,载胡珠生编《宋恕集》上册,第590页。
④ 章太炎:《訄书(初刻本)·儒法》,载《章太炎全集》第3册,第9页。
⑤ 章太炎:《訄书(初刻本)·商鞅》,载《章太炎全集》第3册,第80页。

家强调循名责实、整齐官制,有助于让国家实现富强。因此,法家绝非君主的帮凶,而是自有一套为政之道。而除去"毁孝悌,败天性"乃其瑕疵外,宗尚法家如商鞅者,面对秦国权贵决不退缩姑息,较之汉代借经术干人主的儒生,其人格高下至为明显。

当然,该书更值得注意的,是章太炎对于清政府的态度。经历了戊戌变法的失败,章太炎其实已经开始怀疑清政府究竟能否让中国摆脱危机,实现富强。在该书的《原人》篇里,他借鉴近代西方民族主义思想,认为"人之始,皆一尺之鳞也,化有蚤晚而部族殊,性有文犷而戎夏殊"①。在历史变迁中,不同群体逐渐形成了民族意识。这种民族意识到了近代就成为抵抗侵略、建立民族国家的重要精神支撑。章太炎指出:

> 希腊之臣服土耳其也,数百岁矣,一昔溃去,而四邻辅之以自立,莫敢加之叛乱之名者,无他,种族殊也。意大利初并于日耳曼,逾年百五十,而米兰与伦巴多人始立民主。斯其为殊类也,间不容翻忽耳,然犹不欲以畀他人。由是观之,兴复旧物,虽耕夫红女将与有责焉。异国之不忍,安忍异种?②

这段话,其实已经在很含蓄地借用近代西方民族主义思想质疑清朝统治合法性了。相似地,他借评论蒙元历史,认为:"以臣夺君者,曰篡一姓之神器;以异类夺中夏者,曰篡万亿人之分地。"③

---

① 章太炎:《訄书(初刻本)·原人》,载《章太炎全集》第3册,第19页。
② 章太炎:《訄书(初刻本)·原人》,载《章太炎全集》第3册,第22页。
③ 章太炎:《訄书(初刻本)·蒙古盛衰》,载《章太炎全集》第3册,第60—61页。

但是，在整理《訄书》的阶段，章太炎并未表达彻底的反清革命思想，而是依然对清政府抱以些许期望。1899年夏，他在与日本人的谈话中曾说："今满虏虽可恶也，光绪帝者，聪明英主。苟得其相，则亦足以辅而为善者也。"①可见，他之所以对清廷抱有期望，是因为对光绪有着些许幻想，认为如果他能亲政，将对时局有所改观。极有可能的是，康有为等人在海外宣扬的光绪勤政爱民、立志改革的形象，多多少少影响了章太炎的判断。

因此，在初刻本《訄书》里，章太炎收录了《客帝》与《分镇》两篇文章。《客帝》的最初版本是1899年3月发表于《台湾日日新报》上的《客帝论》，收入初刻本《訄书》时章太炎有所修改。章太炎认为如果清帝能励精图治，就应该让其继续统治下去，成为类似"客卿"的"客帝"，对内"使吏精廉强力"，对外"以御白人之侮"。当中国走出内忧外患时，清帝应该主动让出帝位，退居诸侯之位，让孔子的后代成为新的统治者。②

在《分镇》一文里，章太炎认为自从咸丰年间以降，地方督抚的势力不断坐大，内轻外重之局已成。如此倒不如让地方督抚拥有独立的行政权与用人权，使之成为一方藩镇，让他们来对抗列强的侵略。在章太炎看来，这样可以避免中央政府一被列强威胁，就急忙签订卖国条约的情形出现。至于这样是否有可能会形成地方割据局面，章太炎说："瓜分而授之外人，孰与瓜分而授之方镇？"③从渊源上看，章太炎的这个想法很可能是对老师俞樾观点的改造。

---

① 章太炎：《与日人藻洲子的谈话》，载《章太炎全集》第10册，第163页。
② 章太炎：《訄书（初刻本）·客帝》，载《章太炎全集》第3册，第68页。
③ 章太炎：《訄书（初刻本）·分镇》，载《章太炎全集》第3册，第73—75页。

俞樾写过一篇《封建郡县说》,认为应该在施行郡县制的背景下恢复一些封建制的遗意,即"内地郡县而边地封建",这样就能较好地抵御外患,避免强干弱枝之局势。① 正如俞樾此论有向清廷当政者建言的意味,章太炎的"分镇"论,也是在保留清帝位置的前提下所设想的政治方案。

这里就带来了一个疑问,为何章太炎已经透露出对清政府不满,但仍然不直接主张革命,却希望清政府能自我改变?除了幻想光绪有成为明君的潜质,另一个不容忽视的原因就是他在当时对以孙中山为代表的革命力量缺乏足够的了解。在时务报馆时,章太炎看到报载孙中山在伦敦遭清政府驻英使馆逮捕,遂向梁启超询问其详情,后者对他说:"孙氏主张革命,陈胜、吴广流也"。② 1899 年 2 月,刚抵台湾不久的章太炎写信给汪康年,提到:"东人(日本人)言及公名,肃然起敬,而谬者或以逸仙(孙中山)并称,则妄矣。"③认为孙中山不能和戊戌年间办报纸、开民智的汪康年相比。他的这个想法其实在某种程度上也代表着当时大多数江浙士绅对孙中山的看法。孙中山一非世家子弟,二无科举功名,三无肄业著名书院经历,这在当时社会背景下,本来就很难入长期作为社会精英阶层的士绅群体法眼。孙中山 1895 年策划的广州起义,主

---

① 俞樾:《封建郡县说》,载《宾萌集·宾萌外集》,南京:凤凰出版社,2021 年,第 47 页。
② 章太炎:《民国光复》,载章念驰编订《章太炎演讲集》,上海:上海人民出版社,2011 年,第 389 页。值得注意的是,同一时期,关于孙中山,梁启超却对汪康年说:"孙某非哥(哥老会)中人,度略通西学,愤嫉时变之流,其徒皆粤人之商于南洋、亚美,及前之出洋学生。"参见梁启超《梁启超致汪康年》,载上海图书馆编《汪康年师友书札》第 2 册,上海:上海古籍出版社,1986 年,第 1831 页。
③ 章太炎:《与汪康年》(1899 年),载马勇编《章太炎书信集》,第 8 页。

要参与者为会党、民团、营勇、绿林等,他们基本属于社会底层边缘群体。① 这也让孙中山在不少对他缺乏足够了解的士阶层眼里,不外乎一位江湖游侠式的人物,而这种不由士绅阶层领导的政治运动,在当时更是很难获得他们认可的。这种情况,直到1900年以后他与留日中国学生广泛接触后才有明显改变。②

1899年6月,章太炎离开中国台湾赴日本。到日本后不久,在梁启超引荐下,章太炎在横滨与孙中山会面。不过这次会晤,显然没有让章太炎对孙中山产生太多好感,他在给汪康年的信中说:

> 兴公(孙中山)亦在横滨,自署中山樵,尝一见之。聆其议论,谓不瓜分不足以恢复,斯言即流血之意,可谓卓识。惜其人闪烁不恒,非有实际,盖不能为张角、王仙芝者也。③

在章太炎看来,孙中山虽不乏卓识,但言论略有夸大浮泛之嫌,不太讲求实际,所以稍显"不靠谱"。当然,章太炎拿孙中山和张角、王仙芝这样的古代农民起义领袖相提并论,说到底就是仍不认为孙中山也和自己一样是一位具有现代知识的文化人。在横滨时,孙中山还和章太炎、梁启超等人讨论过中国的土地问题,孙中山向他们提及中国古代的土地制度,并介绍了自己深为服膺的美国人

---

① 金冲及、胡绳武:《辛亥革命史稿》第1卷,上海:上海辞书出版社,2011年,第62页。
② 桑兵:《孙中山与留日学界》,载《清末知识界的社团与活动》,北京:北京师范大学出版社,2014年,第279—307页。
③ 章太炎:《与汪康年》(1899年),载马勇编《章太炎书信集》,第10页。

亨利·乔治的土地理论。①

因此,真正促使章太炎走上革命之路的还是中国政治形势的变化。1900年义和团起义,随后八国联军攻入北京,慈禧带着光绪仓皇出逃,这一系列的事件让当时关心国家大事的人们备受冲击,使他们开始认真思考中国未来的发展道路。

章太炎在《自订年谱》中说,1900年"清自诛窜康梁以后,与外人尤相忌,刚毅用事,遂有义和团之变"②。目睹这样一连串事件,使章太炎彻底抛弃了依托清政府来"革政"的念头。该年6月,章太炎致信时任两广总督的李鸿章,劝说他"明绝伪诏,更建政府,养贤致民,以全半壁"③。所谓"更建政府",显示章太炎已经不再承认清政府的政治合法性,并思考如何用新的政治力量来取代它。1900年7月,唐才常等人在上海召开"中国议会"。作为参与者,章太炎写信给夏曾佑谈及其中的状况:

> 海上党锢,欲建国会。然所执不同,与日本尊攘异矣。或欲迎跸,或欲□□,斯固水火。就迎跸言,信国(文廷式)欲借力东西,铸万(唐才常)欲翁(翁同龢)、陈(陈宝箴)坐镇,梁公(狄楚青)欲密召昆仑(康有为),文言(汪康年)欲借资鄂帅(张之洞)。志士既少,离心复甚,事可知也。④

---

① 桑兵主编:《孙中山史事编年》第1卷,北京:中华书局,2017年,第217页。
② 章太炎:《太炎先生自订年谱》,第7页。
③ 章太炎:《与李鸿章》(1900年),载马勇编《章太炎书信集》,第22页。
④ 章太炎:《与夏曾佑》(1900年),载马勇编《章太炎书信集》,第51页。

章太炎描述的中国议会内部情形，一方面固然体现了士绅群体在组织具有现代特征的政治团体之时还缺乏经验，特别是不谙团结大多数成员与形成政治共识的方法，但另一方面也说明参加中国议会的人们在如何对待清政府问题上的观点并不一致，所以才会有各种各样的救亡方案。被推举为副会长的严复就颇为悲观地指出："中国今日情事，与俄、日本皆不同，与雍、乾间之法兰西却有相似。"① 这番话的潜台词就是认为清政府的统治合法性在不断丧失，人心已散，类似大革命前夕的法国。被推选为会长的容闳在用英文撰写的中国议会对外宣言中更是直言，"大清朝势必覆亡"，"大清癫狂始终，愚不可及"，因此需要另立新政府，施行君主立宪制。② 时任东亚同文会上海支部干事的井上雅二也在日记里记载，中国议会的真实主旨外界其实并不知晓，包括"废弃旧政府，建立新政府，保全中外利益，使人民进步"③。而根据今天的研究，不但唐才常策划利用会党发动起义，与张之洞关系紧密的汪康年也打算在南方另立政权，新政权采用民主制度，实行总统制，总统将由当时的名人来担任，人选包括光绪，同时派人联络会党土匪武装作为军事力量。④

而章太炎则走得更为彻底。通过对甲午之战以来参与政治活

---

① 严复：《〈沈瑶庆奏稿〉批语》，载孙应祥、皮后锋编《〈严复集〉补编》，福州：福建人民出版社，2004年，第319页。
② 唐越：《容闳中国国会〈宣言〉足本全译并注》，《徐州师范大学学报（哲学社会科学版）》2012年第4期，第8页。
③ 《井上雅二日记》，载汤志钧编著《乘桴新获：从戊戌到辛亥》，北京：北京师范大学出版社，2018年，第316页。
④ 桑兵：《论庚子中国议会》，《近代史研究》1997年第2期，第15—16页。

动的反思,以及对清政府的长期观察,章太炎坚信这个政权不但不能让中国走出困境,反而会让中国遭遇更多的困境,甚至有被列强瓜分的危险。只有推翻清朝统治,才能让中国摆脱内外危机,实现国富民强。因此,在中国国会第二次开会时,章太炎提出应拒绝让满蒙官绅入会,以此表明自己决定走上革命之路的态度。① 稍后,他在由革命团体兴中会创办的《中国旬报》上发表了《严禁满蒙人入国会状》与《解辫发说》两篇文章,公开向世人宣传自己的政治主张。在对《訄书》进行重订时,章太炎专门加入《客帝匡谬》与《分镇匡谬》两篇文章,检讨自己曾经对清政府抱有期望的幻想,强调今后将矢志不渝地致力于革命运动。

长期以来,有一种观点认为章太炎之所以走上革命之路,主要是因为他"排满"的"极端民族主义"立场。不可否认,在进行政治宣传时,章太炎确实经常刻画清政府的残暴与昏聩之像,并借用明清之际的历史来激起人们对清朝统治的仇恨。但其实章太炎之所以反清,主要是因为他认为清政府不能有效抵御帝国主义列强对中国的侵略,让中国有沦为殖民地的危险。在具有表明心迹意味的《客帝匡谬》当中,章太炎强调:

> 故联军之陷宛平,民称"顺民",朝士以分主五城,食其廪禄,伏节而死义者,亡一于汉种,非人人阘茸佣态。同异无所择,孰甘其死? 由是言之,满洲弗逐,欲士之爱国,民之敌忾,不可得也。浸微浸削,亦终为欧美之陪隶已矣。②

---

① 汤志钧编:《章太炎年谱长编(增订本)》下册,第606—607页。
② 章太炎:《訄书(重订本)·客帝匡谬》,载《章太炎全集》第3册,第120页。

很明显,章太炎最担忧的是由于不能抵抗外敌而让中国沦为"欧美之陪隶"。他认为只有推翻清朝统治才能避免这样的情形发生。因此,章太炎的反清思想归根结底是建立在他强烈的反对帝国主义思想之上的,而他的民族主义思想针对的是对中国虎视眈眈的帝国主义列强。① 也正由于这样,在武昌起义爆发不久,章太炎立即致信留学日本的满族学生,劝他们不必因此感到恐慌,强调革命成功之后,"君等满族,亦是中国人民,农商之业,任所欲为,选举之权,一切平等"②,让他们作为具有人人平等特征的国民积极参加到新政权的建设中来,一改宣传革命之时那种极尽煽动之能的姿态。

---

① 汪荣祖:《康章合论》,台北:联经出版事业公司,1988 年,第 50—53 页。
② 章太炎:《与满洲留日学生》(1911 年),载马勇编《章太炎书信集》,石家庄:河北人民出版社,2003 年,第 292 页。

重订《訄书》,鼓吹革命

1901年上半年,章太炎开始重订《訄书》,一方面增加新的内容,另一方面对旧作进行修改。

重订本《訄书》与初刻本《訄书》的区别主要有以下几个方面:首先,增加了不少讨论中国传统学术,特别是清代学术的内容;其次,增加了借用近代社会科学理论来分析人类社会形态与中国古今变迁的内容,这个部分主要是为了从学理上论证反清革命的必要性;复次,增加、修改了讨论中国历史与现实的内容,使观点更为饱满,并且更有针对性;最后,删除了一些与今文经学有关联的内容,比如《尊荀》。从影响上看,重订本《訄书》不但使章太炎的学术主张更广为人知,而且进一步推动了革命宣传。

在讨论中国传统学术的部分,《原学》认为学术受到地理环境、政治文化与学者自身素质的影响。随着世界各地交往越发便利,后人可将不同地区的学术等量齐观,扩大见闻,并从政治与社会背景出发审视彼此之良莠。这其实是在主张应将视野拓宽,不必心存某种学术必须定于一尊之念。① 也正因为如此,章太炎在重订本《訄书》中对支配中国社会两千余年的儒学,特别是孔子思想展开批判。书中的《订孔》就颇给人石破天惊之感。章太炎援引日人远藤隆吉之论,认为孔子地位与学识并不相符。古之六艺为晚周诸子所共闻,并非孔子一人独擅。孔子的"道术"其实不抵孟、荀远甚。特别是荀子,他"以积伪俟化治身,以隆礼合群治天下",深得致用之道,其正名之学堪比古希腊的苏格拉底与亚里士多德,因此"其视孔氏,长幼断可识也"。只是因为孟、荀的应世之才不及孔子,加之"才与道术,本各异出,而流俗多视是崇堕之",因此未有后者这般声誉。基于此,章太炎指出孔子的地位只是"古良史也",既非"至圣先师",更非"教主"。② 此论一出,引起不小波澜。时人观察到:"余杭章氏《訄书》,至以孔子下比刘歆,而孔子遂大失其价值,一时群言多攻孔子矣。"③

1901 年,孙宝瑄在日记里记载与章太炎等人讨论如何编撰史书,章太炎认为应重视对学术史的研究。④ 在重订本《訄书》里,章太炎就加进不少讨论中国学术流变的文章。比如《学变》《学蛊》《王学》《颜学》《清儒》等。《学变》主要论述从汉朝到晋朝的学术变迁概况。章太炎于其中表彰王充在《论衡》里对当时各种迷信思想的批判及对孔子学说的质疑,称其为"汉得一人焉,足以振耻"。

---

① 章太炎:《訄书(重订本)·原学》,载《章太炎全集》第 3 册,上海:上海人民出版社,2018 年,第 131—132 页。
② 章太炎:《訄书(重订本)·订孔》,载《章太炎全集》第 3 册,第 132—133 页。
③ 许之衡:《读〈国粹学报〉感言》,载桑兵等编《国学的历史》,北京:国家图书馆出版社,2010 年,第 53 页。
④ 孙宝瑄:《孙宝瑄日记》上册,北京:中华书局,2015 年,第 385 页。

同时他认为东汉末期法家思潮的复兴是一个值得注意的现象,这表明在政治衰微之际,人们开始从先秦诸子思想遗产里寻找解决时代症结的方法。在这之后,道家学说又被时人青睐,反映了时人对乱世的厌恶,希望以逍遥避世为旨归,寻找精神上的依托。总之,这一时期绝非儒学一家独尊,而是不同学术流派依次登场,体现出中国传统学术的丰富性。①

在《学蛊》里,章太炎指出,北宋的欧阳修治学不循名责实,喜师心自用;稍晚于他的苏轼则善于用恍惚两可之辞左右逢源,使人受其文辞蛊惑,进而不辨是非真伪。二人流风所及,弊病甚多。宋代以降中国学术日渐衰微,"淫文破典,尠靡者众",学者不再致力于辨名实、审论理,二人应负主要责任。② 相似地,在《王学》里,章太炎认为王阳明之所以能在明代建立功业,"职其才气过人,而不本于学术",其事功与学术之间并无紧密关联。此外,他的学说中只有"致良知"勉强算独创之见,其他部分则多"采自旧闻,工为集合,而无组织经纬"③。比如"人性无善无恶"袭自宋儒胡宏,"知行合一"肇始于程颐,还有一些论点则吸收了孔融、阮籍的观点。总之,他认为王阳明的学问至为浅陋,缺乏深度。章太炎表面上是在批评欧、苏、阳明,实际上是为中国学术的前途忧虑,在他看来,"一二三四之数绝,而中夏之科学衰"④,担心在中国难以培养人们重视逻辑与证据的科学思维。既然中国传统学术中较为缺乏论理正名

---

① 章太炎:《訄书(重订本)·学变》,载《章太炎全集》第3册,第142—144页。
② 章太炎:《訄书(重订本)·学蛊》,载《章太炎全集》第3册,第145页。
③ 章太炎:《訄书(重订本)·王学》,载《章太炎全集》第3册,第146—147页。
④ 章太炎:《訄书(重订本)·王学》,载《章太炎全集》第3册,第148页。

之道,又喜用经不起科学检验的主观唯心主义来看问题,那么"不知新圣哲人,持名实以遍诏国民者,将何道也?又不知齐州之学,终已不得齿比于西邻邪?"①

在《颜学》里,章太炎指出,明代后期程朱理学流于颓萎,宗尚王学者趋于空洞,无论是程朱理学的格物静坐,还是王学提倡的致良知,都难以化民成俗。颜元目睹斯景,提倡恢复古之"六艺",不但坐而言,更要起而行,以求躯体强健,一改儒者文弱形象。他身体力行,钻研兵、农、钱、古、工等经世之学,反对静坐空谈。此外,颜元谨守礼教,视听言动无逾矩之举,对道德修养十分重视,所以胜过同样讲求经世之学的南宋名士陈亮。他于孝道发自至诚,千里奔走寻生父之墓,同时重视"六艺"中的"乐",这又与虽重视武事,但倡导"兼爱"、厉行"非乐"的墨子极不相同。总之,章太炎称赞颜元"形性内刚,孚尹旁达,体骏驵而志齐肃,三代之英,罗马之彦,不远矣"②。甚至认为他是荀子以后的又一大儒。之所以对颜元有如此高的评价,除了受到谭献等人的影响,还和章太炎在清末表彰"儒侠"之道有关,他认为需要用古代侠士的作风来医治儒学的弊病,而颜元的学说与事迹恰好十分符合"儒侠"的理想形象。

在《清儒》里,章太炎叙述了清代的不同学术流派。作为俞樾的学生,他对清代汉学评价极高,认为清代宗尚汉学的学者"不以经术明治乱,故短于风议。不以阴阳断人事,故长于求是"。他们以实事求是的精神治学,"一言一事,必求其征,虽时有穿凿,弗能越其绳尺"。他们的研究消解了经学的神圣性,让经学不再被当成

---

① 章太炎:《訄书(重订本)·学蛊》,载《章太炎全集》第3册,第145页。
② 章太炎:《訄书(重订本)·颜学》,载《章太炎全集》第3册,第149页。

帝制时代的官学。同时他们"夷六艺于古史",用研究历史的方法看待古代经书。这样的研究方法使人们可以较为客观地认识到"上世社会污隆之迹",其影响所及,"以此综贯,则可以明进化;以此裂分,则可以审因革",为后人用科学方法研究中国古代历史奠定基础。① 章太炎对清代汉学的这番评价深刻影响着20世纪中国学术史的进程,不少人都以章太炎的这个评价为依据来看待清代汉学,使清代汉学不但成为中国现代学术发展中重要的思想遗产,而且成为有志研究中国传统学术之士的入门阶梯,甚至不同学术立场的学者之间发生争论,往往也要涉及如何评价清代学术。当然,除了《清儒》,章太炎在重刻本《訄书》里还收录了其他评价清代学术流变的文章,如《学隐》《哀清史》等。他常从反清的立场出发审视清代学者对于清政府的态度,认为清代汉学家素怀不与清廷合作之志,意识到"处无望之世,衔其术略,出则足以佐寇",于是埋首典籍,自晦其行,甘为"学隐",与那些汲汲于功名、向清廷献媚的理学名臣形成鲜明对比。②

章太炎自称:"自从甲午以后,略看东西各国的书籍,才有学理收拾进来。"③在重订本《訄书》里,章太炎广泛吸收域外新知并将其作为自己立论的根据。据姜义华老师统计:"《訄书》中直接注明作者与书名的,就有英国人类学泰斗泰勒(章氏译作梯落路)的《原始人文》,芬兰哲学家、人类学家韦斯特马克的《人类婚姻史》(章氏

---

① 章太炎:《訄书(重订本)·清儒》,载《章太炎全集》第3册,第152—160页。
② 章太炎:《訄书(重订本)·学隐》,载《章太炎全集》第3册,第161页。
③ 章太炎:《在东京留学生欢迎会上之演讲》,载章念驰编订《章太炎演讲集》,上海:上海人民出版社,2011年,第1页。

译作'威斯特马科《婚姻进化论》'),美国著名社会学家吉丁斯(章氏译作葛通哥斯)的《社会学》,日本著名社会学家有贺长雄的《族制进化论》,日本文学家涩江保的《希腊罗马文学史》,语言学家武岛又次郎的《修辞学》,宗教学研究者姊崎正治的《宗教学概论》。书中引述的,还有瓦伊知的《天然民族之人类学》,载路的《民教学序论》,白河次郎、国府种姓的《支那文明史》,远藤隆吉的《支那哲学史》,桑木严翼的哲学著作,以及培根、洛克、卢梭、康德、斯宾塞等人的许多观点。"①

例如在《序种姓》中,章太炎借鉴近代民族主义理论,认为:"万物莫不知怀土,而乐归其本。"基于此,他考证古代姓氏谱系,希望建构起一套"纯粹"的汉民族演进史迹,以此来凸显"夷夏之辨",激发人们的反清之志。且不说这样的论证方式本身就有简单地以近代西方民族主义(包括人种学)理论为根据来审视中国历史之弊,而且在此过程中,章太炎甚至像当时不少知识分子一样误信了源自近代西方、在学理上与史实上都站不住脚的"中国人种西来说"。不过,在1906年东渡日本之后,随着对于近代西学更为深入的认识,特别是意识到后者背后带着强烈的帝国主义与殖民主义意识形态后,章太炎开始检讨自己先前的论证方式,并批判"中国人种西来说"。

当然,作为熟悉中国历代典籍之人,章太炎并未在借鉴近代西学时忽视中国历史自身的丰富性。在《通法》中,章太炎回顾了从周至明的政治史,摘取出在他看来值得后世取法之处。他所鉴定

---

① 姜义华:《章太炎思想研究》,上海:上海人民出版社,1985年,第164—165页。

历代王朝是否行良政之标准，在很大程度上是以能否有利于民众生计福祉为依据。比如汉制之下郡县多循吏，北魏以降的均田制使民有恒产，皆不外乎此。值得注意的是，他除了对汉、唐这样的"盛世"之制度多有认同，对那些在古人眼中地位甚为低下的政权，他也努力寻觅出其中的良法美意。比如被欧阳修称为"天地闭，贤人隐"的五代十国中的后梁，他认为晚唐之世，宦官专权，甚至操纵帝位更替，而朱温能从制度设计入手，将此权势熏天的团体一举打压，故值得称道。此外，被历代史家所痛斥为以篡位夺权、欺世盗名的新莽政权，其置"王田"、限财产诸政策，一改西汉富者连阡陌、贫者无立锥之状，使得"分田劫假之害，自是少息。讫建武以后，乡曲之豪，无有兼田数郡，为盗跖于民间，如隆汉者矣"①。这些举措的流芳遗泽，同样让民众受益。

在中国古代政论里，土地分配问题备受关注，因为这关乎战国以降的小农经济是否能够保持稳定。对此，章太炎除了在评价王莽的土地政策时涉及此事，还在《定版籍》里详细论述中国的土地分配问题。他于文中回忆在横滨时与孙中山讨论中国土地现状的场景，强调防止土地兼并的必要性，因为"田不均，虽衰定赋税，民不乐其生，终之发难。有帑廥而不足以养民也"。在文末，他还附上了自己草拟的《均田法》，其中规定有土地的人不能任由土地荒废，凡是不能亲自耕种的土地，应由政府负责出售。② 这些内容的实质就是防止因土地兼并而一方面造成大量土地被闲置，另一方面却有许多无地可种的农民，既导致生产力低下，又激化社会

---

① 章太炎：《訄书（重订本）·通法》，载《章太炎全集》第3册，245—249页。
② 章太炎：《訄书（重订本）·定版籍》，载《章太炎全集》第3册，第277—279页。

矛盾。

最后,在重订本《訄书》里,章太炎还计划编撰一部具有新体例与新内容的《中国通史》。在附于《哀清史》之后的《中国通史略例》里,章太炎认为中国传统史籍中的典制之书有助于"知古今进化之轨",使得"一事之文野,一物之进退,皆可以比较得之"。因此在他设想撰写的《中国通史》中,"典"这一体裁占据了很大一部分内容。他强调:"诸典所述,多近制度。及夫人事纷纭,非制度所能限,然其系于社会兴废,国力强弱,非眇末矣。"通过论述古今制度的建立与流变,章太炎希望能呈现中国立国根基之所在与得以维系至今的经验教训。此外,在《中国通史略例》中,他还计划撰写数篇属于传记性质的《考纪》与《别录》,以此"振厉士气,令人观感"。①

关于自己的修史计划,章太炎在1902年给梁启超的一封信里做了详细陈述:

> 窃以今日作史,若专为一代,非独难发新理,而事实亦无由详细调查。惟通史上下千古,不必以褒贬人物、胪叙事状为贵,所重专在典志,则心理、社会、宗教诸学,一切可以熔铸入之。典志有新理新说,自与《通考》《会要》等书,徒为八面锋策论者异趣,亦不至如渔仲《通志》蹈专己武断之弊。然所贵乎通史者,固有二方面:一方以发明社会政治进化衰微之原理为主,则于典志见之;一方以鼓舞民气、启导方来为主,则亦必于

---

① 章太炎:《訄书(重订本)·中国通史略例》,载《章太炎全集》第3册,第333—336页。

纪传见之。①

可见,章太炎眼中符合时代需求的《中国通史》,应做到贯通古今,能成为具有国民教育性质的"国史"。在内容上,须侧重于"典志",将晚近的新学理熔铸其中,区别于往日沾染科举策论之风的史论,借此来"发明社会政治进化衰微之原理"。章太炎在当时为了获取更多的新知识,阅读了许多涉及进化论与社会有机体论的日本学者的论著与译著。他指出:"物苟有志,强力以与天地竞,此古今万物之所以变。"与之相反,则是许多生物因不明合群竞争之道,以致日渐退化。②正是在这样的思虑之下,他认为需要在历史著作中加入能促进"合群明分"的内容。

虽然此时章太炎乐于和梁启超讨论通史编撰这样的学术问题,但在政治主张上,由于立志走革命之路,章太炎和依旧不愿放弃君主立宪道路的梁启超之间的分歧却越来越大。1900年,梁启超发表了《中国积弱溯源论》一文,从"积弱之源于理想者""积弱之源于风俗者""积弱之源于政术者""积弱之源于近事者"四个方面来探讨中国当时国势日窘的原因。虽然他在"积弱之源于近事者"这一节中历数了清代以来的各种暴政、苛政,但是仍旧强调"今上皇帝以天纵之资,抱如伤之念,借殷忧以启圣,惟多难以兴邦。

---

① 章太炎:《与梁启超》(1902年),载马勇编《章太炎书信集》,石家庄:河北人民出版社,2003年,第42页。
② 章太炎:《訄书(重订本)·原变》,载《章太炎全集》第3册,第191—193页。

天之生我皇也,天心之仁爱中国而欲拯其祸也"①。

对此,章太炎在1901年发表了《正仇满论》一文以反驳梁氏。他强调:"今日之满人,则固制汉不足亡汉有余。"梁启超在《中国积弱溯源论》中将乾隆比作宣称"朕即国家"的法皇路易十四,以此来突显前者的专制,但是却又不主张民众起来进行革命,原因在于不能忘却心中的"圣主"光绪。但是在章太炎看来,光绪的种种举动,非为国家,而是借维新之名来夺慈禧之权,"其迹则公,而其心则只以保吾权位",因为彼等深知"满、汉二族,固莫能两大也"。即便他有心改革,也由于能力有限,难以成功。反观亿万汉人,"其轻视鞑靼以为异种贱族者,此其种性根于二百年之遗传,是固至今未去者也"。就算是迫不得已而出仕清廷为官者,他们不与清廷合作之心也未尝少衰。总之,在章太炎看来,不反清,中国则终究难以摆脱危局,欲清政府施行立宪,无异于与虎谋皮。②

章太炎提到汉人不愿出仕清廷为官,从清代政治史上看,很可能只是他的一种推想。但据章士钊回忆,章太炎在当时认为"鼓吹种族革命,非先振起世人之历史观念不可"③。1902年4月,章太

---

① 梁启超:《中国积弱溯源论》,载吴松等点校《饮冰室文集点校》第2集,昆明:云南教育出版社,2001年,第688页。
② 章太炎:《正仇满论》,载《章太炎全集》第10集,第222—227页。按:虽然章太炎公开撰文反驳梁启超,但直至1902年初,他似乎仍然相信梁启超的本意是赞成革命的,只是因各种现实考量,所以不便公开表露心迹。关于此,章太炎对吴君遂说:"今者,任公、中山,意气尚不能平,盖所争不在宗旨,而在权利也。任公曩日,本以□□为志,中陷□□,近则本旨复露,特其会仍名□□耳。"参见章太炎《与吴君遂》(1902年),载马勇编《章太炎书信集》,第61页。
③ 章士钊:《疏〈黄帝魂〉》,载《章士钊全集》第8册,上海:文汇出版社,2000年,第187页。

炎与秦力山等人计划在日本东京举行"支那亡国二百四十二年纪念会",因被日本警察制止,改至横滨举行。章太炎为此活动写了一篇"宣言书",其中提到:"愿吾滇人,无忘李定国;愿吾闽人,无忘郑成功;愿吾越人,无忘张煌言;愿吾桂人,无忘瞿式耜;愿吾楚人,无忘何腾蛟;愿吾辽人,无忘李成梁。"通过那些明清之际抗清将领的名字,来唤起人们的反清之志,"庶几陆沈之痛,不远而复,王道清夷,威及无外"①。他希望通过这些明清之际历史人物的事迹,激发人们对清朝统治的不满。在当时的背景下,包括章太炎在内的革命者鼓吹革命的主要理论工具其实是由日本学者译介的政治学理论,特别是近代民族主义理论。民族主义理论赋予那些主张革命的士人论述近代政治组织的原理,尤其是民族国家之内涵的能力。但在宣传策略上,传统的"夷夏之辨"与明清之际史事却更容易面向国内大量未受西学熏陶的人,让他们借助中国历史上的相关史迹来理解反清革命的内涵。比如当时身在湖北的朱峙三,便主要通过阅读《扬州十日记》《嘉定屠城记》,以及革命党人编撰的记载明清之际历史的读物,而心生反清之念,日渐同情革命。② 正是在这个意义上,章太炎极为重视明清之际的历史。在他眼中,晚清的革命党人需要将这股数百年间未尝一日消亡于天地之间的反清意识发扬光大。只有这样,革命才有可能唤起社会上广大民众的充分同情与支持,进而获得成功。

---

① 章太炎:《中夏亡国二百四十二年纪念会书》,载《章太炎全集》第 8 册,第 193—194 页。
② 严昌洪编:《朱峙三日记(1893—1919)》,武汉:华中师范大学出版社,2011 年,第 127、129、158、207 页。

1903年,章太炎回到国内,任教于上海爱国学社。爱国学社是由中国教育会帮助创立的,主要为了接济因反对学校迫害而掀起退学风潮的原南洋公学学生。但不久之后,因经济问题,爱国学社与中国教育会又发生冲突,爱国学社的学生对蔡元培等中国教育会负责人大为不满。这场纠纷似乎对章太炎颇有触动,他在写给吴君遂的信中感慨:"汤盘孔鼎,既不足为今世用;西方新学,亦徒资窃钩发冢,知识愈开,则志行愈薄,怯葸愈甚。"他提到自己在爱国学社中甚至建议学生"宜毁弃一切书籍,而一以体操为务"。① 当然,爱国学社的成立还是为宣传革命思想提供了便利。1903年,上海各界绅商在张园召开拒俄大会,抗议俄国在《辛丑条约》签订后仍不从中国东北撤军。爱国学社的成员也借此机会在张园集会演说,宣传政见。在此期间,借着民情高涨,《苏报》刊登了不少批判清政府的文章,广为传播革命思想。而也正是这份报纸,让章太炎一时间名满天下。

《苏报》本为中国人借着日本人名义在上海创办的一份市井小报,知名度有限,没什么社会影响,后被陈范买下。陈范的兄长因同情戊戌变法,在变法失败后遭永久监禁。陈范本人曾靠捐官当上知县,后在江西铅山县任上因处理教案不力而被免官,这让他开始对清政府感到不满,遂生"倾覆满清之志"。1902年,《苏报》开辟"学界风潮"一栏,开始宣传革命。翌年,陈范聘请爱国学社成员,湖南人章士钊担任《苏报》主笔。章士钊早已倾向革命,有了这样的平台,他更是不遗余力地鼓吹革命思想,使《苏报》上的文章言

---

① 章太炎:《与吴君遂》(1903年),载马勇编《章太炎书信集》,第65页。

辞越发犀利。① 当然，从陈范的角度而言，也不无希望借助章士钊的才干来为《苏报》扩张销路的考虑。②

也正在此时，因反对清政府驻日学生监督姚文甫而回国的四川青年邹容住进爱国学社，与章太炎同寓。邹容在日本期间就形成了革命思想，来到爱国学社后，与章太炎、章士钊等人畅谈革命，十分相投，遂结为异姓兄弟。1903年，邹容在上海大同书局出版了著名的《革命军》。这本书的主体是他在日本时所写的。虽然从内容上看，严格说来这本书并非原创之作，而是借鉴了不少当时出版的各类文章著作，比如谭嗣同的《仁学》，梁启超在《新民丛报》上发表的文章，《国民报》上的政论。③ 但邹容以犀利、激越而通俗的笔调，将这些文章著作里的观点整合起来进行论述，达到极强的宣传效果，不但能使人们在阅读这本小册子时知晓不少在当时来说还颇为新颖的政治概念与政治事件，还能调动起读者的情绪，使读者在读完本书之后不禁顺着本书的主旨来思考中国前途。比如邹容在书中强调："革命者，天演之公例也。革命者，世界之公理也。革命者，争存亡过渡时代之要义也。革命者，顺乎天而应乎人者也。"宣扬革命成功之后"凡为国人，男女一律平等，无上下贵贱之分"，"自由独立国中，所有宣战、议和、定盟、通商及独立国一切应为之事，俱有十分权利与各大国平等"。此外，邹容在书中生动刻画了

---

① 张篁溪：《苏报案实录》，载中国史学会主编《辛亥革命》第1册，上海：上海人民出版社，1981年，第367—368页。
② 章士钊：《苏报案始末记叙》，载中国史学会主编《辛亥革命》第1册，第388页。
③ 唐文权：《关于〈革命军〉的借资移植问题》，载《中国文化研究集刊》（第5辑），上海：复旦大学出版社，1987年，第506—518页。

清政府对内施行压迫剥削、对外极尽谄媚之能事的模样,以及中国官僚士绅道貌岸然、腐败无能、冥顽不化的形象。这些内容也极易引起对内忧外患深有感受的人们的强烈共鸣。① 因此这本书出版之后影响极广,成为不少青年知识分子投身革命运动的启蒙读物。

　　章太炎特意为《革命军》写了一篇序言,刊登在《苏报》上。他称赞邹容宣传革命不但能影响一般读书人,而且能唤起"屠沽负贩之徒"关心国家兴亡之念,让他们也加入革命队伍。此外,章太炎还说邹容之所以用"革命"而不用"光复"命名本书,是因为他的理想不仅是推翻清朝统治,还要变革中国的"政教学术,礼俗材性",这就使革命思想不再局限在所谓"反清排满"这一点上,而是具备近代民主革命的内涵。②

　　1902年5月,康有为在《新民丛报》上发表文章,认为在当时的国内外背景下不应提倡革命,因为这会导致中国出现内乱与内耗,为列强瓜分中国创造机会。他还强调中国民众素质普遍有限,很难指望在短时间内建立起民主共和政体,因此需要保留君主制徐图改良。在他看来,清光绪皇帝颇有励精图治之心,只要除去慈禧与荣禄等守旧派的势力,就能依托光绪来进行改革。③ 作为戊戌变法的主要参与者之一,康有为在海外华侨中间有一定声望,他的这些观点很容易影响后者的政治态度。为了正视听,章太炎在《苏报》上发表了著名的《驳康有为论革命书》。

---

① 邹容:《革命军》,载中国史学会主编《辛亥革命》第1册,第331—364页。
② 章太炎:《革命军序》,载汤志钧编《章太炎政论选集》上册,北京:中华书局,1977年,第192—193页。
③ 康有为:《答南北美洲诸华商论中国只可行立宪不可行革命书》,载姜义华、张荣华编校《康有为全集》第6集,北京:中国人民大学出版社,2007年,第312—333页。

章太炎强调,首先,清政府并不能让中国走出内忧外患,康有为对光绪的描述是过度美化、严重失真的,所以不能将中国前途寄托在已经腐朽衰败的清政府之上。他在文中轻蔑地声称"载湉小丑,未辨菽麦"。与之相似,民主政治是靠民众自下而上争取而来的,不能依靠自上而下的颁布指令。其次,革命并不会导致康有为所设想的那些后果,因为革命是最好的启蒙大众之利器,民众在革命实践中方能真切地认识到何谓"公理",所以"公理之未明,即以革命明之;旧俗之俱在,即以革命去之"。复次,革命也不会引来列强瓜分中国,因为中国的情形和印度不一样,印度长期处于封建割据状态,所以英国殖民者可以分而治之,而中国"地势人情,少流散而多执著",一旦通过革命运动唤起广大民众的救亡热情,会让整个国家更为团结,人人都能意识到国家兴亡与自己休戚相关。最后,章太炎认为康有为之所以反复宣扬君主立宪,是因为不能忘却功名利禄,希望光绪掌权之后自己能受到封赏。自此,章太炎彻底与康有为断绝交谊,后者成为他的长期批判对象。①

  章太炎的这两篇文章,加上邹容的《革命军》,迅速引起清政府的注意。1903年5、6月间,清廷商约大臣吕海寰致函江苏巡抚恩寿,建议他逮捕在上海宣传革命之人。恩寿命上海道台袁树勋照会各国领事,指明要逮捕章太炎、蔡元培、陈范等人。不久之后,恩寿又命袁树勋要求上海租界工部局会同查封苏报馆,逮捕章太炎、邹容等人,同时派候补道俞明震赴沪协同袁树勋办理此事。由于俞明震思想开明,同情革命,且其子俞大纯是章士钊的好友,因此

---

① 章太炎:《驳康有为论革命书》,载《章太炎全集》第8册,第176—189页。

他对于办理此案并不积极,反而多方庇护爱国学社与苏报馆成员,吴稚晖能躲避追捕,就和俞明震有直接关系。而袁树勋则由于该案发生在租界,出于过往经验,不愿与租界的帝国主义者过多交涉,以免旁生枝节,起初也不是特别卖力。袁树勋的上司,时任两江总督的魏光焘态度也和俞、袁二人差不多。真正主张严办章太炎等人的是两位地方大员端方和张之洞,尤其是张之洞,为了显示自己对清政府的忠心,以及与戊戌年间主张变法的人坚决划清界限,极力建议清政府严惩苏报案中人。①

1903年6月29日,工部局派警探去苏报馆搜捕,带走报社账房程吉甫。本来章太炎是有机会躲避追捕的,但由于他疏于警戒,加之有比较强烈的志士心态,因此并未在工部局来寻找自己前进行躲避,而是依然留在爱国学社中,遂被工部局逮捕。而邹容本已迁居至虹口,且与苏报馆并无很深的往来,但由于收到章太炎让自己与他共赴难的来信,为了彰显自己恪守有难同当的兄弟义气与不惧危险的英雄气概,邹容选择主动投案。② 当然,也正因为邹容因年轻而在性格与思想上都不太成熟,导致后来被判监禁之后,他情绪激动,精神反常,最终惨死狱中。

1903年7月15日,租界会审公廨组织额外公堂对章太炎和邹容进行审讯,清政府特意委托律师来提出控诉,控辩双方及其律师在庭上展开辩论。在时人眼中,过去一直至高无上的朝廷此刻竟然和两位"要犯"同台辩论,这本身就是一件闻所未闻之事,这既扩

---

① 王敏:《建构与意义赋予:苏报案研究》,复旦大学历史学系2008年博士论文,第27—36页。
② 王敏:《建构与意义赋予:苏报案研究》,第64—69页。

大了章太炎等人的知名度,使他们的观点更广为人知,又加强了时人对清政府的不屑之感。在某种程度上说,这场审讯已经是在变相传播革命思想。

在苏报案的处理问题上,清政府要求租界当局将章太炎与邹容转交给自己,然后重判其罪状。可租界当局为了突显治外法权的重要性,反对清政府的诉求,主张要在租界内审理此案。当然,对于租界当局来说,拒绝将章太炎和邹容交给清政府,还是一个很好的彰显其管理体制如何"文明"的机会,因为他们很清楚,一旦章太炎和邹容落入清政府之手,下场一定很悲惨。因此,他们不会直接以治外法权为借口来拒绝交出章太炎和邹容,而是借"法治"与"言论自由"之名来表达立场。此外,由于该案发生在租界内,不仅租界当局有自己的考量,列强之间也充满着盘算。其中,由于在长江流域有巨大经济利益,所以英国政府出于维护租界地位的考虑,坚决反对将章太炎和邹容移交给清政府,同时深度介入该案的审判过程。法国与俄国则支持清政府的诉求,希望以此换取后者对自己的依赖,但后来在英国的游说之下,法国政府逐渐改变了政策。日本政府鉴于与英国的同盟关系,因此表面上和后者保持一致,但在与清政府的单独交涉中,则透露出不会庇护苏报案犯人的态度。① 最终,1904年5月,租界会审公堂判决章太炎监禁三年,邹容监禁两年,《苏报》被永久停刊。

作为苏报案的亲历者,对于该案的影响,章士钊说:

---

① 王敏:《西方列强与苏报案关系述论》,《历史研究》2009年第2期,第119—132页。
王敏、甘慧杰:《苏报案交涉中的日本》,《学术月刊》2021年第4期,第195—204页。

> 前清末造,士夫提倡革命,其言词之间,略无忌讳,斥载湉为小丑,比亲贵于贼徒者,惟香港、东京之刊物能为之,在内地则不敢,抑亦不肯。洵如是者,词锋朝发,缇骑夕至,行见朋徒骇散,机关捣毁,所期者必不达,而目前动乱之局亦难于收摄也。此其机缄启闭,当时明智之士固熟思而审处之。然若言论长此奄奄无生气,将见人心无从振发,凡一运动之所谓高潮无从企及。于是少数激烈奋迅者流,审时度势,谋定后动,往往不惜以身家性命与其所得发踪指示之传达机构,并为爆炸性之一击,期于挽狂澜而东之,合心力于一响,从而收得风起云涌,促成革命之效。苏报案之所由出现,正此物此志也。①

正如其言,苏报案审判期间,不少报刊进行了详尽报道,并发表相关评论,让该案成为具有强烈社会反响的事件,不少青年人也因此得闻章太炎与邹容之名,主动去阅读他们的论著。例如当时身处湖南省溆浦县的舒新城后来这样回忆:

> 以溆浦那样偏僻的地方,当然购不着什么真的新书,但阅报室中有《时报》《新民丛报》《国粹学报》《安徽俗话报》及《猛回头》《黄帝魂》《中国魂》《皇朝经世文编》《西学丛书》《皇朝绪艾文编》《时务通考》等等。我因从张浣泉先生养成一种作札记的习惯,对于涉猎各书均录其精要而附以意见。对于《黄帝魂》《猛回头》尤为醉心而嗜读,当时如章太炎致康有为《论

---

① 章士钊:《苏报案始末记叙》,载中国史学会主编《辛亥革命》第1册,第387页。

革命》诸书,及《猛回头》之重要词句都能背诵。①

而据逄先知回忆,青年时代曾积极阅读各类新书的毛泽东在新中国成立之后多次提起章太炎与苏报案:

> 章太炎的《驳康有为书》、邹容的《革命军》和有关《苏报》案的材料,根据我的记载,毛泽东就要过四次:一九五八年二月,一九六一年七月,一九六三年三月、七月。毛泽东对章太炎和邹容的英勇的革命精神和笔锋犀利的文字,深为赞佩。为表示对这两位革命家的怀念,毛泽东在《革命军》一书扉页的邹容肖像旁边,挥笔书写了章太炎狱中赠邹容的那首诗:"邹容吾小友(弟),被发下瀛洲。快剪刀除辫,干牛肉作糇。英雄一入狱,天地亦悲秋。临命当(须)掺手,乾坤只两头。"②

虽然章太炎在苏报案判决后饱尝入狱之苦,但正因为该案,他革命家的形象开始名扬四海。在时人眼里,他不仅是一位师从俞樾,肄业诂经精舍的儒生,更是一位敢于推翻清政府的革命儒生。

---

① 舒新城:《三十五年教育生活史(1893—1928)——舒新城自述》,杭州:浙江大学出版社,2018年,第44页。
② 逄先知:《古籍新解,古为今用——记毛泽东读中国文史书》,载《毛泽东的读书生活》,北京:生活·读书·新知三联书店,2009年,第171页。

投身政治论战

1906年6月,章太炎结束因苏报案而遭受的牢狱生涯,东渡日本。不久之后,他加入同盟会,担任革命党机关报《民报》主编。7月15日,东京的中国留学生开会欢迎章太炎,虽然当时恰逢雨天,但仍有两千余人前来一瞻章太炎风采。

章太炎在欢迎会上做了演讲。其中他说道:

> 独有兄弟欲承认我是疯癫,我是有神经病,而且听见说我疯癫,说我有神经病的话,倒反格外高兴。为甚么缘故呢?大凡非常古怪的议论,断不能想,就能想也不敢说。说了以后,遇着艰难困苦的时候,不是神经病人,断不能百折不回,孤行己意。所以古来有大学问成大事业的,必得有神经病才能做到……近来有人传说,某某是有神经病,某某也是有神经病。兄弟看来,不怕有神经病,只怕富贵利禄当面现面前的时候,

>   那神经病立刻好了,这才是要不得呢!①

章太炎的这段话,长期被各类文史段子与掌故文学进行去语境解读,导致他的形象在不少人眼里就如同"疯子"一般。其实,章太炎之所以要强调疯子精神,是因为他一方面担心那些有志于革命的人在革命形势还处于低潮的情形下,一旦遇到利禄诱惑,就会放弃革命理想;另一方面,革命活动必然不会一路顺畅,而是会出现各种艰难险阻,这需要革命者培养起坚忍不拔、一往无前的意志力,在革命处于低谷之时不自暴自弃,在革命形势好转之时不轻浮自傲,这样才能成为一位成熟而纯粹的革命者。所以,章太炎还强调:"兄弟所说的神经病,并不是粗豪卤莽(鲁莽),乱打乱跳,要把那细针密缕的思想,装载在神经病里。"②他的这些话,其实也是他自己立身行事的标准。在主持《民报》笔政时期,他既秉持不以功名利禄为念,不畏艰难困苦的勇猛精进精神,又坚持分析问题时力戒"粗豪卤莽(鲁莽),乱打乱跳"之弊,就革命的意义、中国未来的制度建设、革命者自身应具备的道德素质等问题,展开一系列论述。

这一时期章太炎的政治主张,很多时候都以和立宪派的论战的形式发表出来。革命党与立宪派的这场论战对于双方而言都十分重要,因为涉及能否使自己的主张得到更多人的响应,特别是争取在日本的中国留学生和国内知识青年的认同。

---

① 章太炎:《在东京留学生欢迎会上之演讲》,载章念驰编订《章太炎演讲集》,上海:上海人民出版社,2011年,第2页。
② 章太炎:《在东京留学生欢迎会上之演讲》,载章念驰编订《章太炎演讲集》,第2页。

据许寿裳回忆,在那一时期,章太炎非常重视革命者的道德问题,他"和同志们互相切励;松柏后凋于岁寒,鸡鸣不已于风雨"①。之所以如此,除了担忧在革命力量相对而言比较弱小的情形下革命者容易丧失斗志,还和他在苏报案中一度怀疑自己是被革命同路人吴稚晖出卖而被捕有关。更为重要的是,在当时言论界影响极大的梁启超为了反对革命,开始从道德层面对革命者的素质与作风展开质疑。1904 年,梁启超在《新民丛报》上发表《中国历史上革命之研究》一文,强调中国历史上的"革命"行动多为"有野心的革命",革命的主要参与者常为政治野心家或底层暴民,缺少"高尚、严正、纯洁之道德心者",这就使革命对社会造成极大破坏,革命成功之后革命者之间也难逃因争权夺利而互相猜忌的结局。在他看来,当下热衷于谈革命者,常常"割断六亲,乃为志士;摧弃五常,乃为伟人;贪黷倾轧,乃为有手段之豪杰;酒色财气,乃为现本色之英雄",因此不能指望这样的人会在革命之后成为国家的建设者。② 相似地,在《新民说》的"论私德"一章里,梁启超声称谈革命者常沦为"瞎闹派",由于不注意私德,故将破坏活动视为快意逞能之事,其结果,"国终非以此'瞎闹派'之革命所可得救,非惟不救,而又以速其亡"。③ 梁启超的这些论说其实颇具宣传策略,因为长期受到理学传统的影响,国人多认为治国平天下需以修身为本。一个政治团体若不能恪守修身之道,那么很容易给人造成好乱逞

---

① 许寿裳:《章炳麟》,转引自汤志钧编《章太炎年谱长编(增订本)》上册,北京:中华书局,2013 年,第 130 页。
② 梁启超:《中国历史上革命之研究》,载吴松等点校《饮冰室文集点校》第 3 集,昆明:云南教育出版社,2001 年,第 1671—1677 页。
③ 梁启超:《新民说》,台北:文景书局,2011 年,第 177 页。

强的印象,不利于赢得人心。因此,为了给革命正名,为了让更多的人支持革命,就必须回应梁启超对于革命者道德的指责。

1906年,章太炎在《民报》上发表《革命道德说》(原名《革命之道德》)。在文中,章太炎认为道德并无公私之分,在革命斗争中如果不具备良好私德,那么也很难有合格的公德,此论明显是在回应梁启超。此外,他以戊戌变法和庚子事变为例,强调包括革命在内的政治活动能否取得成功很大程度上取决于参与者自身的道德品质(当然,这两场政治运动的来龙去脉绝非如此简单)。章太炎之所以要这样论述,是因为从现实力量对比来看,在1906年,革命党的力量明显弱于清政府,甚至其影响力还未必能与立宪派比肩。因此,如何能让现有的革命力量维持下去,并且吸收更多的人参与其中,除了需要不断完善革命方针与革命主张,更重要的就是需要革命者自己做出表率,显示出在道德品质上明显高于当时中国社会里的有权有势之人。

1906年,章太炎在《民报》发行一周年的纪念大会上强调应以"平民革命"为主,以此将"前代弊政一扫而尽"。① 所以在《革命道德说》中,章太炎的另一个论述重点即从革命道德的角度揭示为什么必须要进行"平民革命",而不能将革命希望寄托在"借权"——力求争取清廷官吏同情革命,或让革命党人打入清廷内部,先出仕为官,再借助其权力地位来为革命创造有利机会。他告诫革命同志,如果说在现实的革命形势下需要重视革命道德的话,那么从当时的中国社会结构来看,真正能践行中国文化里倡导的基本道德

---

① 章太炎:《民报一周年纪念会上之演说》,载章念驰编订《章太炎演讲集》,第51页。

准则的群体往往是农民与工人,前者"于道德为最高",后者虽略显诈伪,但"强毅不屈,亦与农人无异"。除此之外,社会身份越高、掌握的政治与经济利益越多,道德水准却越差劲。特别是士绅阶层,从附庸风雅的"艺士"开始,直至手握大权的"京朝官"与"方面官",基本上是"知识愈进,权位愈申,则离于道德也愈远"。[①]

　　章太炎的这一分析其实点出了在革命运动中如何培养革命道德的关键问题,即必须将中国社会里长期存在的道德内涵与在传统社会结构中被视为道德担当者的士绅阶层进行切割。要认识到前者在当时的中国有其存在的合理性与必要性,然而由于后者久处不良的政治环境中,已经很难再具备作为社会道德表率的资格,因此诈伪腐败之行才会频频出现。而正因为当时革命党里大多数人都出身于这个阶层,所以更需格外警惕不要让那些由不良政治环境所熏染而成的行为传染自己,以免使自己变得和那个群体无甚区别。与之形成鲜明对比的是,那些在中国社会里长期难以获得相应的政治经济权力与文化话语权的群体,在他们长期的社会实践与生产实践中,反而更有可能体现出良好的道德品质,这也是"平民革命"能够展开的重要基础。

　　从逻辑上讲,如果要进行"平民革命",也可以对长期由士绅阶层掌握解释权的那些道德规范进行一番猛烈批判,这样似乎更容易让平民阶层获得政治上的主体地位。但章太炎在《革命道德说》里并不这样认为。在他看来,既接地气,又有影响的革命道德依然要与儒家传统一脉相承。他以顾炎武在明亡之后倡导行己有耻、

[①] 章太炎:《革命道德说》,载《章太炎全集》第8册,上海:上海人民出版社,2018年,第289—292页。

经世致用,自觉担负起天下兴亡之责为榜样,强调革命者的革命道德应具备知耻、重厚、耿介、必信四种品质。关于知耻,很容易让人想起《中庸》所说的"知耻近乎勇"。章太炎则希望革命者不能"弃礼义捐廉耻",要意识到"礼义治人之大法,廉耻立人之大节"。关于重厚,章太炎认为革命者要祛除浮薄放浪的文人作风,避免各种轻佻的言行。关于何谓耿介,章太炎指出"非礼勿视,非礼勿听,非礼勿言,非礼勿动,是之谓耿介,反是谓之昌披"。关于必信,章太炎则强调革命者要做到"言必信,行必果,久要不忘平生之言"。在这四种品质当中,知耻、重厚、耿介是针对个人修养而言的,必信要贯穿在与人交往之中。只有做到了这四点,才能称得上具备完整的革命道德,也能比立宪派更显道德意识。①

毋庸多言,章太炎列举的这四种品质都和儒家传统息息相关。可见在他看来,革命道德离不开继承儒家传统,这是因为中国革命面对的是中国社会,而儒家传统长期以来形塑了中国社会的道德规范与伦常准则,所以只有做到儒家传统提倡的那些优良品质,革命者才能获得更多的支持,革命思想才能更深入人心。出于相似的考虑,到了1910年,章太炎发表《思乡原》上下篇。在他看来,要想形成良好的道德氛围,必须"惩昌狂,检情貌"。那些推崇新学、激越昂扬之举虽然符合时代潮流,但其中有多少是发乎至诚,有多少是迎合时势,却需要进行仔细辨析,否则社会风气将会被败坏。相较之下,恪守基本道德规范、不求闻达的"乡愿",在这样的氛围里反而显得难能可贵,因为其言行更真实诚朴。章太炎并非认为

---

① 以上内容均见章太炎《革命道德说》,载《章太炎全集》第8册,第294—297页。

乡愿为道德境界最高之人,毕竟孔子说过"乡愿,德之贼也",而是强调在一个喧嚣的时代里,需要有这样"多持常训"的人存在,让社会保持平稳状态,日用伦常得以维系。进一步而言,这也是使政治局面得以稳定,制度能够有效运作的重要基础。而欲收此效,强调修身慎独、力倡束身寡过的程朱理学实有可资汲取之处。可见,章太炎固然在清末倡导儒侠之道,表彰"疯子"性格,但在规划中国未来政治社会秩序方面,他其实更着眼于建立能够保证长治久安,符合芸芸众生心理期待的"常道"。①

除了道德问题,革命党和立宪派的另一个论战重点是革命是否有正当性与必要性,这还涉及如何理解清政府的性质。梁启超1903年借着向国人介绍伯伦知理的学说,提出合中国内部所有民族为一体的"大民族主义"说,以此区别于他眼中革命党宣传的"小民族主义"。他指出,中国文化的同化力极强,周边少数民族进入中原之后,渐渐接受儒家思想,与汉民族的差别越来越小,因此不应再以"异族"视之。② 客观来说,梁启超的这个观点其实是有道理的,后来"中华民族"观念的出现,在很大程度上也是对这一观点的深化与发展。但他在当时的历史背景下这样说,主要还是为了突显革命在学理上站不住脚,因此不值得提倡。到了1907年,另一位立宪派代表人物杨度发表《金铁主义说》一文,强调关于中国未来政治道路的抉择,需要建立在对中国所处国际环境的深刻认识之上。他提醒人们,当时的西方列强虽然对内宣扬文明,但在对外

---

① 章太炎:《思乡原·上》,载《章太炎全集》第8册,第129—138页。
② 梁启超:《政治学大家伯伦知理之学说》,载吴松等点校《饮冰室文集点校》第1集,第453—454页。

政策上却奉行野蛮之道,借着坚船利炮在全世界大搞帝国主义扩张。在此情形下,国力并不强盛的中国处于十分危险的境地。因此,中国内部就更需要团结,将"世界的国家主义"作为立国方针。基于此,杨度认为中国境内各民族,特别是满、汉之间,在拥有共同文化的基础上,本身便可视作同一民族。就此而言,革命党人的反清宣传不具合法性。他论证说,在"中华"二字里,"华之所以为华,以文化言,不以血统言",而从文字源流上看,"华为花之原字,以花为名,其以之形容文化之美,而非以之状态血统之奇"。①

　　章太炎尝言:"国所以立,在民族之自觉心,有是心,所以异于动物。"②而他对于"民族"与"民族之自觉心"的理解主要建立在"历史民族"论之上。他在重订本《訄书》与《驳康有为论革命书》里都使用过这一概念。③ 所谓"历史民族",着眼于在历史流变中民族的定居、生活、交往、斗争、壮大、融合过程,以此区别于去历史化的、仅从抽象层面强调某一民族之所以能够存在并发展的本质主义式民族论说。"历史民族"论强调在漫长历史变迁中,人们产生出朴素的民族观念、民族情感,以及彼此之间休戚相关的共同体意识,形成较为稳固的政治与文化认同。同时,在这一"历史民族"形成的过程中,主体民族并非封闭的、排斥他者的,而是开放的、流动的,能够吸纳因交往与融合而加入这一民族共同体中的新成员。当然,主体民族的文化与生活方式必须具有极强的生命力,否则这

---

① 杨度:《金铁主义说》,载刘晴波主编《杨度集》,长沙:湖南人民出版社,1986年,第374页。
② 章太炎:《印度人之论国粹》,载《章太炎全集》第8册,第383页。
③ 章太炎:《訄书(重订本)·序种姓上》,载《章太炎全集》第3册,第169、171页。章太炎:《驳康有为论革命书》,载《章太炎全集》第8册,第176页。

些历史过程将不能成为"历史民族"形成的根据。

基于这样的认识,针对杨度的观点,章太炎在《中华民国解》一文里指出:

> 中国之名,别于四裔而为言。印度亦称摩伽陀为中国,日本亦称山阳为中国,此本非汉土所独有者。就汉土言汉土,则中国之名以先汉郡县为界。然印度、日本之言中国者,举土中以对边郡,汉土之言中国者,举领域以对异邦,此其名实相殊之处。诸华之名,因其民族初至之地而为言。①

在他看来,"中华"之"中",乃是针对四周的"异邦"而言的,显示出中国自身的独特性与整体性。而"华",则是以生活在中国这块土地上的民族之最初定居生活的地域为名。根据这样的定义,章太炎梳理了中华民族定居、繁衍、发展的历史过程:最初的人们,以西北的雍州、梁州为落脚生根之地,此二州范围"就华山以定限,名其国土曰华,则缘起如是也"。随后逐渐扩大版图范围,终至"遍及九州"。相似地,"夏之为名,实因夏水而得",后来衍生为族名。最后,"汉"之所以也被视为族名,同样是缘于"汉家建国,自受封汉中始"。因此,章太炎指出:"是故华云、夏云、汉云,随举一名,互摄三义。建汉名以为族,而邦国之义斯在。建华名以为国,而种族之义亦在。此中华民国之所以谥。"②很明显,他的这一论述,基本上是在延续其"历史民族"论的主旨。

---

① 章太炎:《中华民国解》,载《章太炎全集》第8册,第257页。
② 章太炎:《中华民国解》,载《章太炎全集》第8册,第257—258页。

在这个意义上,章太炎认为"中华"指的是生活在中国的民族最初的定居与活动范围。它彰显在具体的地域空间里,作为实践主体的中国人建立各种规范政治与社会生活的制度,产生具有认同感与参与感的政治向心力及其历史意义。而那些代代相传、影响甚广、流传至今的历史记录,则是作为"历史民族"一分子的仁人志士前仆后继,建立"中华民国"这一新政权之不可替代的合法性基础。同样地,《中华民国解》中所谓"夫言一种族者,虽非铢两衡校于血统之间,而必以多数之同一血统者为主体",以及"容异族之同化者,以其主权在我,而足以龛受彼也",①即指其他少数民族参与到"中华"的制度实践进程之中,通过与大多数人的交往和互动,成为"历史民族"的一分子,而非用强制手段抑制、拆散、扭曲"历史民族"充满政治实践感的历史记忆,致使后者的主体性隐而不彰,丧失担当政治救亡重任的动力。总之,章太炎通过反驳杨度关于"中华"的定义,试图从学理上论证革命的正当性,同时强调自己的反清思想并非建立在狭隘的种族主义之上,因为"历史民族"的形成过程,本身就体现了开放与流动的特征。也正因为这样,在回应严复对革命党民族主义宣传的质疑时,章太炎指出他所主张的民族认同与国家认同是这样的:

> 今外有强敌以乘吾隙,思同德协力以格拒之,推其本原,则曰以四百兆人为一族,而无问其氏姓世系。为察其操术,则曰人人自竞,尽尔股肱之力,以与同族相系维。其支配者,其

---

① 章太炎:《中华民国解》,载《章太炎全集》第 8 册,第 260、261 页。

救援者,皆姬、汉旧邦之巨人,而不必以同庙之亲,相昫(煦)相济。①

很明显,他强调的是在建设现代国家的过程中,超越过去基于家族的、地域的、族群的界限,使所有中国人具有共同的国家意识与民族意识,一起致力于救亡图存,实现国富民强。而所谓"四百兆",就是用这样一个具有高度象征意味的数字来代表所有中国境内的民众。基于此,他指出,"排满"革命,是"排其皇室也,排其官吏也,排其士卒也。若夫列为编氓相从耕牧是满人者,则岂欲俾刃其腹哉!"②当然,必须注意到,革命党为了宣传革命思想,往往会使用十分激烈且极端的笔调,而不太顾及是否在理论层面与史实层面能够自洽。因此,尽管章太炎对于民族问题有自己的学理思考,但很多时候并不能体现在革命党的宣传实践之中。

在《中华民国解》中,章太炎这样批评以梁启超和杨度为代表的立宪派:

> 夫讲求吏治,至纤至悉,又必履行经验而后得之,非摇唇鼓舌大言自肆者所能为。至言立宪则不然,剿袭讲义,粗涉政书,言之至易,而比于讲求吏治者为名高。③

1905年,清政府下令派遣大臣出洋考察各国政治,为施行立宪做准

---

① 章太炎:《〈社会通诠〉商兑》,载《章太炎全集》第8册,第348页。
② 章太炎:《排满平议》,载《章太炎全集》第8册,第276页。
③ 章太炎:《中华民国解》,载《章太炎全集》第8册,第266页。

备。次年9月,清廷以光绪的名义颁布上谕,告知天下"时处今日,惟有及时详析甄核,仿行宪政,大权统于朝廷,庶政公诸舆论,以立国家万年有道之基",自此开启了预备立宪的进程。① 在此背景下,梁启超等人看到实现政治抱负的希望,于是开始策划成立团体,制造声势,鼓吹君主立宪。1907年10月,由康有为、梁启超在幕后组织,马良出面领导的政闻社在日本东京成立。梁启超等人宣传"实行国会制度,建设责任政府"②,督促清廷进行政治改革,开展请愿速开国会运动,密谋扳倒袁世凯。此外,杨度组织成立"宪政讲习会",以《中国新报》为喉舌,不但鼓吹尽快召开国会,而且认为以大小官绅为主体的"中流社会"应成为促进立宪之重心,希望清廷能从善如流,顺应彼辈的主张。在江浙一带,以张謇、郑孝胥、汤寿潜为中心人物的预备立宪公会利用其雄厚的资金与广泛的人脉,创办报刊、联络权要、发起法政讲习所,积极从事宣传君主立宪的活动。③ 在鼓吹君主立宪的人看来,如此这般,可以消弭革命的声音。他们设想:"苟设议院,自王公卿相以及士庶人煦煦咮咮,一如家人。父子之自议其私,而无愿之弗偿,无求之弗遂,彼会匪何自而生焉。"④章太炎的这段话,就是针对一度颇有声势的君主立宪活动而言的。当然,在革命党一方,其主流意见也认为在推翻清朝统治

---

① 《宣示预备立宪先行厘定官制谕》,载故宫博物院明清档案部编《清末筹备立宪档案史料》上册,北京:中华书局,1979年,第44页。
② 梁启超:《政闻社宣言书》,载吴松等点校《饮冰室文集点校》第4集,第2237页。
③ 侯宜杰:《二十世纪初中国政治改革风潮——清末立宪运动史》,北京:中国人民大学出版社,2009年,第91—107页。
④ 刘望龄编著:《辛亥首义与时论思潮详录》上卷,武汉:华中师范大学出版社,2011年,第217页。

后,应在政治制度上效仿美国、法国等西方资本主义国家。

为了系统回应立宪派的活动,也为了劝说革命同志,章太炎在1908年发表《代议然否论》。他分析当时中国是否具备推行代议制的社会条件,预测若不改变社会经济结构而贸然举行选举,将会造成怎样的后果。章太炎指出,中国疆域广袤、人口众多,如果举行选举,假设国会有700个议员的名额,那么置诸当时中国的人口总数,将会是在大约60万人中选1人,在这样的比例下,能够被推举出来的大概率是当地"土豪"。原因很简单,假设让"贤良"与"土豪"竞争,前者必不及后者富于资财,"土豪"可通过金钱掀起巨大的影响力,让民众将选票投给自己。如此一来,"选举法行,则上品无寒门,而下品无膏粱。名曰国会,实为奸府,徒为有力者傅其羽翼,使得腰膂齐民甚无谓也"。① 资本与权力的结合,将对普通民众造成更大的剥削,并在具备公开选举过程这一表面上程序正义的幌子下,进一步剥夺民众表达自己政治与经济诉求的机会,这也和中国政治传统中对豪强兼并的谴责、对均富平等的向往背道而驰。

此外,章太炎认为,如果以是否识字作为选举标准,在当时中国识字率并不高的背景下,大多数不通书面表达方式的民众将无缘选举,成为"无声的大众"。因此他推测:"满洲政府歆羡金钱,其计必以纳税为权度。"这一判断,其实与近代西方民主政治的发展颇为相符。近代资本主义代议制的出现,始于君主向贵族与新兴资产阶级寻求金钱,后者于是向前者提出一系列条件来保障自己的权利。在这些讨价还价过程中,个人与团体对国家的权利与义

---

① 章太炎:《代议然否论》,《章太炎全集》第8册,第313页。

务,国家职能的范围与性质逐渐被确立。其中还涉及选民资格认定、选区划定标准、被选出来的议员之身份究竟是地方利益代表还是国家利益维护者、如何避免代议制沦为新的寡头统治等问题。而在近代中国欲行此政,必须对中国疆域广袤、人口众多、教育未能普及、经济发展极不平衡等现状有足够清醒的认识。对此,章太炎指出,中国"地有肥饶,获有多寡,不容以法令一切等画之耳"。具体言之,江浙一带经济发达,而愈往西部,经济水平愈落后,因此富裕之地纳税繁多,其他地区则依经济水平之贫瘠而递减。如果制定整齐划一的符合选举标准的纳税数额,将导致"选权凑集于江浙,而西北诸省或空国而无选权也"。① 而如果抬高纳税数额的话,更会造成全国范围内只有少部分人有资格参加选举,民权云云,形同口号,甚至出现"代议本以伸民权也,而民权顾因之日蹙"的景象。②

章太炎其实并不反对实行民主制度,而是着重考虑这样的制度在实践中能否做到名实相符。他分析在当时中国的社会与经济结构下,不同阶层的人被选举为议员的概率。假如凭借自上而下的政令来推行选举,其结果"徒令豪民得志,苞苴横流,朝有党援,吏依门户,士习嚣竞,民苦骚烦"③,选出来的人很可能多为豪强富户。他更观察到:"夫贼民者,非专官吏,乡土秀髦,权力绝尤,则害于民滋甚。"④这一群体往往有自己的特殊利益诉求,将会对普通大

---

① 章太炎:《代议然否论》,载《章太炎全集》第4册,第313—314页。
② 章太炎:《代议然否论》,载《章太炎全集》第4册,第313页。
③ 章太炎:《记政闻社员大会破坏状》,载《章太炎全集》第4册,第397—398页。
④ 章太炎:《与马良书》,载《章太炎全集》第4册,第190页。

众的福祉造成损害。在这里,章太炎已经认识到政治选举背后权力、阶级与经济的因素可能会导致代议制徒有其名,特别是对广土众民、经济发展极不平衡的中国而言,以上因素将会表现得更为明显,这无疑是对现代政治极为深刻的洞察。其引申之意就是,不改造不合理的社会经济结构,不让那些长期处于被压迫被剥削地位的人获得真正的权利,那么民主政治只会徒有其表,甚至会赋予那些已经存在的特权集团新的政治合法性,用国家权力为他们的剥削行径背书。

在此基础上,章太炎提出一套理想的制度框架。他主张总统只负责行政与国防,在外交活动中作为国家礼仪的象征,此外不再具有其他权力。另外,司法须独立,其主要负责人地位应与总统匹敌,但凡政治上与社会上的案件,皆由司法部门负责,不受其他权力机构干涉,即使总统触犯法律,也可依法将其逮捕。立法不由总统干涉,同时杜绝豪民富户参与,由"明习法律者与通达历史周知民间利病之士"来制定法律。除了小学与军事学校,其他教育机构皆独立,其负责人与总统地位相当,以防行政权力干预教育,因为"学在有司者,无不蒸腐殨败,而矫健者常在民间"。在人事任免问题上,章太炎坚持总统任命需以"停年格迁举之",按照其任官时间与功绩来按部就班地升迁。其他政府官员的正常任命不容总统置喙,除非前者有犯法与过失行为。若总统或其他官员有渎职或受贿等罪行,人人得以上诉于"法吏",由后者传唤嫌疑人,审理其案情。在量刑标准上,轻判谋反罪,以免民众被肉食者威胁,但叛国罪则必须重判,特别是割地卖国行为一律处以死刑,以示国家主权不容破坏。在政策执行上,凡必须由总统签署之政令一定要与国务官联署,保证有过失总统与其他官员共同承担,杜绝诿过于下。每年将政府收支情况公之于众,以止奸欺。因特殊原因需要加税时,让地方官员询于民众,可则行,否则止,若正反意见相差不大,则根据具体情况处理之。在正常情形下,民众不须推举议员,只有面临外交宣战等紧急时刻,每县可推举一人来与闻决策。此外,他还设计了相关经济政策,如只能制造金属货币,不能制造纸币;轻盗贼之罪,以免法律沦为富人的帮凶;限制遗产继承的数目,防止经济不平等世袭化;杜绝土地兼并;工厂国有化;官员及其子弟不能经商;商人及其子弟不得为官。以此防止贫富差距过大,保障贫苦民众的利益。[1]

章太炎强调:"吾党之念是者,其趋在恢廓民权。"通过以上制度设计可见,他并非质疑民主的价值,更非为旧体制饶舌辩护,而是认为在徒有其表的代议制下,民权并不能真正得到伸张。在他看来,名副其实的民主制度应该做到两点:一为"抑官吏,申齐民",一为"抑富强,振贫弱"。[2] 从中国近代政治思想史的脉络来看,近代中国士人接触到的西方代议制民主,多数时候是从"通上下之情"的角度来理解的,即视其为可将"民情"上达天听,使君臣上下沟通无碍,达到为政以公,并在此基础上实现社会动员的有效渠道。[3] 但依章太炎之见,基于从广大民众福祉角度思考政治问题的立场,代议制很容易异化为统治集团与地方豪强联合起来压迫底

---

[1] 章太炎:《代议然否论》,载《章太炎全集》第4册,第318—322页。
[2] 章太炎:《代议然否论》,载《章太炎全集》第4册,第318、320页。
[3] 熊月之:《中国近代民主思想史(修订本)》,上海:上海社会科学院出版社,2002年,第124—138页。

层平民的新式暴力机器。通过形式主义的选举活动，这种压迫还披上了合法化的外衣，被视作符合历史进程的"公例"。因此，章太炎在制度设计中，对掌握权力与资本的群体有十分严格的限制与监督，尽可能地防止后者侵犯广大民众利益，让"民权"能真正在政治活动里体现出来。

当然，在清末这一充满紧迫感的历史环境里，章太炎的这套制度设计其实并不完善。例如怎样在限制政治权力的同时保证国家基础能力；立法过程中所谓"周知民间利病"之士怎样被推举，如何判断其是否真的"周知"；国家若不主导教育，如何在列强出于政治目的进行文化输出、培养在华代理人的背景下保证国民的政治与文化认同。凡此种种，章太炎并未加以更多的考虑。此外，这套理想的制度如何在具体的历史条件下实现，他亦未曾说明。不过即便如此，他能注意到制度设计中的各种复杂问题，并将政治制度问题与社会经济问题结合起来思考，强调民主政治要名实相符，就当时而言，已属出类拔萃。

庚子事变之后，清政府为了改变形象，开始进行法律改革。光绪二十八年（1902）的上谕写道："现在通商交涉，事情益繁多，著派沈家本、伍廷芳将一切现行律例，按照交涉情形，参酌各国法律，悉心考订，妥为拟议，务期中外通行，有裨治理。"①清政府在一次次的对外交涉中自以为逐渐认识了列强的行动逻辑，设想通过改革中国旧有的法律体系，引进西方法律知识，这样就能与列强进行平等的交涉往来，甚至能够进入由西方列强所主导的"文明国"圈子当

---

① （清）朱寿朋：《光绪朝东华录》第9册，北京：中华书局，1960年，第48页。

中,最终收回治外法权。1903年以后,清政府陆续颁布新式法典,如《钦定大清商律》《大清民律草案》等。而立宪派也纷纷撰文,对清政府的修律活动发表意见。对此,章太炎于1908年发表《五朝法律索隐》一文,疏解魏、晋、宋、齐、梁这五个朝代的律令典制,认为那些时代的法律体现出"重生命""恤无告""平吏民""抑富人"四个特点,①并以此作为尺度,对清政府的修律活动展开批评。他在文中指出:

> 季世士人,虚张法理,不属意旧律,以欧、美有法令,可因儴之也。虏廷设律例馆,亦汲汲欲改刑法,比迹西方。其意非为明罚饬法,以全民命,惩奸宄,徒欲杜塞领事法权,则一切不问是非,惟效法泰西是急。法律者,因其俗而为之约定俗成,案始有是非之剂。故作法者当问是非,不当问利害,今以改律为外交之币,其律尚可说哉!虏廷瞀御无足道,诸士人醟湎于西方法令者,非直不问是非,又不暇问利害,直以殉时诡遇,又愈在虏廷瞀御下矣。②

可以看到,章太炎强调制定法律的关键在于"因其俗而为之约定俗成",对于历史上长期形成的社会道德、风俗应予以充分重视,使法律条文能和广大民众的生活习惯相吻合,在维护社会基本秩序、改革那些已经不适合时代风气的社会弊端同时,不去人为破坏民间行之已久的基本生活方式。这样的法制建设,才能达到"是非之

---

① 章太炎:《五朝法律索隐》,载《章太炎全集》第8册,第73页。
② 章太炎:《五朝法律索隐》,载《章太炎全集》第8册,第72页。

剂"的效果。然恰恰相反,清廷猝尔效仿近代西方(包括明治维新之后的日本),照搬后者法律条文进行修律,很大程度上只是出于现实利害考量,而未仔细思考如何让新式法律与中国社会接榫,这样做很难达到创立良法的目标。当然,这里所谓"约定俗成",也并非一仍旧贯,不事更张。

此外,随着近代资本主义因素在中国体现得越来越明显,章太炎对中外资本力量在中国的扩张十分警惕,担心在创办新政、发展工商业的名目下,广大平民遭受新的压榨与剥削。因此,在《五朝法律索隐》中,章太炎着重表彰五朝法律的"抑富人"特征。他强调:"夫訾议法律者曰:法律所以拥护政府与货殖民。余省汉土诸律,徒有拥护政府者,未有拥护货殖民者。数朝所定,虽良楛殊,幸无拜金之辱。"在他看来,中国传统社会重农耕,经商之人位于四民之末,儒家伦理反复讲求义利之辨,历代法典大体皆以保护乡里基本秩序为职志,商业行为在某一时期或许显得较为活跃,但总体上并不被国家权力赋予过高地位。在这样的政治文化熏陶下,"贵均平、恶专利、重道艺、轻贪冒者,汉人之国性也"①。虽然近代中国需要发展工商业,提高生产力,可是不能因此而忽视这一过程中普通民众的生活状况。五朝法律固然不能照搬来当下,但其中透露出的立法精神,却能成为审视法律改革、思考何谓良法的历史参考。

进一步而言,清政府在1903年成立商部,作为管理工商事务的中央机构。随后商部颁布一系列鼓励发展近代资本主义经济的法律,如1906年颁行的《公司律》与《破产律》等,给予中国新兴的民

---

① 章太炎:《五朝法律索隐》,载《章太炎全集》第8册,第79—80页。

族资产阶级比较完善的法律保障。此外,清廷还鼓励工商业者成立新式社团,商部于 1904 年颁布《商会简明章程》,使全国各地商会成为联络工商的统一组织,并且得到官方认可。① 有鉴于此,章太炎批评:

> 自满洲政府贪求无度,尊奖市侩,得其欢心,而商人亦自以为最贵,所至阻挠吏治,掣曳政权,已有欺罔赃私之事,长吏诃问,则直达商部以解之,里巷细民小与己忤,则唆使法吏以治之。财力相君,权倾督抚。官吏之贪污妄杀者不问,而得罪商人者必黜;氓庶之作奸犯科者无罚,而有害路矿者必诛。上无代议监督之益,下夺编户齐民之利,或名纺纱织布而铸私钱,或讬华族寓居而储铅弹,斯乃所谓大盗不操戈矛者。②

针对这样的现象,章太炎认为立法必须根植于中国社会基本现状,尽量抑制资本势力过度膨胀,同时需要照顾到备受中外资本主义压迫的农民与工人,这些群体的生存状况不应在奖励工商的名义下被忽视。如果法律条款过分偏向资本势力,那么资本扩张过程中的掠夺性占有将有可能被合法化,劳动者生计将愈发艰难,造成"商益恣,工益繁,农益减"的后果。基于此,章太炎指出《晋律》规定"常人有罪不得赎",意在"惧贫民独死,而富人独生",这体现出

---

① 朱英:《辛亥革命前期清政府的经济政策与改革措施》,武汉:华中师范大学出版社,2011 年,第 228—230 页。
② 章太炎:《革命道德说》,载《章太炎全集》第 8 册,第 291 页。

他担忧随着资本势力不断增强，可能造成新的政治压迫与社会不平等。① 总之，章太炎之于五朝法律，考史其名，鉴今其实，表达了他对政治平等、社会公平，以及每一个生活于中国大地上的人都能真正独立、免于压迫的强烈向往。而在别的文章中，章太炎具体提出四点经济主张：首先，"均配土田，使耕者不为佃奴"；其次，"官立工场，使佣人得分赢利"；复次，"限制相续，使富厚不传子孙"；最后，"公散议员，使政党不敢纳贿"。这些主张的最终目的是实现"豪民庶几日微，而编户齐人得以平等"。② 在这个意义上，章太炎所理解的革命，绝非仅基于民族主义立场来反清，而是具有社会革命的含义。它不仅要推翻清王朝，还要改造中国社会经济结构，消灭存在于中国大地上的旧式与新式剥削。

值得注意的是，这样的声音在当时的革命阵营里并非章太炎一人所持。比如革命阵营里的另一位饱学之士刘师培于1907年撰文分析中国农村土地状况，强调若想在革命成功之后建立起真正体现普遍民意的民主制度，必须改变不合理的土地制度与社会结构：

> 处今之世，非复行井田即足以郅治也，必尽破贵贱之级，没豪富之田，以土地为国民所共有，斯能真合于至公。若徒破贵贱之级，不能籍豪富之田，异日光复禹域，实行普通选举，然以多数之佃民，屈于田主一人之下，佃民之衣食系于田畴，而

---

① 章太炎：《五朝法律索隐》，载《章太炎全集》第8册，第79—80页。
② 章太炎：《五无论》，载《章太炎全集》第8册，第454页。

> 田畴与夺之权,又操于田主;及选举届期,佃人欲保其田,势必曲意逢迎,签以田主应其举。则是有田之户,不啻世袭之议员,而无田之人,虽有选举之名,实则失选举自由之柄。①

刘师培的这番议论,无疑注意到了在中国这样一个农民占人口绝大多数的国家,如果不使农村土地制度更为平等与公平,那么选举政治很可能沦为"田主"们之间的利益分配,广大农民并没有真正的发言权。相似地,《民报》的另一位主要撰稿人朱执信也强调"社会革命当与政治革命并行"。因为"政治革命与社会革命,成则俱成,败则俱败也。今政治革命幸得成功,而不行社会革命者,则豪右之族跋扈国中,不转瞬政权复入于彼手,而复于未革命以前之旧观也"②。而从辛亥革命之后中国的政治与社会状况来看,朱执信这番话一语成谶。

关于这些与立宪派之间的政治论战,章太炎后来回忆:"学术的进步,是靠着争辩,双方反对愈激烈,收效方愈增大。我在日本主《民报》笔政,梁启超主《新民丛报》笔政,双方为国体问题辩论得很激烈,很有色彩。后来《新民丛报》停版,我们也就搁笔。"③正如其言,虽然从今天的角度来看,清末革命党与立宪派的文章及观点不无粗糙与疏漏之弊,但在当时,这些文章无疑有助于人们认识中国所面临的内外形势,并提供不少启发人们思考中国未来发展道

---

① 刘师培:《悲佃篇》,载李妙根编《刘师培辛亥前文选》,上海:中西书局,2012年,第71页。
② 朱执信:《论社会革命当与政治革命并行》,载广东省哲学社会科学研究所历史研究室编《朱执信集》上册,北京:中华书局,2013年,第61页。
③ 章太炎:《国学十讲》,载章念驰编订《章太炎演讲集》,第238页。

路的新视角与新概念。就革命党一方而言,通过与立宪派的论战,既能扩大自己的影响力,又能不断提升自身的理论深度与宣传能力。在此过程中,章太炎的作用十分关键。甚至可以说,假如没有他主持《民报》笔政,那么革命阵营恐怕很难出现对中国历史与现实问题有较为深刻认识的观点。

重诂中国传统

1903年,因苏报案而入狱的章太炎在狱中写下这样一段话:

> 上天以国粹付余,自炳麟之初生,迄于今兹,三十有六岁。凤鸟不至,河不出图,惟余亦不任宅其位,繄素王素臣之迹是践,岂直抱残守阙(缺)而已,又将官其财物,恢明而光大之!怀未得遂,累于仇国,惟金火相革欤?则犹有继述者。至于支那闳硕壮美之学,而遂斩其统绪,国故民纪,绝于余手,是则余之罪也!①

可见,章太炎虽然已立志走革命之路,但依然没有减弱对中国传统学术的热爱,他认为他的使命之一就是通过新的阐释与研究,使中

---

① 章太炎:《癸卯狱中自记》,载《章太炎全集》第8册,上海:上海人民出版社,2018年,第145页。

国传统重焕生命力。因此,1906年到日本后,他除了致力于宣传革命思想,还将很大一部分精力用于阐释中国传统。甚至可以说,在他那里,相较于一时间的政治成败,将中国传统的精华发扬光大,使人们在近代西学冲击下不忘本国文化根底,更是一件关乎国本的大事。

正如本书前面内容提到的,早在青年时期,章太炎就慨然有著述之志,希望继承清代汉学传统,对经学展开细致研究。但是,他在1906年以后关于中国传统的论述较之先前最大的不同就是不再将近代西学作为衡量、解释、评判中国传统的唯一标准,而是力图从中国历史自身的脉络出发审视中国传统的利与弊,进而形成一种思考中国传统的内部视角,并将其作为一种思想资源来审视当下与域外。

要想理解章太炎的这一思想特色,有必要先回顾一下近代西学在中国的被接受方式。近代西学传入中国,首先是因洋务运动致使大量格致之学进入中国人的视野,然后法律、政治、历史等人文社会科学接踵而来。正像毛泽东说的:"那时,求进步的中国人,只要是西方的新道理,什么书也看。"有识之士普遍相信"要救国,只有维新,要维新,只有学外国"。① 梁启超记载其师康有为接受西学的经历时谈道:"其时西学初输入中国,举国学者,莫或过问,先生僻处乡邑,亦未获从事也。及道香港、上海,见西人殖民政治之完整,属地如此,本国之更进可知。因思其所以致此者,必有道德学问以为之本原,乃悉购江南制造局及西教会所译出各书尽读之。

---

① 毛泽东:《论人民民主专政》,载《毛泽东选集》第4卷,北京:人民出版社,1991年,第1469、1470页。

彼时所译者,皆初级普通学,及工艺、兵法、医学之书,否则耶稣经典论疏耳,于政治哲学,毫无所及。而先生以其天禀学识,别有会悟,能举一以反三,因小以知大,自是于其学力中,别开一境界。"①

康有为的例子在近代绝非个案,而是许多19世纪末未曾踏出国门的中国士人接受西学时的普遍现象。梁启超回忆自己在戊戌变法前后与夏曾佑等人聚谈西学的情形,他们觉得"中国自汉以后的学问全要不得的,外来的学问都是好的"。"既然外国学问都好,却是不懂外国话,不能读外国书,只好拿几部教会的译书当宝贝。再加上些我们主观的理想——似宗教非宗教,似哲学非哲学,似科学非科学,似文学非文学的奇怪而幼稚的理想。我们所标榜的'新学',就是这三种原素混合构成。"②他们身上体现的是尚未明确意识到西方各个不同学科之间的区别,特别是经常将自然科学与社会科学混为一谈。由于在启蒙运动以来的西方知识体系里,自然万象的原理放之四海皆准,并无此土彼邦之异,因此康梁等人的这一思维方式,很容易就引申为相信各国历史、社会、政治等方面也是如此,从而将近代西方的思想、学术与价值体系视为全人类发展的指路明灯。这也印证了章太炎后来的观察:"中国士民流转之性为多,而执箸之性恒少,本无所谓顽固党者。特以边陬之地,期月之时,见闻不周,则不能无所拘滞。渐久渐通,彼顽固者又流转为新党。"③

---

① 梁启超:《南海康先生传》,载吴松等点校《饮冰室文集点校》第3集,昆明:云南教育出版社,2001年,第1944页。
② 梁启超:《亡友夏穗卿先生》,载吴松等点校《饮冰室文集点校》第6集,第3602页。
③ 章太炎:《箴新党论》,载《章太炎全集》第8册,第297页。

1906年章太炎东渡日本,主《民报》笔政,在与立宪派论战过程中,他开始进一步反思西学对中国历史与现状的适用性。当时严复译述的《社会通诠》在知识界颇为流行。夏曾佑说"今日神州之急务,莫译此书若"。因为此书之作用在于"胪陈事物之实迹,则执著者久而自悟。泰西往例,莫不如斯。今使示之以天下殊俗,无不有此一境"①。通过总结社会发展"规律",为中国指明未来发展道路。书中将人类历史发展分为图腾社会、宗法社会、军国社会三阶段,严复在按语中强调民族主义乃宗法社会之产物,借此力斥革命党反清之非。对此,章太炎一改过去对严复的态度,在1907年发表《〈社会通诠〉商兑》回应此论。他指出:

> 观其(严复)所译泰西群籍,于中国事状有毫毛之合者,则矜喜而标识其下;乃若彼方孤证,于中土或有抵牾,则不敢容喙焉。夫不欲考迹异同则已矣,而复以甲之事蔽乙之事,历史成迹,合于彼之条例者则必实,异于彼之条例者则必虚;当来方略,合于彼之条例者则必成,异于彼之条例者则必败。抑不悟所谓条例者,就彼所涉历见闻而归纳之耳,浸假而复谛见亚东之事,则其条例又将有所更易也。②

在章太炎看来,社会发展不能把根据某一国家或地区经验所总结的观点视为放之四海皆准的原理,严复书中的最大弊病在于将西

---

① 夏曾佑:《〈社会通诠〉序》,载王栻主编《严复集》第5册,北京:中华书局,1986年,,第1555、1557页。
② 章太炎:《〈社会通诠〉商兑》,载《章太炎全集》第8册,第337页。

方历史经验视为人类社会发展的唯一"条例",以此来审视中国历史,规划中国未来,合于西方理论则是,不合则非。至于中国历史自身的规律,中国传统是否只能处于被近代西学评判的地位,严复其实并未顾及。

基于这样的认识,章太炎进一步强调:

> 社会之学,与言质学者殊科,几何之方面,重力之形式,声光之激射,物质之化分,验于彼土者然,即验于此土者亦无不然。若夫心能流衍,人事万端,则不能据一方以为权概,断可知矣!①

在这里,他认为自然科学与人文现象不能等而观之。后者纷繁复杂,不同地域情状各异,不能以单一标准进行衡量。此外,当时西方社会学的主要源头之一是19世纪的法国人孔德,他目睹欧洲工业革命以来科学技术迅猛发展,借鉴当时流行的科学理论,倡导"实证主义",欲将人文万象以自然科学方法治之,并形成一套社会演进理论。对此,章太炎在其他文章中谈道:

> 社会学起自殑德(孔德)。殑德疾吼模、康德诸哲理,名之为虚灵学。其言曰"草昧世惟有宗教,次有虚灵学,次有质学"。然后人驳之曰"希腊盛时,既有质学,而膊志虚灵者,乃在文学复古以后"。是殑德之说已先与社会成迹不符。②

---

① 章太炎:《〈社会通诠〉商兑》,载《章太炎全集》第8册,第337页。
② 章太炎:《规〈新世纪〉》,载《章太炎全集》第10册,第325页。

孔德社会学的弊端就是将人文万象化约为一,忽略各国各地发展中的不同面貌,以至于结论与事实违离。章太炎此论虽含有政治立场,但也是他学术思想的重要底色。辛亥革命之后,章太炎再回忆起与严复的这番往来,依然认为"严复又译《社会通诠》,虽名通诠,实乃远西一往之论,于此土历史贯习固有隔阂,而多引以裁断事情"。此为"知总相而不知别相"。①

与之相似,在19世纪,作为近代殖民活动的组成部分,不少来华传教士开始向本国知识界介绍中国历史与文化,并用本国文字翻译中国古代典籍,此乃西方汉学之嚆矢。虽然这些论著今日视之,"东方主义"色彩极为明显,但在当时那些对近代西方学术流变不甚了解的中国文人学士眼中,既然西方国家都对中国传统如此感兴趣,那岂不证明后者更有其不可磨灭的价值?于是又生沾沾自喜、顾盼自雄之态,并希望援引西方汉学家的话作为表彰中国传统的理由。对此,章太炎批评:

> 又像一班无聊新党,本来看自国的人,是野蛮人;看自国的学问是野蛮学问;近来听见德国人颇爱讲支那学,还说中国人民,是最自由的人民;中国政事,是最好的政事;回头一想,

---

① 章太炎:《菿汉微言》,载虞云国校点《菿汉三言》,上海:上海书店出版社,2011年,第50页。当然,严复到了辛亥革命前后,已经不再对西方政治体制汲汲向往,而是主张立国之道必须根植于本国的历史发展脉络,国情不同,不可将域外制度轻易移植。因此他对中国政治中的儒法传统也不再肆力抨击,而是提倡其值得发扬借鉴之处。这一转化,实为理解严复一生思想脉络之关键。此非本书主要内容,故只在此点到为止。

> 文明人也看得起我们野蛮人,文明人也看得起我们野蛮学问,大概我们不是野蛮人,中国的学问,不是野蛮学问了。在学校里边,恐怕该添课国学汉文。①

他强调:"听了别国人说,本国的学说坏,依着他说坏,固然是错;就听了别国人说,本国的学说好,依着他说好,仍旧是错。"②"本国的学问,本国人自然该学,就像自己家里的习惯,自己必定应该晓得,何必听他人的毁誉?"③了解与研究中国传统乃是中国人职责所在,是为中国未来发展夯实根基,而不应以是否受外人"待见"来决定自己的态度。在近代西方,最初致力于介绍与研究中国的多为来华传教士或外交官,与其学术工作相伴的是彼辈经常发表关于中国现实问题的评论,其中不乏卑视、嘲讽、曲解中国历史与文化的内容。在章太炎看来,"别国有几个教士穴官,粗粗浅浅的人,到中国来要知这一点儿中国学问,向下不过去问几个学究,向上不过去问几个斗方名士,本来那边学问很浅,对外人说的,又格外浅,外人看中国自然没有学问。古人说的,'以管窥天,以蠡测海'。一任他看成野蛮何妨。近来外人也渐渐明白了,德国人又专爱考究东方学问,也把经典史书略略翻去,但是翻书的人,能够把训诂文义真

---

① 章太炎:《论教育的根本要从自国自心发出来》,载章念驰编订《章太炎演讲集》,第81页。
② 章太炎:《论教育的根本要从自国自心发出来》,载章念驰编订《章太炎演讲集》,第79页。
③ 章太炎:《论教育的根本要从自国自心发出来》,载章念驰编订《章太炎演讲集》,第81页。

正明白么"①。中国人不思充分继承自己的学术传统,却十分势利地将域外如此这般的肤浅片面之论奉为至宝,这不但本末倒置,而且极易造成"劣币驱除良币"现象,降低中国学术的品质。

正因为有这样一番思考,章太炎如此阐述自己对于知识的理解:

> 吾尝以为洞通欧语,不如求禹域之殊言;经行大地,不如省九州之风土;搜求外史,不如考迁、固之遗文。求之学术,所涉既广,必掷落无所就,孰若迫在区中,为能得其纤悉。②

可见,在章太炎看来,作为中国人,首要的任务是了解中国的历史与现状,这是最为重要的知识基础,也是一切政治活动的主要依据。而现实的中国是由历史的中国形塑的,因此,如何认识中国传统就显得尤为重要。

1909年,章太炎致信国粹学报社,谈及自己对于研究中国传统的旨趣:"国粹学报社者,本以存亡继绝为宗,然笃守旧说,弗能使光辉日新,则览者不无思倦,略有学术者,自谓已知之矣。其思想卓绝,不循故常者,又不克使之就范,此盖吾党所深忧也。"③在一年前,他也曾对人说:"学名国粹,当研精覃思,钩发沈伏,字字征实,

---

① 章太炎:《论教育的根本要从自国自心发出来》,载章念驰编订《章太炎演讲集》,第81页。
② 章太炎:《印度人之论国粹》,载《章太炎全集》第8册,第384页。
③ 章太炎:《与国粹学报》(1909年),载马勇编《章太炎书信集》,石家庄:河北人民出版社,2003年,第236页。

不蹈空言,语语心得,不因成说,斯乃形名相称。若徒撫旧语,或张大其说以自文,盈辞满幅,又何贵哉?"不特此也,"若乃钞撮成言,加以论议,万言之文,罄欬可了,然欲提倡国粹,不应尔也。今日著书易于往哲,诚以证据已备,不烦检寻尔。然则最录实征,亦非难事,非有心得,则亦陈陈相因。不学者或眩其浩博,识者视之,皆前人之唾余也"。① 在近代以来各类新知纷纷传至中国的时代里,如果再率由旧章,已经不能使中国学术有所进步。而那种借一二新知来对传统学术做一番"概论"或"通论"式的论著,看似内容广博,实则甚为空疏,远非实事求是、独具创获之学。

1910年,章太炎出版《国故论衡》,此书基本为章太炎在东京国学讲习会上的讲义汇编,但在结集过程中,章太炎对内容加以整理和润色,使之更具体系性。② 全书分为小学(语言文字学)、文学与诸子学三个部分,每个部分有若干文章。本书的《原学》篇虽未被置于篇首,但堪称全书导论。章太炎在其中指出:

> 通达之国,中国、印度、希腊,皆能自恢彉者也。其余因旧而益短拙,故走他国以求仪刑。仪刑之与之为进,罗甸、日耳曼是矣;仪刑之不能与之为进,大食、日本是矣;仪刑之犹半不成,吐蕃、东胡是矣。夫为学者,非徒博识成法,挟前人所故有也。有所自得,古先正之所覻斝,贤圣所以发愤忘食,员舆之上,诸老先生所不能理,往释其惑,若端拜而议,是之谓学。亡

---

① 章太炎:《再与人论国学书》,载《章太炎全集》第8册,第372页。
② 朱维铮:《求索真文明——晚清学术史论》,上海:上海古籍出版社,1996年,第285页。

自得者,足以为师保,不与之显学之名。视中国、印度、日本,则可知已。日本者,故无文字,杂取晋世隶书、章草为之,又稍省为假名,言与文缪,无文而言学,已恧矣,今庶艺皆刻画远西,什得三四。然博士终身为写官,更五六岁,其方尽,复往转贩。一事一义,无匈中之造,徒习口说而传师业者,王充拟之,犹邮人之过书,门者之传教。①

这篇《原学》和重订本《訄书》里的《原学》虽然题目一样,可主旨却显然有别。《国故论衡》里的《原学》强调中国传统自有其根底与流变,与那些长期受外来影响而缺少本土特性的国家与地区截然不同,因此在研究中应坚持中国历史自身的特性,以独立思考来扬榷旧学,臻于精深之境,形成自己的心得,而不是粗通大义,浅尝辄止,如此方能光大固有学问。

此外,甲午战争之后,清政府内部出现不少主张改革或停废科举制度,代之以新式学堂的声音。为了在新学制下保持与中国传统学术相关的内容,张之洞等手握实权的大臣开始主持设计各种方案,并借助其权力地位引来不少响应者,逐渐形成一股学术风气。与之相似,为了改善清政府越来越负面化的形象,一些人士希望增加孔庙从祀儒者,主张将章太炎等革命党人极力表彰的顾炎武、黄宗羲、王夫之入祀孔庙,推崇三人"立身行己,皆于艰苦卓绝之中具忠贞笃诚之操,毅然以扶世翼教,守先待后为己任",希望借

---

① 章太炎:《国故论衡·原学》,上海:上海古籍出版社,2003年,第102页。

此举来"敦崇正学,维系世变"。① 针对这些现象,章太炎强调提倡中国学问应极力区分"官学"与"民间学"。他以廖平因经学主张而在成都遭遇清廷学官冷遇之事为例,指出:"主学者,直雅俗文吏之徒,令作述者为之屈,此为以学术效奔走,又以绝学洪业,而令俗儒定其是非,考其殿最,何其倒也!"②官方提倡学术,难以辨别其中良莠,常以不当标准打压独具卓识之作。对于清政府抬出明清之际儒者,他更是指陈此举非但不能收拾人心,反倒会造成"驳议嚣然",更彰显其身处危机、进退失据的窘态。③

基于此,章太炎指出:

> 中国学术,自下倡之则益善,自上建之则日衰。凡朝廷所阁置,足以干禄,学之则皮傅而止。不研精穷根本者,人之情也。会有贤良乐胥之士,则直去不顾,自穷其学。故科举行千年,中间典章盛于唐,理学起于宋,天元、四元与宋、元间,小学经训,昉于清世。此皆轶出科举,能自名家,宁有官吏奖督之哉?恶朝廷所建益深,故其自为益进也。④

在这里,他梳理中国历代学术流变,认为一个时代凡是能称为上品的学问,多源于草野,而非依靠官方提倡。在1908年为《国粹学

---

① 赵启霖:《请三大儒从祀折》,载易孟醇点校《赵启霖集》,长沙:湖南人民出版社,2012年,第5页。
② 章太炎:《程师》,载《章太炎全集》第8册,第139页。
③ 章太炎:《王夫之从祀与杨度参机要》,载汤志钧编《章太炎政论选集》上册,北京:中华书局,1977年,第426页。
④ 章太炎:《与王鹤鸣书》,载《章太炎全集》第8册,第154页。

报》撰写的祝辞中,章太炎直言自己心中块垒,担心同侪阐扬国学,易被清政府收编利用,甚至有人因醉心利禄而"以其合者取宠",这不但厚诬古人,而且为虎作伥。所以他强调"学以求是,不以致用,用以亲民,不以干禄"。① 在革命阵营里,有心阐扬中国传统者应甘于自处民间,白首学问,拒绝借学问来干谒权贵,曲学阿世。此外,他还提醒应警惕在论述中国传统之时,因为"视新学与之合",于是简单比附,"内契于愚心,外合于殊国",为带有近代资本主义色彩的"豪强自治""工商兼并""喻利轻义"等有利于富豪权贵的政治宣传张目辩护,反而忽视为平民伸张权益,致使"世受其弊"。其作俑者,"非独新学,亦国粹之咎已"。②

在1906年东京留学生欢迎会上的演讲中,章太炎提出要"用国粹激动种性,增进爱国的热肠"。而所谓"国粹",主要就是中国的历史,其中包括语言文字、典章制度与人物事迹。③ 1909年,他在与国粹学报社的信中谈道:"弟近所与学子讨论者,以音韵训诂为基,以周、秦诸子为极,外亦兼讲释典。盖学问以语言为本质,故音韵训诂,其管龠也;以真理为归宿,故周、秦诸子,其堂奥也。"④以上这些,加上在重订本《訄书》中占据了相当篇幅的中国历代学术流变的论述,构成了世所称道的"章氏国学"的主要内容。

在清代汉学的传统里,小学(语言文字之学)被视为治学之基础。顾炎武说:"学者读圣人之经与古人之作,而不能通其音;不知

---

① 章太炎:《〈国粹学报〉祝辞》,载《章太炎全集》第8册,第214页。
② 章太炎:《〈国粹学报〉祝辞》,载《章太炎全集》第8册,第214页。
③ 章太炎:《在东京留学生欢迎会上之演讲》,载章念驰编订《章太炎演讲集》,第3—8页。
④ 章太炎:《与国粹学报》(1909年),载马勇编《章太炎书信集》,第236—237页。

今人之音不同乎古也,而改古人之文以就之,可不谓之大惑乎?"①戴震亦言:"由文字以通乎语言,由语言以通乎古圣贤之心志,譬之适堂坛之必循其阶,而不可以躐等。"②在章太炎清末民初的学术著述中,致力最勤、成果最多的当属语言文字之学。他强调:"盖小学者,国故之本,王教之端,上以推校先典,下以宜民便俗。"③他之所以被称为"清学殿军",在很大程度上也是因为其小学功底充分继承了清代汉学的传统。除了《国故论衡》中的小学部分,他的其他语言文字学著作同样精义颇多。比如《新方言》阐述他对整齐中国各地方言的主张,当时即有读者感觉"颇多新义";④《小学答问》为与众弟子论学时的记录,探讨汉字本字借字的流变之迹;《文始》集中分析汉字的孳乳规律。在近代西方列强逼迫之下,中国文化遭遇前所未有的挑战。这种挑战的主要表现之一就是中国语言文字备受质疑,或是被认为烦琐难学,或是被认为缺乏逻辑,或是被批评不善描述新事物,或是被视作落后习俗的象征。对此,章太炎在与那些抨击中国语言文字者和希望用域外标准来改造中国语言文字者的辩论中,从中国文化的整体性出发,在语言文字的定义、中国文字的特点、中国语言文字与中国社会的关系等方面进行新的诠释。他借助清代汉学的成果,吸收近代语言学的理论,强调"语言各含国性以成名,故约定俗成则不易","语

---

① 顾炎武:《答李子德书》,载《亭林诗文集·诗律蒙告》,上海:上海古籍出版社,2012年,第126页。
② 戴震:《古经解钩沈序》,载《戴震集》,上海:上海古籍出版社,2009年,第192页。
③ 章太炎:《国故论衡·小学略说》,第10页。
④ 徐兆玮:《徐兆玮日记》第2册,合肥:黄山书社,2013年,第800页。

言者,心思之帜"。① 语言文字与民族性息息相关,它是维系全民情感与认同的重要纽带,从语言文字中可以窥见中国文化里所独有的价值观念与伦理准则。此外,章太炎指出:"一国之有语言,固以自为,非为他人。为他人者,特余波所及耳。"②本国语言是本国民众每日都在使用的交流工具,外人是否感觉便利不能成为评判它的标准。而从宏观的角度看,近代中国的民族国家建设一方面需要维持秦汉以来的大一统国家政权,特别是清代形成的领土版图,另一方面需要妥善继承拥有数千年历史之久的中华文化。在此视域里,语言文字的重要性也就凸显了出来。他强调:"今以六书为贯,字各归部,虽北极渔阳,南暨儋耳,吐言难谕,而按字可知,此其所以便也。"③由于具有统一的书写形式,中国各地民众能够有效地相互往来交流,这对维系国家统一意义重大。而文字中所表现的观念与价值,更是绝大多数中国民众的共通之物,让人们虽身处胡越,但宛若一家,避免了因言语不通而导致交流不畅。

在《国故论衡》的小学与哲学部分里,章太炎进一步探索中国语言文字形成与演变的特点。关于语言文字的缘起,他认为:"物之得名,大都由于触受。"④语言产生于人们接触到具体事物之后,因此语言与社会实践有密不可分的关系,"名之成,始于受,中于想,终于思"。⑤ 在感受到具体事物后,随着思维方式的进步,人们

---

① 章太炎:《规〈新世纪〉》,载《章太炎全集》第10册,第332页。
② 章太炎:《规〈新世纪〉》,载《章太炎全集》第10册,第335页。
③ 章太炎:《国故论衡·小学略说》,第8页。
④ 章太炎:《国故论衡·语言缘起说》,第32页。
⑤ 章太炎:《国故论衡·原名》,第118页。

便能逐渐用专门的词汇和概念来描绘世间万物的特征和属性,这样就形成了文字。中国语言文字产生于中国这一特定空间内。人们经过长期实践来认识自然、认识社会,通过思考与总结,形成一套独具特色的、用以描述周遭环境的符号系统。随着历史变迁,它记录并传承那些通过总结社会经验而来的观念,久经积累,发展成独特的文化体系。中国文字的宝贵,就在于起到文化载体的作用。此外,关于《说文解字》的"六书"当中的"转注"与"假借",章太炎认为此乃汉字特有的造字之法,可驾驭文字的繁简。有了转注,则"方言有殊,名义一也",各地读音相似的字可以互相表达,使各地民众有了相互沟通交流的前提。而假借的意义在于执简驭繁,能让有限的汉字表达更多的意思,达到"意相引申,音相切合者,义虽少变,则不为更制一字"的效果,有助于文化普及。① 通过对转注与假借进行新的阐释,章太炎意在探索中国文字的衍生规律,展现中国文化的发展特点。

在近代中国,不少有识之士都认识到整齐方言、创造统一的民族语言的重要性。章太炎之所以在清末革命形势十分严峻的背景下花费许多精力编撰《新方言》,也是缘于这样的时代关切。他的方言理论主旨即认为"中国方言,传承自古,其间古文古义,含蕴甚多"。② 中国各地的方言虽然发音歧异,但或多或少都留存了古代经籍中的字音,"今之殊言,不违姬、汉",③展现出中国作为一个地域辽阔、风俗多样的共同体长期延续、统一的历史事实在语言文字

---

① 章太炎:《国故论衡·转注假借说》,第36页。
② 章太炎:《博征海内方言告白》,载《章太炎全集》第10册,第291页。
③ 章太炎:《新方言》,载《章太炎全集》第4册,第5页。

上留下的印记。此外,若将方言视为地方民间文化的代表,那么既然方言与古音关系如此紧密,也就证明中国历史是上层与下层共同塑造的,"雅言"与"方言"绝非水火不容,而是水乳交融。章太炎并不反对"文言合一",但前提是"九服异言,咸宜撢其本始",①必须要在充分考察各地方言特点的基础上才可践行。因为许多经籍所载之故训以变相的形式保留在各地方言之中,所以各地方言虽然发音不尽一致,但彼此语根并无差别。这样的论述,既尊重各地方言自身的特色,又维持经籍与民间语言之间、不同地域方言之间的平等与统一,将以方言为代表的地方文化整合到一个更大的共同体之中,说明了"文"与"言"的关系绝非简单的对立,而是互有交融。

除了深入研究语言文字之学,章太炎还对文学展开探讨。他认为:"文学者,以有文字著于竹帛,故谓之文。"在这里,他对"文学"进行了一番定义,扩大了"文"的范围,即"凡云文者,包络一切著于竹帛者为言,故有成句读文,有不成句读文。"基于此,章太炎认为《文选》中的"有韵为文,无韵为笔"之论,以及清儒阮元对这一观点的阐释发挥,皆不足以洞察文学之本质。② 他致力于扩大文学的范围,主要是为了矫正在他看来已趋于浮华夸诞的文风,让言之有物、条理清晰、质朴整饬的典制之文与论说之文成为改善文风的典范。他指出:"故凡有句读文,以典章为最善,而学说科之疏证类,亦往往附居其列。文皆质实,而远淳华,辞尚直截,而无蕴

---

① 章太炎:《国故论衡·正言论》,第44页。
② 章太炎:《国故论衡·文学总略》,第49—52页。

藉。"①与此相反,文章"华而近纽则灭质,辩而妄断则失情"②。以此为标准,章太炎认为魏晋时期的文章风格值得借鉴,因为彼时之文"气体虽异,要其守己有度,伐人有序,和理在中,孚尹旁达,可以为百世师矣"。反观唐宋时期的文风,"晚唐变以谲诡,两宋济以浮夸,斯皆不足劭也"。③ 当然,对于以表达情感为主的诗,章太炎则有另外的标准。他认为好的诗能将作者的真情实意表现出来,让人读后能够感同身受。如果没有情感基础,刻意寻章摘句,这样的诗很难感人至深。因此,他强调:"本情性限辞语,则诗盛;远情性喜杂书,则诗衰。"④

蒙文通曾这样回忆晚清以降的经学研究风气:"最风行一时的,前十年是今文派,后十年便是古文派。什么教科书、新闻纸,一说到国学,便出不得这两派的范围。两派的领袖,今文家便是广东的康先生,古文家便是浙江的章先生。二十年间,只是他们的两家新陈代谢,争辩不休。"⑤作为晚清大儒俞樾的学生,章太炎对经学自然有极深的研究。但他在这一时期的学术研究里,对于近代经学最为深远的影响莫过于他重新定义了何谓经书。在他看来:

> "经"者,编丝缀属之称,异于百名以下用版者。亦犹浮屠书称"修多罗","修多罗"者,直译为"线",译义为"经"。盖彼

---

① 章太炎:《讲文学》,载章念驰编订《章太炎演讲集》,第32页。
② 章太炎:《与人论文书》,载《章太炎全集》第8册,第170页。
③ 章太炎:《国故论衡·论式》,第84、83页。
④ 章太炎:《国故论衡·辨诗》,第90页。
⑤ 蒙文通:《经学导言》,载《经学抉原》,成都:巴蜀书社,2019年,第7页。

以贝叶成书,故用线联贯也;此以竹简成书,亦编丝缀属也。①

按照这样的解释,"经"的本意并没有古人所强调的那些神圣性甚至神秘性,而是与上古时期制作典籍的物质条件有关。引申而生的,就是经书在中国古代典籍里也没有不证自明的权威性,而是与其他门类典籍一样,能够被人们以平等的眼光来审视与研究。当然,章太炎并未因此而无视经学对于中国文化的重要意义。他认为孔子整理上古经书,使文化得以保存与传承,这一点已足以让孔子不朽。作为六经之一的《春秋》之所以值得人们珍视,是因为它开启了中国人重视历史的传统。历史为什么重要?章太炎指出:"国之有史久远,则亡灭之难。"因此,"令国性不堕,民自知贵于戎狄,非《春秋》孰维纲是?春秋之绩,其什佰于禹"。②

关于如何看待诸子学,章太炎在《国故论衡》的《原学》里认为:"诸子之书,不陈器数,非校官之业有司之守,不可按条牒而知,徒思犹无补益。要以身所涉历中失利害之端,回顾则是矣。诸少年既不更世变,长老又浮夸少虑,方策虽具,不能与人事比合。夫言兵莫如《孙子》,经国莫如《齐物论》,皆五六千言耳。事未至,固无以为候,虽至非素练其情,涉历要害者,其效犹未易知也。是以文久而灭,节奏久而绝。"③在他看来,先秦诸子并非将探讨抽象问题作为重点,而是多含切合人事之语。因此,必须诠释者本人久经世变,涉历渐深,方能体会出其中内蕴。

---

① 章太炎:《国故论衡·文学总略》,第53页。
② 章太炎:《国故论衡·原经》,第63页。
③ 章太炎:《国故论衡·原学》,第102页。

此外，诸子学在近代重新被人重视，一个不容忽视的原因就是人们受到近代西学启发，从新的角度审视诸子学。虽然章太炎在1906年以后反对那种简单地用中国传统比附西学的做法，但他却吸收了不少印度佛学的资源，用来构建自己的哲学体系。关于这一点，他在《国故论衡》的《明见》篇中指出："自纵横、阴阳以外，始征藏史，至齐稷下，晚及韩子，莫不思凑单微，斟酌饱满。天道恢恢，所见固殊焉。旨远而辞文，言有伦而思循纪，皆本其因，不以武断。今之所准，以浮屠为天枢，往往可比合。"①不同于时人常因慕强而歆羡西学，章太炎认为同处亚洲的中印之间应在文化上互相借鉴，以克其短。《齐物论释》就是他借鉴佛学来阐释先秦诸子的代表作。②

在章太炎这一时期阐释诸子学的论著中，影响最广者当属《诸子学略说》（又名《论诸子学》）。他在其中对汉代以来被奉为官学的儒家及其创始人孔子进行了强烈的批判与露骨的讥刺。在他看来，"儒家之病，在以富贵利禄为心"。孔子"教弟子也，惟欲成就吏材，可使从政"。不但孔子本人"湛心荣利"，而且"用儒家之道德，故坚苦卓励者绝无，而冒没奔竞者皆是"③。章太炎全篇极少涉及诸子各派学说，而将重点放在诸子各派的道德与学品上面，认为儒家在这些方面无疑是非常差劲的。当然，章太炎此论的真实意图并非单纯批孔，而是影射在他看来为了追求功名利禄才宣扬君主

---

① 章太炎：《国故论衡·明见》，第124页。
② 在下一章里，会对这本书进行分析，此处不赘。
③ 章太炎：《论诸子学》，载章念驰编订《章太炎演讲集》，第38—40页。

立宪的康有为。① 这篇文章给了在五四新文化运动期间十分活跃的吴虞很大启发,他顺着章太炎的思路去批判儒学与礼教。② 另一方面,这篇文章也让章太炎成为一些恪守儒学传统的士人眼中,造成反传统思潮泛滥的始作俑者。

除此之外,章太炎尤为关注法家与道家学说。在分析中国古代政治流变时,章太炎认为:"铺观载籍,以法律为《诗》《书》者,其治必盛;而反是者,其治必衰。且民所望于国家者,不在经国远猷,为民兴利,特欲综核名实,略得其平耳。是故韩、范、三杨为世名臣,民无德而称焉。而宋之包拯、明之况钟、近代之施闰章,稍能慎守法律,为民理冤,则传之歌谣,著之戏剧,名声吟口,愈于日月,虽妇孺皆知敬礼者,岂非人心所尚,历五千岁而不变耶?"③依他之见,在历史上能被称为良政者的,必须包含循名责实、不避权贵等带有很强法家色彩的素质,要避免让法律沦为维护权贵与豪强利益的工具。

基于这样的认识,章太炎一反当时批判秦政的风气,在发表于1910年的《秦政记》一文里总结秦政的正面意义。他指出,秦政的特点之一在于抑制帝室与贵族,防止其拥有政治上与经济上的特权。秦政的运作在当时的社会条件下(这一点很重要)一定程度上保障了平民的利益。在人才铨选方面,秦制依据韩非主张的"宰相必起于州部,猛将必发于卒伍",使官僚系统与军事系统中的高层官员多从基层提拔上来。下层官吏若在基层职位上做出成绩,不

---

① 朱维铮:《求索真文明——晚清学术史论》,第273页。
② 王锐:《章太炎晚年学术思想研究》,北京:商务印书馆,2014年,第127—136页。
③ 章太炎:《官制索隐》,载《章太炎全集》第8册,第92—93页。

论出身皆可循序升迁,并且在铨选过程中尽可能地杜绝皇族贵戚弄权干位。这较之汉武帝滥用外戚近臣、打压功臣宿将,良莠之间,高下立判。此外,秦朝厉行法制,赏罚一准于法,拒绝向特权集团法外开恩,这一点在古代社会条件下实属不易。① 其实不仅是对秦政,这也是章太炎评判中国历代典章制度的主要标准。当然,章太炎强调:"人君者,剽劫之类,奄尹之伦。"②秦以降的君主制并不值得留恋,而应予以批判。但批判君主制是一回事,挖掘中国古代政治传统当中其他值得继承的因素则是另一回事。

前文提到,章太炎极力批判资本主义代议制。为了加深自己的立论深度,他在《国故论衡》的《原道》中援引老子学说作为参考。他认为应按照司马迁在《史记》里的叙述,将道家与法家合而观之,因此特别强调《韩非子》中的《解老》与《喻老》两篇文章极得老学深意,解读老学应以此为标准。他根据《解老》篇的要旨,认为老子的"绝圣弃智"与"不尚贤使民不争",并非指遗弃文明,返于质朴,使民众老死不相往来,而是强调在政治上要循名责实、不尚虚言。选拔人才必须以"图书"及"身验"这些具有客观标准的因素为基础,避免将主观好恶与人情关系掺于其中。不尚贤也不是否定学说与才能,而是借此杜绝那些靠验而无征的虚名浮议来自我标榜之人,这样方能做到"以事观功",使人才选拔实现唯才是举,也能促进社会公平。③

章太炎虽然对法家学说多有表彰,但绝不认为其无可指摘。

---

① 章太炎:《秦政记》,载《章太炎全集》第8册,第64—66页。
② 章太炎:《国故论衡·原道下》,第114页。
③ 章太炎:《国故论衡·原道中》,第107—114页。

他指出法家学说的最大弊病在于不重视人伦道德与学术发展，且习惯借助国家力量规范民众思想与生活。他进一步说明，这种主张乃是"以众暴寡"，没有认识到人自有其独立性，属于"有见于国，无见于人"。要想消解这一弊病，需要引入庄子学说。章太炎认为庄子深得老学精义，并能将之发扬光大，其重点即在"分异政俗"四字。他借此来强调政府权力应有明确界限，即止于颁布法令、惩处犯罪。政治活动之外犹有广阔天地存焉。其他民间行为，特别是文化与思想方面，只要不危害国家根基、不造成经济剥削，就不必强行干涉。民众只要不违反法律，个人行为应任其自由，即便自外于国家与社会，避世独居，不与旁人为伍，也无可厚非。章太炎对于庄子思想的这番诠释，并非向往上古日出而作、日落而息的无怀氏之民，而是在阐释法家思想时不忘以庄学济其穷，强调后者"分异政俗"的重要性，将综核名实限制在政治活动之内，此外一任众人自为，这才是"以百姓心为心"，才是真正的"齐物"。①

在这一时期，章太炎一改曾经对黄宗羲的推崇态度，认为后者的政治思想其实有很大弊病。当然，这也和他对于代议制的批评有关系。在发表于1910年的《非黄》一文里，章太炎认为黄宗羲一方面反驳荀子的"有治人无治法"之论，另一方面却把学校这一聚集大量出身于士绅阶层的生员之地作为讨论政治的场所，这本身就是很矛盾的事情。因为如果要依据法律来办事，就必须使法律具有清晰的标准与严谨的内容，杜绝仗着喧嚣的言论氛围来破坏法律条文的行为。对于官吏的选拔也要以客观可验的施政成绩为

---

① 章太炎：《国故论衡·原道下》，第114—116页。

依据,不能仅凭难以验证的虚名来提拔。而学校诸生并不都熟悉刑名法律,也不了解民间利病,他们的声音很大程度上只代表其自身利益,并且不乏意气之论,如若让这些声音干扰行政,将会造成"士侵官而吏失守"的后果,有悖循名责实之旨。①

章太炎指出:"中国政度虽阔疏,考课有官,除授有法,超于尚贤党建者犹远。诚欲任法,由此简练其精,陶汰其粗而足。"相比之下,"举世皆言法治,员舆之上,列国十数,未有诚以法治者也。宗羲之言,远西之术,号为任法,适以人智乱其步骤"。② 可见,他之所以作《非黄》,并非对生活于数百年前的黄宗羲有何恶感,而是不满于借黄氏之言为源自近代西方的代议制大张声势的时贤。他心目中真正的"法治",是"考课有官,除授有法",是"弃前识,绝非誉",以客观、清晰、公开的固定规则为施政基础。其中的法家因素至为明显。由此也可见,章太炎在思考政治问题时非常注意从中国历代典章制度的内在逻辑出发考量历代制度得失,以是否有助于保障民众利益为标准,而非眩于西洋新制以至于不知别择。

正像章太炎在阐扬先秦法家之时不忘以庄子学彰显个人价值一样,在批评黄宗羲的同时,章太炎并未忽视明清思想史中强调应使个体免于压迫的思想遗产。在他看来,清代汉学巨子戴震的主张就有这样的意义。在与《非黄》发表于同一年的《释戴》一文里,他认为明清两代将程朱理学奉为官学,皇帝在斥责大臣时不再常拿朝廷律令来说事,而多以理学思想为利器,动辄斥责大臣不遵守天理,使自己成为道德判官,将后者置于道德审判台前。由于理学

---

① 章太炎:《非黄》,载《章太炎全集》第8册,第125页。
② 章太炎:《非黄》,载《章太炎全集》第8册,第129页。

话语具有高度主观性,这就让皇帝能够随时凭自己好恶来控制大臣,使后者长期处于战战兢兢、动辄得咎的状态。流风所及,清代的雍正皇帝很少以法律条文责人,而喜用理学话语呵斥臣民,将被呵斥者贬为违背圣人之道的败类,使之备受精神压力。

章太炎指出,戴震生于民间,"知民生隐曲",有感于此,撰写《原善》与《孟子字义疏证》,其中的主旨就是"明死于法可救,死于理即不可救",将皇帝运用理学话语进行政治与社会控制的手段揭示出来,拆穿清帝表彰程朱理学的真实意图,同情那些匍匐于理学话语下的生民,这在清代压抑沉闷的政治氛围里堪称空谷足音。当然,章太炎还强调戴震以欲为理之论,"固媷政之言,非饬身之典",是要在政治生活中承认人的合理欲求,然而从修身的角度来看,此论却容易流于极端,使人在追求欲望的名义下忽视道德修养。①

1910年,《学林》杂志在日本发行。章太炎的不少论学之作,如《秦政记》《释戴》《非黄》等皆刊于此。这份刊物除了偶见章太炎弟子黄侃的诗文,其余皆为章太炎本人之作。它的发行人在该刊的发刊词中这样评价章太炎的学术:

> 余杭章先生以命世之材,旅居不毛,赫然振董,思所以延进后生,求一二俶傥(倜傥)者与之通道。谓前世学术,始或腐蚀不修,终以沦灭者有之矣,未有贤儒更出,婪然周汉而中道剥丧如今日者。其咎不专在趣新。徒以今文诸师,背实征,任

---

① 章太炎:《释戴》,载《章太炎全集》第8册,第122页。

臆说,舍人事,求鬼神,己先冒赣,守文者或专寻琐细,大义不举,不能与妄者角。重以玄言久替,满而不盅,则自谕适志者寡。学术既隐,款识声律之士,代匮以居上第。至乃钩援岛客,趣以干誉,其言非碎,则浮文也。浮使人惑,碎使人厌,欲国学不亡无由。今之所急,在使人知凡要。凡要远矣,不在九能目录中。盖无尺蠖之诎者,无独伸之功;无龙蛇之蛰者,无跃见之用。博而约之,易简而天下之理得以是牖民,如璋如圭然。先生所为书,既章章有条牒矣。同人复请著《学林》,尽其广博,以诒遴近,先生则诺。①

这段话要言不烦,可以说是对章太炎那一时期学术研究的极好概括。

---

① 《学林缘起》,《学林》,第1册,第1—2页。

批判近代思潮

从1906年东渡日本到辛亥革命爆发,除了和立宪派进行政治论战、阐扬中国传统,章太炎还对哲学问题进行深入思考,以此来批判西方近代思潮,并建立自己的哲学体系。这一事业不但在当时的知识界堪称异数,就是放到中国近代思想史的脉络里来看,像他这样有理论雄心与思想魄力的人也不多见。对此,20世纪40年代两位在文化与政治立场上颇有差异的学者贺麟与侯外庐,不约而同地给予章太炎极高的评价。贺麟说:"章太炎为一代国学大师,门弟子遍天下。然而他的哲学思想却没有什么传人,也很少有人注意到。据我看来,他的思想深刻缜密,均超出康、梁,在哲学方面亦达到相当高的境界,其新颖独到的思想不惟其种族革命的思想,是当时革命党主要的哲学代言人,而且可以认作'五四'运动时期新思想的先驱。""其(章太炎)对革新思想,和纯学术研究的贡献,其深度远超出当时的今文学派,而开新文化运动时,打孔家店的潮流之先河。""他不单是反对传统的中国思想,他同样反对西方的新思想。"①侯外庐说:"(章太炎)这种运用古今中外的学术,糅合而成一家言的哲学体系,在近世他是第一个博学深思的人。""太炎就在这里开始他的学术活动,他对于极大极微的宇宙,人生,社会问题,表现出自我横冲的独行孤见,在中国思想史上这样有人格性的创造,实在数不上几人。他的笔锋扫荡古今的气魄正套于他的古色古香的文字形式中,好像一个拿锄头的农民朴素地反抗满清封建的淫威,不分彼此,不讲策略,硬转历史的车轮一般。"②

章太炎之所以能意识到从哲学层面回应近代西方思潮的重要性,与他在日本期间的阅读与思考经历息息相关。据宋教仁在日记中记载,章太炎1906年到日本后不久,刚与宋教仁见面,就向他询问哲学问题,以及日本最近出版了哪些哲学著作,这让宋教仁颇感惊讶。③ 当时日本哲学界的情形是,伴随近代日本自身的政治与思想变动,德国近代哲学开始被引介进来,成为日本知识界的关注对象。"明治中期的日本,便以适应帝国主义时代的德国资产阶级哲学——新康德学派为前导,从康德的人格主义的自由主义直到费希特、黑格尔的理念的国家主义,对这些德国唯心论,都作了研究。其间,尼采的'权力意志'说,作为个人主义即超国家主义的哲学还曾受到赞扬。这样,德国哲学在日本被接受的过程,其本身就是和日本近代哲学形成过程中个人意识同国民意识之间时而互相

---

① 贺麟:《五十年来的中国哲学》,北京:商务印书馆,2002年,第4、5页。
② 侯外庐:《近代中国思想学说史》第4册,北京:生活·读书·新知三联书店,2014年,第1332、1337页。
③ 宋教仁:《我之历史》,载陈旭麓主编《宋教仁集》下册,北京:中华书局,2011年,第619页。

联系,时而互相冲突这样一种结构变化的过程相对应的。"①这些流行于日本的德国近代哲学思想,成为章太炎重要的借鉴与商榷对象。

此外,明治时期,随着日本资本主义发展过程中阶级矛盾日益激化,社会主义思想在日本得到广泛传播,出现了许多研究社会主义与工人运动的团体。虽然当时日本国内的社会主义思想颇为庞杂,既有马克思主义,又有无政府主义,还有基督教社会主义,而且不同流派的社会主义在行动方案上不无分歧,但他们都将批判矛头指向日本的资本主义与军国主义,呼吁保障劳动者权益,这对中国的留日学生与革命者影响颇深。1907年,张继、刘师培等人在东京发起"社会主义讲习会",一些日本的社会主义者、无政府主义者,如幸德秋水、大杉荣、界利彦等,常被邀请来讲座,章太炎、钱玄同等人也参加过其中的活动。② 比如1907年9月章太炎就在"社会主义讲习会"以批判近代西方国家学为主题进行演讲。③ 根据章太炎在当时给《总同盟罢工论》与《无政府主义》两本小册子写的序可见,他对社会主义的基本内容与行动纲领是了解的。④ 而社会主义也赋予章太炎一种批判的视野,让他能透过表象去反思与批判

---

① 近代日本思想史研究会:《近代日本思想史》第2卷,李民等译,北京:商务印书馆,1991年,第113—114页。
② 郑匡民:《社会主义讲习会与日本思想的关系》,《社会科学研究》2008年第3期,第138—148页。
③ 汤志钧编:《章太炎年谱长编(增订本)》下册,北京:中华书局,2013年,第644页。
④ 章太炎:《总同盟罢工论序》,载《章太炎全集》第8册,上海:上海人民出版社,2018年,第402—403页。章太炎:《无政府主义序》,载《章太炎全集》第8册,第403—404页。

近代资本主义的政治体制、殖民活动、经济生产方式,以及为这些活动进行辩护的意识形态话语,并思考一种替代资本主义政治与经济模式的发展道路。

本书前面的内容提到,章太炎之所以走上革命之路,是因为他根本不相信清政府能够让中国抵御帝国主义侵略,反清的背后其实是反帝。出任《民报》主编后,他在宣传革命党的纲领时强调:"若就政治社会计之,则西人之祸吾族,其烈千万倍于满洲。"西方资本主义势力"视吾汉种,不犬豕若也"。① 时人评价革命党诸领袖,也认为章太炎最为鲜明的思想特征是"民族主义、自卫主义而排帝国主义",并视他为"革命党第一学者"。② 而要想深入批判西方列强的侵略扩张本性,仅从政治与经济角度展开分析还远远不够,必须从哲学层面解析近代西方意识形态话语。关于何谓哲学,章太炎曾有过一个大致的定义:

> 哲学者,一浑沦无圻堮(圻鄂)之名,以通言、别言之异,而袤延之度亦殊。上世哲学为通言,治此者亦或阐明算术,推寻物理,乃至政治、社会、道德伦理诸言,亦一二陈其纲纪。此土与印度、希腊皆然。是一切可称哲学者,由其科目未分。欧洲中世,渐有形上、形下二途,而政事、法律,亦不可比于形下。近人或以文学、质学为区,卒之说原理者为一族,治物质者为

---

① 章太炎:《革命军约法答问》,载汤志钧编《章太炎政论选集》上册,北京:中华书局,1977年,第432、430页。
② 刘望龄编著:《辛亥首义与时论思潮详录》上卷,武汉:华中师范大学出版社,2011年,第256页。

一族,极人事者为一族。若夫万类散殊,淋离(淋漓)无纪,而为之蹑寻元始,举群丑以归于一,则哲学所以得名。①

在他看来,哲学不是对具体的社会现象进行讨论,也不能等同于自然科学,而是将"万类散殊,淋离无纪"的事物进行综合与抽象的分析,"为之蹑寻元始",并"举群丑以归于一",给出观察、解释社会现象与自然现象的总体思路。

因此,面对近代西方列强的汹汹之势,章太炎除了思考让中国实现振衰起微的道路,还力图从哲学的角度揭示西方近代思想史上那些作为意识形态话语而流传甚广的概念。如果要说在世界近代史上有哪一个概念能流传甚广,那么"进化"当之无愧。在启蒙运动时期,认同启蒙理想的学者开始强调世界历史的发展是线性的、进步的,其潜台词就是相信随着科学水平的不断提高,人类的生活水准也会不断进步,因此,启蒙主义的服膺者们常以乐观的态度审视社会发展。在他们的视野里,这种进步是带有普遍意义的,世界各地概莫能外,是一种不可逆转的历史潮流。如果从学理层面看,启蒙运动时期的这些主张还带有些许理想主义的特征的话,那么到了19世纪,这些主张就从文人学士们的畅想,变为经历工业革命洗礼的资本主义国家对内施行统治、对外进行扩张的意识形态说辞。资本主义国家的意识形态家们将本国实力上升解释为历史进化序列中的必然结果,将本国的对外扩张解释为遵从社会进化原理来向"落后地区"传播"文明",那些"落后地区"之所以要

---

① 章太炎:《规〈新世纪〉》,载《章太炎全集》第10册,第322页。

被殖民,是因为他们在优胜劣汰的自然法则中位于"劣"的一方。而为了平息本国内部的社会矛盾,意识形态家们向本国民众宣称统治阶级的内外政策如何符合进化原理,统治阶级对内巩固政权、对外施行扩张,其成果迟早会让国内各阶层都受益。假如不支持这样的政策,就是自外于进化过程,不能享受因进化而带来的"文明"。而从世界范围来看,近代资本主义国家无疑认为自己位于人类进化过程的顶端,人类未来的发展将由资本主义国家主导。

甲午战争之后,在严复的译介下,进化论迅速在中国传播开来。当然,严复翻译《天演论》、在甲午至戊戌年间的一系列文章里运用社会进化论分析中国问题,其主要目的是唤起国人的忧患意识,让人们意识到中国所处的外部环境十分险恶,如果中国不发愤图强,将难逃优胜劣汰法则。进化概念在晚清被广泛传播,也和人们了解了这一概念及其背后的历史图景而意识到救亡图存的紧迫性息息相关。但是,如果不能剖析进化论的基本内涵,以及它是如何被列强用来为自己的殖民活动做辩护的话,就很难意识到这一概念的复杂面貌,也很难辨析这一概念在不同语境下的现实所指。比如梁启超在清末一方面发表了许多批评帝国主义国家全球扩张的文章,另一方面却又对当时的头号帝国主义国家英国赞誉有加,宣称:"五色人相比较,白人最优,以白人相比较,条顿人最优;以条顿人相比较,盎格鲁撒逊(盎格鲁-撒克逊)人最优。"[①]按照这样的逻辑,既然梁启超还认为"夫以文明国而统治野蛮国之土地,此天演上应享之权利也,以文明国而开通野蛮国之人民,又伦理上应尽

---

① 梁启超:《新民说》,台北:文景书局,2011年,第11页。

之责任也",①那么暂时处于"落后"位置的中国抵抗"文明"的西方,其正当性又在哪里呢?

为了从哲学层面展开批判,1906年,章太炎发表《俱分进化论》,深入剖析进化这一在世界近代史上掀起巨大波澜的概念。章太炎认为,"近世言进化论者,盖昉于海格尔(黑格尔)氏。虽无进化之明文,而所谓世界之发展,即理性之发展者,进化之说,已蘖芽其间矣"②。在这里,他意识到黑格尔的历史哲学使进化论从一种科学理论变为一种对历史发展过程的描述,让进化论更为深刻地影响着人类活动。从这里,可见章太炎极为敏锐的理论洞察力。此外,他不像叔本华那样把人类的思想与实践视为盲动的结果,以此来否定带有极强理性主义色彩的进化论,而是承认进化论有一定道理,用它也确实可以解释人类活动。不过,章太炎强调,在理解进化论时,需要意识到进化本身是不带价值判断的,将进化与某种价值判断相结合,就遮蔽了进化过程的复杂性。因为属于善与乐的东西会进化,属于苦与恶的东西也会进化,必须合而观之,方可洞察其本质。在此视野下,进化论就不能再被用来替现实当中存在的剥削与被剥削、支配与被支配关系进行辩护。

当然,章太炎认为在考察人类活动时依然需要进化论,但不是那种体现支配与被支配、剥削与被剥削关系的进化论,而是"随顺进化",即"择其最合者而倡行之",让进化过程中好的一面展现出来,避免坏的一面不断扩充。在他看来,当时流行于世的各种政治

---

① 梁启超:《张博望、班定远合传》,载吴松等点校《饮冰室合集点校》第4集,昆明:云南教育出版社,2001年,第2021页。
② 章太炎:《俱分进化论》,载《章太炎全集》第8册,第404—405页。

思潮里,能称得上"随顺进化"的唯有社会主义,因为"其法近于平等",所以值得提倡。① 只要对社会主义史稍有了解就会知道,社会主义理论并不排斥进化论,而是通过对生产力与生产关系进行科学分析,呈现社会发展史的基本脉络,探索人类未来实现具有普遍意义的平等与公平的道路。章太炎认为社会主义体现良性的进化,更可证明他绝非出于守旧立场才反对进化论,而是揭示并批判借进化论来施行压迫与剥削的现象。正如前文提到的贺麟的观点,在这一点上,章太炎确实比梁启超等人要深刻得多。

顺着对进化论展开的剖析,章太炎进一步揭示那些与进化论紧密相连的其他概念。1908年,他发表《四惑论》,除了依然提及进化概念,还将批判的焦点置于"公理""唯物""自然"这些同样在世界近代史上产生巨大影响的概念。

从篇幅来看,章太炎此文的主要内容集中于揭示"公理"的意识形态本质与表现形式。所谓公理,指的是那些不证自明的事实、不可逆转的趋势、不可违背的规律、毋庸置疑的命题。在世界近代史上,公理与进化论一样,在启蒙运动时期被解释为一种具有普遍性的东西,并将解释范围从科学理论扩展至所有人类活动。到了19世纪,虽然知识界对于公理的内核与外延有不同论述,但在政治与社会层面,如何掌握对公理的解释权更受西方资本主义国家统治阶级的重视。只要拥有了对公理的解释权,就可以对内以公理的名义让民众成为统治阶级希望成为的样子,使民众的活动不能越出打着遵循公理旗号设置的各种界限,公理成为绝佳的动员、整

---

① 章太炎:《俱分进化论》,载《章太炎全集》第8册,第413页。

合国内各阶层的意识形态话语,让人们忽视这背后的压迫与剥削现象;对外则将自己的扩张活动解释为实践公理,特别是将殖民统治装扮成依据公理而承担的"义务",并让被殖民国家或地区的民众接受并认同这样的统治与被统治关系。同时给后者一种幻想,即只要按照自称秉承公理而行事的殖民国家的要求来实现自我改变,那么就有可能让本国实现进步。除此之外,别无他法。不消说,这样的意识形态说辞,让近代许多殖民地与半殖民地精英深信不疑。

　　章太炎指出:"(公理)非有自性,非宇宙间独存之物,待人之原型观念应于事物而成。"公理并非自然界本来存在之物,是人们根据社会经验总结而成。它并不具备不证自明的特性,而是带着极强的主观色彩。所以"其所谓公,非以众所同认为公,而以己之学说所趋为公"。但是由于强大的话语压迫,以及论证过程中掺入科学名词,并带有极强的历史必然性色彩,使公理比宋明理学喜谈的天理对普通人更具支配力。"天理之束缚人,甚于法律;而公理之束缚人,又几甚于天理。"①

　　通过揭示公理本来并不"公"的本质,章太炎意在批判那些打着公理旗号对个体进行统治与支配的行为。他指出,人在世上本有独立性,并非天然受到各种外在因素的支配。人之所以意识到对他人有义务,是因为个体道德意识使然;之所以会受到法律制裁,是因为侵害他人,而这些都与公理无关。以公理的名义来支配人,本质上就是那些掌握着对公理解释权的个人或组织在支配别

---

① 章太炎:《四惑论》,载《章太炎全集》第8册,第469页。

的个体，并试图将这种支配固定化、永久化，让人在时刻得接受公理裁判的压力下生活，产生无所逃于天地之间的压抑感。就此而言，"公理者，以社会常存之力抑制个人，则束缚无时而断"。"公理之惨刻少恩，尤有过于天理。"①

　　章太炎的这番批判有助于揭示近代资本主义体制对个体的规训方式，即不仅使用硬性的法律规章，而且善于运用意识形态话语，让人们将这种意识形态话语视为一种无形监督，主动服膺这套意识形态话语对个体的要求，将个人价值和人生意义与这套意识形态话语挂钩，战战兢兢地唯恐有悖于后者的要求，从而丧失个人的主体性，使个人成为资本主义国家机器中的零部件。相似地，章太炎对"自然"的剖析，并非否定自然界的各种现象，而是批判将自然现象改造为"自然法则"，并以此来统治人、命令人。对于"唯物"，他针对的对象其实并非马克思主义，而是像英国哲学家休谟那样的经验论者。在他看来，休谟的特点是只强调现象，不探寻本质，由此而得的感性经验并不能描述世间万物的真实逻辑，也与科学方法不相符。一旦涉及事物之间的因果关系与事物自身的本质属性，就需要进行主观思考。休谟式的"唯物论"（其实是经验论）并不能涵盖这个过程。章太炎对"唯物"的批评是为了张扬个体的能动性，突显个体在思维活动中不可替代的作用。②

　　章太炎所批评的这些概念之所以能成为流行之物，离不开近代资本主义国家的对内与对外活动。因此，要想彻底揭示这些概念所产生的政治与社会效果，需要将批判的视野转移至近代国家

---

① 章太炎：《四惑论》，载《章太炎全集》第8册，第470—475页。
② 章太炎：《四惑论》，载《章太炎全集》第8册，第478—482页。

的形态与性质上面。1907年,章太炎发表《国家论》。他指出,首先,近代国家主义将国家视为超越时间的存在,在民众与国家关系上,宣称国家是主体,民众是客体。这样的观点是站不住脚的。因为国家是历史与时势的产物,如果没有民众,也就没有国家,因此民众是主体,国家是客体。认识到了这一点,就能发现19世纪以降国家主义理论的破绽。其次,国家的性质是为了防御外敌,是不得已才出现的,它身上并不带有特别神秘的要素,也不像国家主义所论述的那样神圣。如果超出防御外敌的任务,变为侵略他国的先锋,那么这样的国家就没有存在的正当性了。最后,与国家有关的政治事务往往需要多人协作才能完成,特别是离不开民众的支持,但近代国家主义的论述却常将其归功于某一人,让其余的大多数人默默无闻,通过突出政治领导者的功绩来激发人们的爱国之念,这其实也属于颠倒是非之举。①

联系19世纪以来资本主义国家常常以国家利益为借口来掩盖社会矛盾、巩固自身统治,并时常把让本国统治阶级获利最多的殖民扩张活动说成为了国家整体利益的现象,章太炎的这些观点就显得极有洞见。在晚清的政治论说里,受到日本国家主义的影响,不少人常认为近代国家从民族主义变为民族帝国主义是一种历史必然,中国要想在列强竞逐的时代里生存,就必须效仿列强之所为,使自己变得和它们一样。而在章太炎的视域里,这样的政治主张并不能真正解决中国的问题,中国未来的发展也绝非仅此一条路可行。而要想探索其他实现救亡图存目标的方案,就先得揭

---

① 章太炎:《国家论》,载《章太炎全集》第8册,第484—489页。

示近代国家主义的本质,拆穿在这一意识形态话语笼罩下的资本主义国家的"神秘性"与"神圣性",为开启更为广阔的政治视野创造前提。

必须注意到,章太炎虽然批判近代国家主义,但他并不简单否认世间所有国家存在的价值。他说:"爱国之念,强国之民不可有,弱国之民不可无。"像中国、印度、朝鲜、越南等遭受西方列强侵略的国家,为了抵御强敌,必须加强国家实力。而这些地区反抗侵略的过程,恰恰也是它们在用行动批判近代西方的国家主义的过程,因为这让那些打着国家主义旗号进行对外扩张的国家无法实现其野心。在这个意义上,对于弱国来说,"他国一日不解散,则吾国不得不牵帅以自存"。① 也正是在这个问题上,章太炎不同于当时的无政府主义者。他对国家主义的批判,与他反对帝国主义、强调救亡图存的思想并不矛盾。

在近代西方,国家力量的膨胀往往依靠宗教势力为其背书。在对外扩张的过程中,传教士与殖民者往往相辅相成。而在基督教的话语里,是否"文明"常以是否信教为标准,那些不信奉基督教的国家和地区,就被视为"半文明"或"野蛮"之地,那里的民众就理应被殖民者和传教士支配。因此,要想深入批判近代国家主义,要想实现名副其实的个体独立,还需要对基督教展开剖析。在发表于1906年的《无神论》里,章太炎指出:"惟物之说,犹近平等;惟神之说,崇奉一尊,则与平等绝远也。欲使众生平等,不得不先破神教。"②本此立场,他认为基督教所宣扬的上帝无始无终、全知全能、

---

① 章太炎:《国家论》,载《章太炎全集》第8册,第491—492页。
② 章太炎:《无神论》,载《章太炎全集》第8册,第415页。

绝对无二在逻辑上是不能成立的,只要认真推敲,就能发现破绽。相较而言,印度吠檀多派的有神论更值得重视。他认为彼教用"高等梵天"和"劣等梵天"来区分万物之高下,这在逻辑上与法相唯识学颇为相近,也更具迷惑性。但究其实,这样的区分同样站不住脚。因为它对"高等梵天"的性质定义不明确,如果其类同造物主,那么就和基督教的上帝一样难逃逻辑上的不成立;如果将"高等梵天"看成像佛学概念里的"真如"一样的本体,那么它也就失去"神性",变成自我意识的表现了。①

章太炎认为,有神论之所以会出现,从认识的角度看,是因为人们相信"藐尔七尺之形,饥寒疾苦,辐轃交迫,死亡无日,乐欲不恒。则以为我身而外,必有一物以牵逼我者,于是崇拜以祈获福"②。这种将个人命运交予幻想中的外在主宰者的念头,是个体丧失独立性的表现。较之于外在的压迫,这一幻想对人的束缚更为隐秘,更不利于培养无所畏惧、独立自主的人格。此外,他还指出:"今之在宗教者,以盛衰强弱为素定,徒执因缘,不知以增上缘辅其为治。又乃情存诌曲,以强有力者为护法之宗,抑盛辅微,耳不欲听。顾沾沾焉以慈善事业资助穷民,适为豪强者保其令闻长世。"③在此情形下,宗教失去了惩恶劝善的效用,沦为麻痹弱者、谄媚强者的工具。

基于此,章太炎在《建立宗教论》一文里借鉴唯识学理论,主张建立一种彰显个人主体性与独立性的新宗教。他说:"今之立教,

---

① 章太炎:《无神论》,载《章太炎全集》第 8 册,第 418—420 页。
② 章太炎:《建立宗教论》,载《章太炎全集》第 8 册,第 427 页。
③ 章太炎:《五无论》,载《章太炎全集》第 8 册,第 459 页。

惟以自识为宗。""今所归敬者,在圆成实自性,非依他起自性。"①这一新宗教以佛学中的"阿赖耶识"为枢轴,摒弃将外在神灵奉为独尊无二之物的做法,突出人的主体性,彰显无畏精神,破除功名利禄与倚傍强者之念,誓愿牺牲自我以普度众生,让众生脱离劫难。秉持这一精神的人,是不计利害得失、抛弃个人名利的菩萨型革命家。② 他立身处世的特征是"排除生死,旁若无人,布衣麻鞋,径行独往,上无政党猥贱之操,下作懦夫奋矜之气"③。他的奋斗目标则是"普度众生,令一切得平等自由"。④ 章太炎的这些思考,曾经引起革命党内部不小的非议,不少人批评他在革命形势如此严峻之时却潜心佛学,一些日本人甚至别有用心地说章太炎有意在《民报》作"佛声"而不作"民声"。⑤ 对此,章太炎回应,他之所以要致力于此,是因为"民德衰颓,于今为甚,姬、孔遗言,无复挽回之力",要想让革命者勇猛无畏,一心为公,需要寻找新的能够振奋人心的思想资源,佛学恰可担此任。⑥ 在回应革命党人的信里,章太炎进一步指出:"孔氏而后,儒、道、名、法,变易万端,原其根极,惟依自不依他一语。"⑦就此而言,他借唯识学创建新宗教,本质上并未背离中国传统的优良品质。他的新宗教也与那种崇拜外在神

---

① 章太炎:《建立宗教论》,载《章太炎全集》第8册,第436页。
② [日]近藤邦康:《从一个日本人的眼睛看章太炎思想》,载章念驰编《章太炎的生平与学术》上册,上海:上海人民出版社,2016年,第522—523页。
③ 章太炎:《答铁铮》,载《章太炎全集》第8册,第393页。
④ 章太炎:《排满平议》,载《章太炎全集》第8册,第269页。
⑤ 汤志钧编:《章太炎年谱长编(增订本)》下册,第664页。
⑥ 章太炎:《人无我论》,载《章太炎全集》第8册,第452页。
⑦ 章太炎:《答铁铮》,载《章太炎全集》第8册,第389页。

灵的宗教形式很不一样，更像是对个人主观能动性与道德意识的张扬。也正因为如此，在近代一些对佛学深有研究的人看来，章太炎的佛学论述多为"离经叛道"。

章太炎对近代西方的意识形态话语展开批判，归根结底是为了探索一种更为平等且公平的世界体系，一改19世纪以来频繁出现的殖民、掠夺与剥削现象。1907年，他在与日本人权藤成卿、武田范之的笔谈中提到：

> 我所希望的是在亚洲各国凡有政府者同时革命，被征服者同时独立。宫崎君说中国革命一旦成功，日本也将带来变化。但我以为日本革命并非当务之急。我很希望让安南、印度、缅甸等地，从现在的悲惨境地中解脱出来。①

基于此，同年4月，章太炎与张继、刘师培等中国革命者，联合印度、越南、缅甸、菲律宾、朝鲜、日本等地的志同道合者，在日本东京成立"亚洲和亲会"。在该会的"约章"中，章太炎指出："百余年顷，欧人东渐，亚洲之势日微，非独政权兵力，浸见缩朒，其人种亦稍稍自卑。"在这一帝国主义侵略浪潮之下，"越南、缅甸，继遭蚕食"。因此，亚洲和亲会旨在"反抗帝国主义，期使亚洲已失主权之民族，各得独立"。而中国在其中的意义，便是作为一个亚洲的大国，"幸得独立，则足以为亚洲屏蔽，十数邻封，因是得无受陵暴"②。换言之，章太炎所构想的亚洲区域体系，是建立在各殖民地

---

① 章太炎：《与权藤成卿、武田范之笔谈记录》，载《章太炎全集》第10册，第272页。
② 章太炎：《亚洲和亲会约章》，载《章太炎全集》第10册，第279、280页。

与被帝国主义压迫国家摆脱不平等的支配关系并各自独立的基础上,形成一种全新的、平等的政治格局。他希望中国的反清革命在其中能起到示范作用,带动周边地区的反帝运动。

在章太炎看来,"至于帝国主义,则寝食不忘者,常在劫杀。虽磨牙吮血,赤地千里,而以为义所当然"①。之所以如此,是因为帝国主义者常将"文明等级论"作为自己的行动理由。"文明等级论"肇始于启蒙运动时期,流行于19世纪帝国主义、殖民主义盛行的时代。它以近代西方文明为标准,将广大的非西方地区划分为"半文明"与"不文明"(或曰"野蛮")两个等级,旨在"论证"西方列强对这些地区进行殖民扩张的正当性,把殖民活动打造成"教化""规训"非西方地区的"义务",同时强调非西方地区若想成为"文明"社会一员,必须效仿近代西方的一整套政治、文化、社会体制。章太炎对近代帝国主义者运用"文明等级论"说辞之举洞若观火。他指出:

> 综观今世所谓文明之国,其屠戮异洲异色种人,盖有甚于桀纣。桀纣惟一人,而今则合吏民以为之;桀纣无美名,而今则借学术以文之。独一桀纣,犹不如去之为愈,况合群策群力以为桀纣矣。夫斗殴杀人者,其心戆;计谋杀人者,其恶深;独力杀人者,其害微;聚众杀人者,其祸剧。②

在"文明等级论"的包装下,殖民扩张过程中出现的杀戮与奴役,都

---

① 章太炎:《五无论》,载《章太炎全集》第8册,第462页。
② 章太炎:《五无论》,载《章太炎全集》第8册,第463页。

可在让"落后地区"变得更"文明"的幌子下被忽略不计。这种"以众杀人"的话术,是古代专制帝王都难以做到的。而这种"文明"的实质,在章太炎看来,"今之言文明者,非以道义为准,而以虚荣为准。持斯名以挟制人心,然人亦靡然从之者。盖文明即时尚之异名,崇拜文明,即趋时之别语"①。其影响所及,"今世论者,于同一行事,小且弱者则非之,强且大者则是之。"②在《国故论衡》的《辨性下》中,章太炎强调虽然"文教之国"时常指责"蠕生之岛"野蛮,但根据"见与痴固相依"的原理,"其见愈长,故其痴亦愈长"。③他借助佛学的概念,指出"文教之国"内部同样有着各种各样的问题,因此并无资格去鄙夷"蠕生之岛"。"文"与"野"这两个概念的内涵本来就不是固定不变的,而是象征着某种权力支配关系。

基于此,章太炎在1910年前后借助佛学概念来疏解庄子学说,撰写《齐物论释》,形成独具特色的"齐物哲学"。他指出:"齐物者,一往平等之谈。详其实意,非独等视有情,无所优劣,盖离言说相,离名字相,离心缘相,毕竟平等,乃合《齐物》之义。"④齐物哲学之所以能体现名副其实的平等,是因为它破除名相,揭示各种名词与概念背后的权力关系,将万物本来具备的主体性从单一的政治与文化秩序中解放出来。在认识世界的过程中,"自心还取自心,非有外界知其尔者,以见量取相时,不执相在根识以外,后以意识分别,乃谓在外,于诸量中见量最胜。见量既不执相在外,故知所

---

① 章太炎:《复仇是非论》,载《章太炎全集》第8册,第281页。
② 章太炎:《复仇是非论》,载《章太炎全集》第8册,第279页。
③ 章太炎:《国故论衡·辨性下》,上海:上海古籍出版社,2003年,第142—146页。
④ 章太炎:《齐物论释》,载《章太炎全集》第6册,第5页。

感定非外界,即是自心现影"①。质言之,"自心"作为唯一的认识主体,外界种种现象,皆为"自心"活动的结果。顺此推论,世间各种学说与实践是否具有价值,皆由作为认识主体的心来判断。在这一过程中,认知者是主动而非被动的,具有自我抉择的能力,既不会在各种价值冲突中随波逐流,丧失主见,也不会面对流行于世的虚名与声势,因惧怕被视为野蛮落后而不知所措,自我否定,一味迎合某一种文明标准。

齐物哲学通过对现存名实关系的否定,重新界定"物"自身的内涵与价值,使之处于普遍平等的状态,并在此基础上思考新的人间秩序。② 在齐物哲学的论述里,"必有真心为众生所公有,故曰若有真宰。真心既为众生公有,何缘彼我隔别"。③ 它并非简单地将所谓多样性置于不可置疑的地位,而是在承认"真心"为万物公有,万物无分彼此,不论高下,皆能体悟"真心"的前提下,建立能使万物各得其所的秩序与关系,达到"世无工宰,见无文野,人各自主谓之王,智无留碍然后圣"的境界。④ 这样的秩序与关系超越坚持单一性或多样性的非此即彼二分法,它虽然承认万物之间以"真心"为枢轴而形成的联系,但并不将特定的价值预设作为"齐物"之前提。在这一视野下,章太炎认为"兼爱酷于仁义,仁义憯于法律"。⑤ 他并非否定"仁义"和"兼爱"本身,而是揭示某些政治力量

---

① 章太炎:《齐物论释》,载《章太炎全集》第 6 册,第 10 页。
② 汪晖:《代表性的断裂——再问"什么的平等"?》,载《短二十世纪:中国革命与政治的逻辑》,香港:牛津大学出版社,2015 年,第 419—426 页。
③ 章太炎:《齐物论释》,载《章太炎全集》第 6 册,第 14 页。
④ 章太炎:《齐物论释》,载《章太炎全集》第 6 册,第 66 页。
⑤ 章太炎:《齐物论释》,载《章太炎全集》第 6 册,第 5 页。

用"兼爱"和"仁义"来掩盖不平等的支配与被支配关系,并使人眩于这样的名实关系而不自知,进一步将这样的支配与被支配关系合理化,使被支配者内心丧失质疑、批判、反抗这样支配关系的意愿。

在章太炎看来,齐物哲学具有很强的现实意义:

> 原夫《齐物》之用,将以内存寂照,外利有情,世情不齐,文野异尚,亦各安其贯利,无所慕往。飨海鸟以大牢,乐斥鷃以钟鼓,适令颠连取毙,斯亦众情之所恒知。然志存兼并者,外辞蚕食之名,而方寄言高义,若云使彼野人,获与文化,斯则文野不齐之见,为桀跖之嚆矢明矣……今之伐国取邑者,所在皆是……向令《齐物》一篇,方行海表,纵无减于攻战,舆人之所不与,必不得借为口实以收淫名,明矣。①

在这里,章太炎指出文野之别与近代列强殖民扩张之间的关系。其中他特别强调这样的"文明等级论"话语会造成"外辞蚕食之名,而方寄言高义"的假象,让那些被定义为"野蛮"的国家与地区民众认为列强的殖民扩张是让他们"获与文化"。这一观察深具洞见。"文野之见,尤不易除,夫灭国者,假是为名。"②纵观中国近代思想史,除了一些坚守中国传统价值的士人与信仰马克思列宁主义的革命家,作为典型的西方列强意识形态话语的"文明等级论"对于近代士人与知识分子有着比较明显的影响。其主要特征在于,不

---

① 章太炎:《齐物论释》,载《章太炎全集》第 6 册,第 46、47 页。
② 章太炎:《齐物论释》,载《章太炎全集》第 6 册,第 47 页。

少人在西方列强的坚船利炮面前,开始服膺"文明等级论"所描绘的世界图景,视西洋为"文明",视中国为"半文明"或"不文明",认为近代中国的主要奋斗目标之一就是按照列强所设定的"文明标准",不断地进行自我批判与自我改变,并发自内心地渴望得到那些"文明国际"的承认。他们认为中国应该彻底"融入"由那些所谓"文明国家"主导的世界体系之中,相信这是让中国实现现代化的唯一路径。甚至在国家主权问题上,秉持这样立场的人士经常宣扬列强来华并非在侵犯中国主权,只是想做生意罢了。在这样的商业活动里,中国也能分取一些利益。而随着如此这般的中外交往日渐频繁,中国就能慢慢地走向"文明"。他们的知识结构、所属阶层、社会关系、利益取向,决定了他们很难有机会意识到除了遵循"文明等级论"式的发展道路,人类还可以探索更为丰富的实现现代化的方式。所以他们经常认为帝国主义是一个虚幻的概念。相似地,他们也不相信中国能够通过独立自主的发展实现富强,因为一个没有西方"文明国家"主导的世界秩序是他们所不能想象,也不敢想象的。

在这个意义上,章太炎在清末从哲学层面展开的这些批判性思考,正如贺麟与侯外庐所言,不但在当时高出同辈一筹,就算是放到中国近代史上看,也显得弥足珍贵。当然,在某种程度上也属空谷足音。

东京讲学,团体内讧

从社会结构来看,清末革命运动的主要参与群体是出身于大小士绅家庭的知识分子。虽然在具体行动上他们经常习惯借助会党的力量,但在内心深处,他们并不把会党视为与自己一模一样的人,很大程度上只是利用其力量来组织武装起义而已。在自我定位上,革命党人多将自己看成"中等社会",即一方面与那些在他们眼里属于无知无识、有待启蒙的"下等社会"区别开来,另一方面又强调自己不同于那些或是身居高位,或是和清政府关系紧密的"上等社会"。他们既批判清政府的无能及东西列强对中国的侵略,又强调要"文明排外",不能效仿他们眼里主要由"下等社会"构成的义和团之所为。① 在他们心中,"二十世纪之中国,乃中国人之中

---

① 桑兵:《拒俄运动与中等社会的自觉》,载《历史的本色:晚清民国的政治、社会与文化》,桂林:广西师范大学出版社,2016年,第63—84页。

国,吾学生为之支配之,为之整齐之"①。

在此背景下,章太炎1906年东渡日本,担任《民报》主编,这对青年革命党人,以及其他心向革命却未加入革命组织的青年知识分子影响极大。因为那些立志于革命的青年知识分子虽然在表面上对清政府持批判态度,但他们的生活方式与价值取向其实还是与士绅阶层有千丝万缕的联系,士绅阶层内部所流行的价值规范与人物品鉴标准,具体而微地影响着大多数青年革命知识分子。章太炎虽无科举功名,但肄业于诂经精舍,深受江浙学术传统熏染,得到不少著名士人的认可。身带这样"光环"的人加入革命阵营,无疑大增其光彩,彻底改变一些人因信息不对称而觉得革命阵营草莽色彩极浓的想法。宫崎滔天曾这样回忆主持《民报》时期的章太炎:

> 在江户川大拐弯附近有一座挂着黄兴题名的"平等居"的房子。这就是民报社。起初,番众町滔天家的正门上曾挂着民报社的小牌子,但时间很短。后来除首领黄兴在这儿定居下来外,几个(或许是十几个)议论纷纷互相争论的青年之中,还可发见一个胖胖的举止老成、悠悠然隐士模样的人物,此人就是章炳麟。听说他的生活方式,每天除了思索和读书写作以外,余事一概不闻不问,似乎让人一看便觉得像是老子。②

---

① 李书城:《学生之竞争》,载张枬、王忍之编《辛亥革命前十年间时论选集》第1卷上册,北京:生活·读书·新知三联书店,1978年,第459页。
② 汤志钧编:《章太炎年谱长编(增订本)》下册,北京:中华书局,2013年,第631页。

另一位日本人,日本近代东洋学代表人物内藤湖南也观察到:

> 章太炎大力鼓吹《左传》。此人是非常特别的人,在东京的留学生中非常有人望、有势力。他执笔的《民报》杂志在中国留学生中大受欢迎。这给最近的思想界以很大的影响,使得对孔子为中心的崇拜意识渐渐淡薄起来。①

此外,汪东回忆,章太炎出任《民报》主编后,"其文虽非尽人能解,但大家觉得学问这样高深的人也讲革命,再配合着他在东京讲学,收了不少门人,影响是很大的。"这种影响的表现之一,"在当时留学界确实形成了这样一种气氛,在人前谈革命是理直气壮的,只要你不怕麻烦;若在人前谈立宪,就觉得有些口怯了"。②

汪东提到的东京讲学,确实是章太炎在日本期间除宣传革命外的另一项重要活动。庚子事变之后,众多留学生与政治人物东渡日本。当时日本国内以政教社成员为代表的一批知识分子,目睹日本自明治维新以来举国上下醉心欧化的现象,有意建立民族自尊及增强日本人的主体意识,因而提倡"国粹主义"。他们主张要挖掘属于日本自己的文化传统,将其发扬光大,以此对抗他们眼中败坏世风的西方文化与日趋腐化的中国儒家传统。国粹主义在日本绝非限于学术研究,而是有着很强的政治指向,它配合日本国

---

① [日]内藤湖南:《中国史通论》,夏应元、钱婉约等译,北京:九州出版社,2018年,第764页。
② 汪东:《同盟会和〈民报〉片断回忆》,载《辛亥革命回忆录》第6集,北京:中国文史出版社,2012年,第22页。

家主义思潮,强调日本应对内巩固统治,对外加紧扩张,与西方列强在东亚展开争夺,让日本成为所谓"东亚盟主"。

这一思潮很快就被那些在日本的中国知识分子关注。1902年7月《译书汇编》上刊登了一篇题为《日本国粹主义与欧化主义之消长》的文章。其中叙述日本的国粹主义者"谓保存己国固有之精神,不肯与他国强同。如就国家而论,必言天皇万世一系;就社会而论,必言和服倭屋不可废,男女不可平权等类"①。戊戌变法之后避难日本的梁启超在给康有为的信中也提到:"日本当明治初元,亦以破坏为事,至近年然后保存国粹之议起。"②黄节则认为:"夫国粹者,国家特别之精神也。昔者日本维新,欧化主义浩浩滔天,乃于万流澎湃之中,忽焉而生一大反动力焉,则国粹保存主义是也。"③在此之后,中国知识分子也效仿日本的国粹主义者,开始提倡"国学"。他们用"国学"这个概念来指称中国传统学术,以此区别于"西学"和"东学"。值得注意的是,虽然当时提倡国学最为用力的报刊《国粹学报》的主要撰稿人多和革命党有比较密切的往来,他们所谓国学很大程度上包含着对"君学"的否定,但国学这一概念却同样被清政府及其同路人所借用。1906年,赵炳麟上疏建议清政府设立"国学专门学堂",以此来"保存国粹",达到"坚国民

---

① 佚名:《日本国粹主义与欧化主义之消长》,载刘东、文韬编《审问与明辨:晚清民国的"国学"论争》上册,北京:北京大学出版社,2012年,第83—84页。
② 梁启超:《与夫子大人书》,载丁文江、赵丰田编《梁任公年谱长编初稿》,北京:中华书局,2010年,第140页。
③ 黄节:《国粹保存主义》,载桑兵等编《国学的历史》,北京:国家图书馆出版社,2010年,第3页。

爱国之心"的效果。① 而梁启超在《新民丛报》上发表的一系列分析中国传统学术的论著,如《论中国学术思想变迁之大势》等,更是在知识分子圈里产生不小的影响。在这个意义上,如何定义国学,如何在国学的框架下梳理中国传统学术,已经成为当时各派政治力量争夺话语权的组成部分。

章太炎在1906年担任《民报》主编不久,就有意创办一个国学讲习会,向留日青年学子讲授中国传统学术。作为章太炎的结拜兄弟,章士钊甚至先将国学讲习会的招生广告——《国学讲习会序》写好了。在这篇文章里,章士钊先批评在科举制下士子养成了为功名利禄而求学的不良习气,这让国学的真谛难以被发扬。随后,他又批评在追求新知的背景下,不少人视国学为落伍之物。而所谓追求新知,也免不了趋时好利的动机存乎其间,这让新学变成另一种形式的科举。基于此,他指出:"吾闻有国亡而国学不亡者矣,而吾未闻国学先亡而国仍立者也。故今日国学之无人兴起,即将影响于国家之存灭,是不亦视前世为尤岌岌乎?"②把是否重视国学上升到关乎中国存亡兴废的高度。

在将国学重要性强调了一遍之后,章士钊写道:

> 真新学者,未有不能与国学相挈合者也。国学之不知,未有可与言爱国者也,知国学者,未有能诋为无用者也。作《訄书》之章氏者,即余杭太炎先生也。先生为国学界之泰斗,凡

---

① 赵炳麟:《请立国学专门疏》,载桑兵等编《国学的历史》,第80页。
② 章士钊:《国学讲习会序》,载《章士钊全集》第1册,上海:文汇出版社,2000年,第176页。

能读先生书者，无不知之。今先生避地日本，以七次遘逃，三年禁狱之后，道心发越，体益加丰，是天特留此一席以待先生，而吾人之欲治国闻者，乃幸得与此百年不逢之会。同人拟创设一国学讲习会，请先生临席宣讲，取为师资，别为规则，附录于后，先生之已允为宣讲者，一中国语言文字制作之原；一典章制度所以设施之旨趣；一古来人物事迹之可为法式者……要之，先生之所欲授之吾人者多端，皆非吾人所能预揣，且将编为讲义，月出一册，故不赘。①

从中可见，章太炎不但计划设立讲习会授课，还打算将讲义整理出版，广为传播。1906年9月，宋教仁在日记里记载了章太炎和他商讨国学讲习会课程设置的事项：

在庆午处早餐后，至《民报》社访章枚叔，坐谈最久。枚叔言国学讲习会已经成立，发布章程，其科目分预科、本科，预科讲文法、作文、历史，本科讲文史学、制度学、宋明理学、内典学。又言诸君意欲请君讲宋元理学一科，可担任否？余谓余于宋元理学尚未入门，派别亦不清楚，至于区分学别，折衷古今，则更不能矣，此责实不能任也。枚叔又言及作文一科无人担任，且此科无善法可教，作文之善否，不可以言喻，又无一定之法则者也……余又言中国宗教亦讲否？枚叔言亦于文史学中略讲一二，但中国除儒、释、道三教外，余皆谓之异教，不能

---

① 章士钊：《国学讲习会序》，载《章士钊全集》第1册，第179页。

知其教理若何也。①

根据这条材料可以看出,章太炎对于国学讲习会的课程设置是下了一番工夫的。他的设计,不但课程种类颇多,而且还分本科与预科。但这就带来一个问题,如此多的课程,即便章太炎学识广博,都能讲授,恐怕他也没那么多时间和精力来独自承担,特别是他还要撰写文章与立宪派展开政治论战。或许正是因为这样,他才邀请宋教仁主讲宋明理学,并询问宋教仁何人能讲文章学。

不过,章太炎应该还是在国学讲习会里讲了一些内容。1906年9月,日本秀光社出版了《国学讲习会略说》,其中收录的《论语言文字之学》《论文学》《论诸子学》三篇文章,皆为章太炎所撰。根据这些文章的内容——比如《论语言文字之学》开篇即言"今日诸君欲知国学,则不得不先知语言文字"②。《论诸子学》开篇提到:"上来即讲文学,今就学说中诸子一类,为诸君言其概略。"③——可以推测当属章太炎在国学讲习会授课的讲义。至于像制度学、文史学等内容是否讲授,今日就不得而知了。

到了1908年,章太炎又在东京设坛讲学。许寿裳后来回忆:"民元前四年,我始偕朱蓬仙(宗莱)、龚未生(宝铨)、朱遏先(希祖)、钱中季(夏,今更名玄同,名号一致)、周豫才(树人)、启明(作

---

① 宋教仁:《我之历史》,载陈旭麓主编《宋教仁集》下册,北京:中华书局,2011年,第654页。
② 章太炎:《论语言文字之学》,载章念驰编订《章太炎演讲集》,上海:上海人民出版社,2011年,第9页。
③ 章太炎:《论诸子学》,载章念驰编订《章太炎演讲集》,第36页。

人)昆仲、钱均夫(家治),前往受业。每星期日清晨,步至牛込区新小川町二丁目八番地先师寓所,在一间陋室之内,师生席地而坐,环一小几。先师讲段氏《说文解字注》、郝氏《尔雅义疏》等,精力过人,逐字讲解,滔滔不绝,或则阐明语原,或则推见本字,或则旁证以各处方言,以故新谊创见,层出不穷。"①关于章太炎讲学事,钱玄同在1908年3月22日的日记里记载:"上午与味生至太炎处,意欲请太炎来讲国学(先讲小学),炎首肯。"②在讲学场所的安排上,据朱希祖在日记中的记载,先是在清风亭、后至帝国教育会、再移于大成中学,地点几经辗转。③ 章太炎在这段时间特别致信钱玄同,谈及为何屡次更换讲学地址:"讲习会设在帝国教育会中,闻每月需费二十五元,此难为继。弟近已租宅小石川大冢町五十番地(风景最佳,如在园林中),书籍行囊,业已迁入(陶望潮亦居此)。楼上席十一张,不如就此讲习。会友既省费二十余元,而弟亦免奔走,最为便利。"④关于章太炎的讲授内容,综合钱玄同与朱希祖的日记,以及其他人的回忆,包括《说文解字》等小学著作,以及《庄子》《楚辞》《文心雕龙》《汉书》《文史通义》等。章太炎此次讲学的形象,周作人曾有一段颇为生动的回忆:

---

① 许寿裳:《纪念先师章太炎先生》,载陈平原、杜玲玲编《追忆章太炎》,北京:生活·读书·新知三联书店,2009年,第47页。
② 杨天石主编:《钱玄同日记(整理本)》上册,北京:北京大学出版社,2014年,第123页。
③ 朱希祖:《朱希祖日记》上册,北京:中华书局,2012年,第60、61、68、71页。
④ 章太炎:《与钱玄同》,载马勇编《章太炎书信集》,石家庄:河北人民出版社,2003年,第102页。

太炎对于阔人要发脾气，可是对青年学生却是很好，随便谈笑，同家人朋友一般。夏天盘膝坐在席上，光着膀子，只穿一件长背心，留着一点泥鳅胡须，笑嘻嘻的讲书，庄谐杂出，看去好像是一尊庙里哈喇菩萨。中国文字中本来有些朴素的说法，太炎也便笑嘻嘻的加以申明。①

关于这次设坛讲学的听众，除了许寿裳提到的那些人，据任鸿隽回忆："听讲的人以浙人、川人为多，浙人中有沈士远、兼士兄弟，马裕藻、马叔平、朱希祖、钱玄同、龚味（未）生等；川人中有曾通一、童显汉、陈嗣煌、邓胥功、钟正楸、贺孝齐、李雨田，及我与我的兄弟任鸿年等。还有晋人景耀月、景定成，陕人康宝忠，这些人大概是每讲必到的，所以还记得。"②对于这批听讲者，章太炎在《自订年谱》中认为："弟子成就者，蕲黄侃季刚、归安钱夏季中、海盐朱希祖逖先。季刚、季中皆明小学，季刚尤善音韵文辞。逖先博览，能知条理。其他修士甚众，不备书也。"③他这里提到的黄侃、钱玄同、朱希祖，都在中国现代学术史上有着重要地位。他没提到的，如鲁迅与周作人，更是对20世纪中国的文化与政治产生不可替代的影响。而在那些川籍弟子传播下，章太炎的学说在四川学术界掀起不小的波澜。④ 虽然章太炎的这次讲学活动恐怕很难符合现代教育学对教育体制与教育模式的定义，但其成效与影响却远远超过

---

① 周作人：《知堂回想录》上册，北京：北京十月文艺出版社，2013年，第277—278页。
② 任鸿隽：《记章太炎先生》，载陈平原、杜玲玲编《追忆章太炎》，第211页。
③ 章太炎：《太炎先生自订年谱》，台北：文海出版社，1981年，第14页。
④ 王锐：《章太炎学说对清末民初蜀学界的影响》，载娄林主编《经典与解释：斯威夫特与启蒙》，北京：华夏出版社，2017年，第192—223页。

绝大多数近代中国的新式教育机构。

在章太炎1908年讲学前后,革命阵营内部出现巨大的裂痕。当时的革命力量基本聚集在中国同盟会之下。中国同盟会1905年在日本成立,主要由兴中会与华兴会合并而成,并以兴中会为主体。虽然不少论著认为光复会也是同盟会的主要组成部分,但在同盟会成立时,光复会的主要成员多在国内,对于同盟会的情况并不了解。① 光复会的成员多为江浙一带人士,具有比较明显的地域性。起初由蔡元培担任会长,但由于他不擅长从事实际工作,特别是会党运动,因此颇具组织与交际能力的陶成章逐渐成为光复会的实际领袖。1907年1月,陶成章在日本加入同盟会,任留日会员中的浙江分会长。陶成章与龚宝铨关系密切,龚宝铨则为章太炎的女婿,因此,同为浙江人的章太炎与陶成章遂日渐熟络。总之,光复会虽然和同盟会同属革命阵营,但彼此各有渊源,交集有限,加之光复会出过徐锡麟与秋瑾这样名满天下的革命烈士,首任会长蔡元培又是进士出身,所以自然不觉得自己应居于同盟会之下。当光复会与同盟会为革命事业共同奋斗时,二者之间并无畛域,可一旦出现矛盾或分歧,除非领导者们有很强的大局意识与团结意识,否则很难不产生内讧。

彼时革命党的主要领导人聚集在日本。日本政府之所以允许他们在此间活动,并不是因为其统治阶级如何同情革命,毕竟革命党人所宣传的民主共和思想对于作为君主立宪国的日本而言没什么好处,而主要是因为日本统治阶级想把他们当作可以扰乱并操

---

① 金冲及、胡绳武:《辛亥革命史稿》第2册,上海:上海辞书出版社,2011年,第508—511页。

控中国政局的工具,因此基本是以利用的态度对待革命党。当日本政府需要和清政府搞好关系,或者日本统治阶级内部不同派系之间发生冲突,革命党所受到的待遇就会发生变化。1906年12月,革命党发动萍浏醴起义,清政府遂向日本政府提出请求,让后者逮捕并引渡孙中山。而当时的日本执政者眼见美国盯上中国东北,为防止清政府与美国建立更为密切的关系,损害日本在东北的利益,日本政府决定做一些向清政府示好的动作。

因此,日本政府在1907年初要求孙中山离境。但为了不和孙中山断绝关系,日本政坛元老伊藤博文委托右翼团体黑龙会的头目内田良平去宴请孙中山,还送给孙中山一笔资金以示抚慰。① 这引起革命党内部不小的非议。关于此事详情,谭人凤回忆:

> 日政府派交涉员劝中山出境,送以程仪万金,中山受之,并于神户巨商铃木处借得万金,遂去日本。临行之际,招重要党员,宴会于歌舞伎座,颇尽欢。后章太炎先生闻中山得日赂,去时引党员宴会,以为一去不返之保证,颇不平。幸同人调停解释,表面尚得曲全,惟同志之精神,则由此稍形涣散矣。东京为全国志士荟萃之区,《民报》又为同志总机关,最重要之处所。中山身为总理,橐贮多金,仅以五百金予之,以后遂听其自生自灭。异哉!且丈夫重意气,日政府既无理干涉,堂堂总理,受此万金何为?厥后日人对我党,日存鄙夷之见,何莫

---

① 桑兵主编:《孙中山史事编年》第2卷,北京:中华书局,2017年,第552—553页。

非因此事以启其轻侮之心耶？①

不可否认，即便在革命处于低潮时，孙中山依然意志坚定，不气不馁，特别是不断想方设法为革命运动筹集资金。因此，从他的立场出发，接受日本人馈赠，将其用于革命事业，本无可厚非。但在旁人看来，孙中山等于是被日本政府驱逐出境的，却还要接受日方赠款，这似乎有损气节。更有甚者，当时革命党严重缺乏经费，孙中山拿到一笔资金，却不和同志商量如何使用，仅将少部分留给作为革命党机关报的《民报》，这让章太炎等人很难不心生不满。据胡汉民描述，章太炎得知此事后，将挂在民报社墙上的孙中山照片撕下来，并写上"卖《民报》之孙文应即撤去"几个字。②

章太炎为此事动怒，除了他极强的个性，还和《民报》当时确实财务拮据有关系。他在《自订年谱》中写道：

> 遁初（宋教仁）贫甚，常郁郁，醉即卧地狂歌，又数向民报社佣婢乞贷。余知其事，曰："此为东人笑也。"急取社中余资赒之。然资金已多为克强（黄兴）移用，报社穷乏，数电告逸仙，属以资济，皆不应。③

章太炎的此番回忆绝无夸张之语，这可由当时亲历者的回忆证明。

---

① 谭人凤：《石叟牌词》，载石劳勤编《谭人凤集》，长沙：湖南人民出版社，2008年，第324—325页。
② 冯自由：《革命逸史》第5集，北京：新星出版社，2009年，第946页。
③ 章太炎：《太炎先生自订年谱》，第22页。

黄侃回忆当时章太炎的生活状况是"寓庐至数月不举火,日以百钱市麦饼以自度,衣被三年不浣。困厄如此,而德操弥厉"①。朱镜宙回忆:"先生(章太炎)居东京,每星期仅能肉食一次,麦酒二斤。蜀弟子陈新彦、曾通一能自调味,每隔数日,即亲烹馔以献,先生乐之。"②吴玉章回忆,民报社经济最困难时,"章太炎等人几乎有断炊之虞"。看到此景,吴玉章号召四川留日学生给民报社捐款,不少官费生甚至将自己的官费折子拿去当铺当掉,换来钱款捐给民报社。③ 在如此困窘的状态下,看到孙中山手握经费却不愿周济同志,章太炎的感受可想而知。当黄冈、七女湖起义失败的消息传到日本后,反对孙中山的革命党人越来越多,于是章太炎等人建议革除孙中山同盟会总理之职,让暂时代替黄兴出任庶务的刘揆一召开特别会议,宣布开除孙中山,另选黄兴为总理。刘揆一坚决反对此要求,硬是将这次风潮压了下来。④ 当然,在这次倒孙风潮中,后来成为日本右翼精神领袖的北一辉也充当了重要角色。他极力鼓动章太炎、宋教仁等人驱逐孙中山的势力。依他的理解,孙中山代表革命党里亲西方的一派,章太炎则代表本土的"国权主义"路线,而清末革命的动力在于反对帝国主义,所以革命党应以章太炎等人为主导者。他颇为得意地认为,自己将这次倒孙风潮从人事与

---

① 黄侃:《太炎先生行事记》,载陈平原、杜玲玲编《追忆章太炎》,第17页。
② 朱镜宙:《章太炎先生轶事》,载陈平原、杜玲玲编《追忆章太炎》,第136页。
③ 吴玉章:《辛亥革命亲历记》,北京:北京出版社,2020年,第67页。
④ 饶怀民:《刘揆一与辛亥革命》,《西南民族学院学报(哲学社会科学版)》1991年第5期,第50—51页。

派系纠纷上升到革命路线之争的高度。① 由此也可见,清末革命党在组织上颇为涣散,让外部力量轻而易举就能影响内部人事关系。

而在孙中山那里,革命经费主要应用于武装起义。至于宣传活动,只要遇到合适机会,在哪里办报纸都可以,无须死守一块阵地。而且从人际关系的亲疏远近来看,孙中山有听命于自己的汪精卫、胡汉民等善于文辞之人作为左膀右臂,在舆论宣传上也不是非章太炎不可。1907年8月,《中兴日报》在新加坡创刊,主笔为胡汉民、汪精卫、田桐、居正等人。孙中山对该报极为重视,将其视为新开辟的舆论阵地,大有取《民报》而代之之势。对于孙中山的这一行事风格,谭人凤评论:"中山本中国特出人物也,惜乎自负虽大而局量实小,立志虽坚而手段实劣。""其办党也,又以个人为单位,始则放弃东京本部,专注重南部同盟,继则拒旧日同人,邀新进别开生面。"②另一位革命党人评价孙中山,也认为:"孙文之处分党务,皆常以党魁之意志指挥党员而行之,未尝以本部之意思指挥各团体而奉行之。"③

1908年,清政府派唐绍仪赴美担任中美联盟专使。唐氏途经日本时,《民报》刊登了抨击他的文章。唐绍仪得知此事,即向清政府驻日公使与日本政府交涉,要求封禁《民报》。与上次勒令孙中山离境的动机一样,日本政府依然担忧清政府与美国建立联盟关

---

① 黄自进:《北一辉的革命情结:在中日两国从事革命的历程》,台北:"中研院"近代史研究所,2001年,第103—108页。
② 谭人凤:《石叟牌词》,载石劳勤编《谭人凤集》,第333、334页。
③ 长啸:《失败》,载《近代史资料》总143号,北京:中国社会科学出版社,2021年,第164页。

系会不利于自己,于是答应清政府,以《民报》所登文章有鼓吹暴力暗杀之嫌为借口将其封禁,不准发行。为了对抗日本政府这一命令,章太炎多次与后者展开交涉,批判日本政府与清政府狼狈为奸。其言辞之激愤,甚至引起革命党内部的不安。据日本特务的监视报告记载,对于章太炎不妥协的态度,"黄兴、宋教仁等甚感其非,并曾设法制止。但章生性奇侠,不予采纳,宁愿单身上阵。据称章以外之领袖诚恐伤害日本朝野之感情,因而衷心感到忧虑"①。其结果是,章太炎一介书生,仅凭文字言辞,自然不能扭转日本统治阶级的意志,《民报》被迫停刊。

当《民报》陷入经济困难时,章太炎与陶成章等人策划让后者去南洋筹款。但此时孙中山已命汪精卫等人在南洋开展工作,看到陶成章也来此地,并且颇有声势,汪精卫等人觉得他是来与自己"争地盘"的。据时人描述:"成章在英荷各属运动,孙文、胡汉民皆作书止之。成章至网甲岛之槟港,某某(按:指孙文)又诬成章为保皇党,嗾人暗杀成章,幸赖李燮和力为剖白,始免于难。"②陶成章在1909年9月的一封信里也提到"孙文妄指弟为保皇党及侦探"。③ 在该月的另一封信里,他直言自己"与中山已不两立"④。在此情形下,陶成章发表《南洋革命党人宣布孙文罪状传单》,将自己与孙中山等人的矛盾公之于众,指责孙中山蒙蔽、残害同志,要

---

① 汤志钧编:《章太炎年谱长编(增订本)》下册,第672页。
② 张篁溪:《光复会领袖陶成章革命史》,载中国史学会主编《辛亥革命》第1册,上海:上海人民出版社,1981年,第525页。
③ 陶成章:《致某某书》(1909年),载汤志钧编《陶成章集》,北京:中华书局,1986年,第162页。
④ 陶成章:《致王若愚书》(1909年),载汤志钧编《陶成章集》,第163页。

求开除孙中山总理之名,将其罪状遍告海内外。①

与此同时,正当《民报》被迫停刊不久,孙中山授意汪精卫、胡汉民等人筹备《民报》复刊事宜。汪精卫等人未与章太炎商议,擅自编辑出版新的《民报》,托名在法国巴黎发行。这一举动意在将章太炎排除在《民报》编辑事务之外。这对于刚刚为了《民报》停刊事向日本政府激烈抗议的章太炎而言,是完全无法接受的,等于说彻底无视他为了《民报》而付出的心血,把他看作用完即可扔掉的工具。对此,章太炎公开发表《伪〈民报〉检举状》,详细揭露孙中山、汪精卫等人为把持《民报》而搞的小动作。

陶成章与章太炎的这两篇文章将革命党内部的裂痕进一步公开化,造成十分严重的政治后果。孙中山等人自然不会坐视自己被攻击,他们联合黄兴,制造出一起声势更为浩大的批判章太炎风潮。而在黄兴眼里,章太炎竟敢质疑孙中山,此举属于"神经病之人,疯人呓语",理应被批判。② 更有甚者,他还以章太炎有"破坏团体"之罪为借口,派人前去恐吓章太炎。③

在当时的革命阵营里,如果说有人在学术上能和章太炎比肩,那么非刘师培莫属。他出身经学世家,同样继承清代汉学传统,对《左传》也深有研究,时人甚至认为他在学术功力上更胜章太炎一筹。刘师培也在庚子事变之后不久开始宣传革命,其政论文章有

---

① 陶成章:《南洋革命党人宣布孙文罪状传单》,载汤志钧编《陶成章集》,第169—178页。
② 黄兴:《复孙中山书》(1909年),载湖南省社会科学院编《黄兴集》,北京:中华书局,2011年,第10页。
③ 陶成章:《致李燮和、王若愚书》,载汤志钧编《陶成章集》,第158页。

不小的影响。章太炎视这位比自己年轻15岁的革命同志为学术上的知己，经常与他讨论经学和小学。不过刘师培在政治立场上变动极快。他先是宣传反清革命，到了日本之后受到无政府主义影响，迅速成为其服膺者，创办报刊，宣传无政府主义理念。当1907年革命形势陷入低潮时，刘师培又试图重新与清政府建立联系。在妻子何震与姻弟汪公权的怂恿下（何震与汪公权有私通行为），刘师培秘密投靠清廷大员端方。为赢得端方信任，刘师培夫妇向其策划，由端方给章太炎一笔钱款，让当时因革命党内部纠纷而倍感忧愤的章太炎退出革命阵营，出家为僧。而在与章太炎说明此事时，刘师培夫妇却故意含糊其词。对友人无防范之心的章太炎以为其中没有陷阱，加之当时情绪比较低落，于是就含糊答应刘师培，让他先向张之洞与端方要来钱款，自己再去潜心佛学。不久之后，章太炎从苏曼殊处听闻刘师培与端方关系不正常，遂心生疑念。同时他还发现何震与汪公权的私通行为，出于好心，将其告知刘师培。孰料早已对章太炎有提防之心的刘师培听到这个消息后勃然大怒，宣称章太炎在破坏他和何震的夫妇关系，于是寻找机会报复他。

因此，在得知孙中山与黄兴准备反击章太炎和陶成章对自己的攻击后，刘师培夫妇主动将章太炎写给端方的信拍成照片寄给黄兴，谎称章太炎已背叛革命，投靠清政府。这批材料让黄兴等人如获至宝，立即吩咐与自己走得比较近的报刊铆足马力广为宣传，刻意制造章太炎革命叛徒的形象。其中，曾被章太炎指控在苏报案中出卖同志的吴稚晖尤为卖力，不断在《新世纪》上刊登批判章太炎的文章。或许是意识到吴稚晖与章太炎之间矛盾很深，孙中山就给吴稚晖写信,声称"陶(陶成章)乃以同盟会为中国,而章(章太炎)则以民报社为中国,以《民报》之编辑为彼一人万世一系之帝统",①暗示吴稚晖应加大批判章太炎的力度。

这场愈演愈烈的内讧,造成革命阵营巨大内耗。许多革命党人一方面被迫选择站队,另一方面也开始重新思考革命策略与行动方案。1910年,光复会在东京成立总部,章太炎任正会长,陶成章任副会长。不久之后,章太炎与陶成章等人创办《教育今语杂志》,希望用讨论学术的形式宣传革命理念。章太炎的弟子钱玄同为该刊撰写发刊词,章太炎本人也用白话文在该刊发表多篇文章,比较系统地论述了对于教育与学术的看法。② 与此同时,全程目睹章太炎与孙中山之间纠纷的宋教仁、谭人凤等人,对孙中山总是热衷于在边境地区策划起义的做法表示异议,开始筹划在长江流域组织力量进行活动。据日本特务记录,宋教仁在当时曾认为孙中山"已是落后于时代的人物,不足以指导革命的趋势"。③ 1911年7月,宋教仁、谭人凤等人在上海成立酝酿已久的同盟会中部总会,这对武昌起义的爆发起到不小的推动作用。章太炎后来也直言:"始,同盟会兴,从事者贸贸然未有所适,或据岭海偏隅以相震耀,卒无所就其谋。自长江中流起者,则渔父(宋教仁)与谭石屏策

---

① 孙中山:《复吴稚晖函》(1909年),载《孙中山全集》第1卷,北京:中华书局,2011年,第429页。
② 王锐:《自国自心:章太炎与中国传统思想的更生》,北京:商务印书馆,2019年,第86—120页。
③ 《有关宋教仁之事》,载章开沅等主编《辛亥革命史资料新编》第6册,武汉:湖北人民出版社,2006年,第234页。

为多。"①

如何评价这场内讧？不可否认，章太炎虽然学识丰富、思想活跃，但却长于思而短于行，不善于在错综复杂的革命形势下做出理智而冷静的判断。就连陶成章也觉得"章君太炎，其人并非无才之人，不过仅能画策，不能实行"②。因此，当他觉得孙中山有冷落《民报》的倾向后，就立即还以颜色，显示自己坚持原则不妥协。而对于刘师培，则又中了"君子可欺以方"的陷阱。说到底，擅长治学的人不一定擅长治世，有革命思想的人不一定擅长从事革命工作。

再看孙中山。他对于革命的贡献自然不待多言。可是作为领导者，他似乎比较缺乏团结同志、包容不同意见的风范。宋教仁在1907年2月的日记里记载：

> 七时至民报社与黄庆午(黄兴)言余辞职事，庆午不应。良久，庆午忽言，欲退会，断绝关系，其原因则以□□□以己意制一新国旗，而庆午以为不善，请其改之。逸仙(孙中山)固执不改，并出不逊之言，故庆午怒而退会。时诸人均在，皆劝之。余则细思庆午不快之原因，其远者当另有一种不可推测之恶感情渐积于心，以致借是而发，实则此犹小问题。盖□□(按：此为"逸仙")素日不能开诚布公、虚心坦怀以待人，做事近于专制跋扈，有令人难堪处故也。今既如是，则两者感情万难调

---

① 章太炎：《宋教仁〈我之历史〉序》，载汤志钧编《章太炎政论选集》下册，北京：中华书局，1977年，第751页。
② 陶成章：《致李燮和、王若愚书》，载汤志钧编《陶成章集》，第159页。

和,且无益耳,遂不劝止之。①

黄兴在革命党内素以忠厚宽仁著称,而且多次出面维护孙中山的领袖地位。当遇到意见分歧时,孙中山对黄兴尚且这般粗暴跋扈,面对个性十足且不畏权威的章太炎,孙中山心里会怎么想,大概也不难类推了。②

---

① 宋教仁:《我之历史》,载陈旭麓主编《宋教仁集》下册,第718页。
② 孙中山的这个特点,似乎终其一生少有变化。邹鲁在《回顾录》中回忆,1924年,孙中山筹划北伐:

> 当总理北伐驻韶时,吴敬恒(吴稚晖)先生回到广州,见我说:"关于陈炯明的事情,总要设法补救,总理北伐,才能无后顾之忧。我们最好到韶关去,面请总理恕陈炯明以往之罪。"我表示同意,即与同往。在韶关车站,总理驻节之所,碰见总理。吴先生申述来意后,总理非常愤怒,并且说:"陈炯明叛变,要杀我。人人可恕,陈炯明不可恕。"吴先生立刻向总理跪下,对总理说:"这事关系北伐前途很大,先生不答应,我就不起来。"总理一面拉他起来,一面说道:"快快起来!我为你恕了他,但是要他写一张悔过书。"吴先生见总理这样宽大,非常高兴,就立起来。哪知吴先生到汕尾叫陈炯明写悔过书,陈不允,以致自取败亡。曰这事看来,可见总理胸怀之高大,与吴先生之高义。(邹鲁:《回顾录》,长沙:岳麓书社,2000年,第135页)

根据这段回忆,可以窥见在孙中山的观念里,只要是他的手下,就不能"叛变"。而如何处置这种"叛变",也并非依据党纪国法,而是凭主观的人情好恶来定夺。此外,吴稚晖面对"领袖",动辄下跪,对比其往日热衷于鼓吹打碎国家机器、彻底批评传统的无政府主义,不禁令人莞尔。更为重要的是,邹鲁认为孙中山因吴稚晖下跪求情而"饶恕"陈炯明,体现了他"胸怀之高大"。这一评价透露了孙中山与其手下之间那种极不正常的关系,即在上者独断霸道,在下者顺从逢迎。

身陷民初政争

据刘文典回忆,武昌起义爆发后,"记得有一天下午,章先生正在拿佛学印证《庄子》,忽然听见巷子里卖号外,有一位同学买来一看,正是武昌起义的消息,大家喜欢得直跳起来。从那天起,先生学生天天聚会,但是不再谈《说文》《庄子》,只谈怎样革命了"①。面对革命之后变幻莫测的时局,章太炎难以再静下心来著书讲学,而是积极参与到建设新政权的一系列活动之中。1911年底,章太炎从日本启程回国。据日本密探报道,章太炎于回国前夕曾积极从事购买步枪五万支、子弹数百万发的活动。② 在回国途中,章太炎与日本人谈及革命之后中国的政治局面,提到"同志中颇有洋洋自得者,以为今日天下尽在吾党掌控之中,实则大谬也。今日吾党人惟有惕励加勉,不可再存侥幸投机之心。宜众志成城,全力以赴

---

① 刘文典:《回忆章太炎先生》,载陈平原、杜玲玲编《追忆章太炎》,北京:生活·读书·新知三联书店,2009年,第51页。
② 俞辛焞:《辛亥革命时期中日外交史》,天津:天津人民出版社,2000年,第113页。

国事。如其不然,恐万劫不复。今日者,正是吾人发愤之秋也"①。可见,他已经意识到在复杂而严峻的内外形势下,新政权的建设不会一帆风顺。

章太炎回到国内不久,革命党的喉舌之一《民立报》发表社论:"章太炎,中国近代之大文豪,而亦革命家之巨子也。正气不灭,发为国光,文字成功日,全球革命潮,呜呼盛已。一国之亡,不亡于爱国男儿,文人学士之心,以发挥大义,存系统于书简,则其国必有光复之一日,故英雄可间世而有,文豪不可间世而无,留残碑于荒野,存正朔于空山,祖国得有今日,文豪之力也。今章太炎已回国返沪矣,记者谨述数语以表欢迎之忱,惟望我同胞奉之为新中国之卢骚。"②章太炎自1906年以后反对简单地用西方政治思想解释中国问题,所以称他为中国的卢梭,很可能并不会让他觉得多么自豪。但也由此可见,人们给予章太炎极高赞誉,并希望他对新政权建设提出真知灼见。而据嵇文甫回忆,辛亥革命爆发时,他正在河南上学,当时就听闻有人认为"章炳麟才比周公"。从这一比喻也可窥见章太炎在时人眼中的地位。③

武昌起义之后,除了中国南北双方展开或明或暗的政治博弈,东西列强也在注视着中国政局的变化,或是希望保证在华利益不受损害,或是企图趁火打劫,扩大在华势力范围。在北方手握重兵的袁世凯固然在不停地通过各种渠道向列强寻求支持,孙中山在

---

① 张昭军:《武昌首义后章太炎在日革命活动补证——并介绍几篇重要佚文》,《史林》2019年第6期,第209页。
② 汤志钧编:《章太炎年谱长编(增订本)》上册,北京,中华书局,2013年,第209页。
③ 嵇文甫:《辛亥杂忆》,《郑州大学学报》1963年第4期,第29页。

从美国回国途中也进行了许多外交活动,希望西方列强能够承认新政权,并给予新政权经济上的支持。1912年1月,孙中山发表《对外宣言书》,其中提到:"凡革命以前所有满政府与各国缔结之条约,民国均认为有效。""革命以前,满政府所借之外债及所承认之赔款,民国亦承认偿还之责,不变更其条件。"①这种妥协的态度不但使革命党长期宣传的三民主义中的民族主义大打折扣,而且让新政权刚建立就面临遭受列强操控的危险,因为签订贷款、索取赔款、利用不平等条约,正是列强控制清政府的常用手段。英国汇丰银行的负责人希利尔就明确告诉时任财政总长的周学熙:"我欧洲各国之外交政策之对于中国,有二种意思:既不愿中国为野心之国所吞并,亦不愿中国有异常之发达,以二者皆足以破列强之均势也。自中国共和告成,我欧洲各国未尝不有戒心,深恐中国能力发展,扩充国权。"②

在此背景下,对于新政权的建设问题,章太炎着重思考的是如何能在列强环伺的危局之下维护中国主权与领土完整,让中国具有名副其实的独立地位。因此,在刚回到国内时,他将自己定位为"调人",致力于"联合之谋",③即协调各派政治力量之间的关系,尽可能地让他们都能以国事为重,团结共事。基于这样的立场,他认为革命党,特别是同盟会,应消除革命时期较为封闭的、圈子化的小团体特征,开诚布公地接纳其他政治力量,共同建设新政权。

---

① 孙中山:《对外宣言书》,载《孙中山全集》第2卷,北京:中华书局,2011年,第10页。
② 黄远庸:《断送蒙古声中之大借款》,载《远生遗著》影印版卷1,上海:上海书店,1988年,第299页。
③ 汤志钧编:《章太炎年谱长编(增订本)》上册,第209页。

所以他公开主张"革命军起,革命党消,天下为公,乃克有济"①。

同样是基于这样的考虑,1911年11月,章太炎与程德全发起成立"中华民国联合会",其主旨即为联络各方,共谋统一、巩固新政权之道:

> 然当困居专制政体之下,其功在于破坏;而在今日已脱离旧政府之羁绊,所重尤在建设。虽起义之初,事变仓卒(仓促),但能各自为计,粗维秩序,省、府、州、县不尽联合,势固其所。一旦大局粗定,即不可不速谋建设统一之机关。倘或划分界限,各竞权利,纷扰错杂,无有纪极,不独内政、外交无统一之办法,势必分崩离析,一变而为东周、晋、唐之末造,重酿割据之乱,致招瓜分之惨,此后危险将有不可胜言者。②

在他看来,中国疆域广阔,人口众多,各地之间交通很不便利,这极易造成不同地域之间的隔阂。加之辛亥革命本由各省独立而成,如无促进统一与联合的政策,势必加重已现苗头的割据之势,不利于集中力量巩固政权、抵御外侮。在此情形下,他建议武昌起义后被推举为领袖的黎元洪注意到列强之间"处分支那,已在商议",在施政方针上应以"国土之保全为重,民权之发达为轻"。③

---

① 章太炎:《与黎元洪》(1911年),载马勇编《章太炎书信集》,石家庄:河北人民出版社,2003年,第383页。
② 章太炎:《中华民国联合会启事》,载《章太炎全集》第10册,上海:上海人民出版社,2018年,第374页。
③ 章太炎:《与黎元洪》(1912年),载马勇编《章太炎书信集》,第383页。

1912年初,章太炎又参与了将中华民国联合会改组为统一党。之所以用"统一"为名,章太炎解释:"'统一'二字,若当国势巩固之后,本无庸说,现在则不得不有所需求。以中国此时南北尚未和合,外藩尚未亲附,政权兵权尚未集中,故宜标示此义。"①关于统一党的政治纲领,他强调:"伸张国权为吾党唯一之政见。吾党之监督政府者,监督其丧失国家权利耳。辅助政府者,辅助其勿再丧失权利耳。已丧失之权利,吾党希望其恢复而已。恢复权利,全赖有强有力之政府,吾党亦但尽其辅助之力而已。"②也正因为这样,当他听闻孙中山等人打算以汉冶萍公司改为中日合办为条件,向日本政府借款来解决临时政府财政危机的消息时,就致信孙中山,批评他不应该无视汉冶萍公司对于中国工业发展的重要性,也不应该不经集体讨论,仅凭与一二亲信商于密室,就决定将公司卖给日本人。他指出:"斯乃秘密结社时之所行,而不可用之于抚世长民之日也。"③此外,他还反对革命党人将新政权首都定在南京,因为这不利于稳定北方边疆。

　　章太炎批评孙中山、主张"革命党消",一方面和他对1909年前后革命党那场内讧记忆犹新,看不惯孙中山等人将与自己意见不一样的革命同志视若仇敌有关;另一方面与他目睹辛亥革命之后革命党新的自相残杀有关。在上海光复的过程中,光复会组织的光复军起到不小的作用。但沪军政府成立后,却由陈其美担任

---

① 《联合会改党纪事》,载章伯锋、李宗一主编《中国近代史资料丛刊·北洋军阀》第1卷,上海:上海书店出版社,2021年,第301页。
② 章太炎:《在统一党南通县分部成立大会上之演说》,载章念驰编订《章太炎演讲集》,上海:上海人民出版社,2011年,第118页。
③ 章太炎:《与孙中山》(1912年),载马勇编《章太炎书信集》,第421页。

都督,陈氏颇为忌惮陶成章,欲除之而后快。作为前者的小跟班,蒋介石明白陈其美的盘算,于是亲自去刺杀陶成章。陶氏之死让章太炎对同盟会越发失望。他给孙中山写信,劝他不应搞小团体主义,要摒除秘密会党习气,以仁恕之心对待革命同志。他劝告后者,同盟会与光复会之间"纵令一二首领,政见稍殊,胥附群伦,岂应自相残贼"。这只会让"挟私复怨者,得借是以为名"。① 当然,章太炎的这番言说,自然很难得到孙中山周围人的理解。戴季陶斥责章太炎"牺牲中华民国全国之国民,甘心为袁世凯作走狗"。其言论"变本加厉,竟不惜以向日民党之主张,置诸脑后,另换一副面具,主张专制,排斥民党"。② 他甚至声称:"直可认为著《訄书》之章炳麟,已与邹味丹同死,其至于今日存在者,并非章炳麟,特禽兽而冠人名者耳。"③

在政治主张上,不少革命党人标榜自己致力于"民权",以此区别于其他强调"国权"的政治派别。其实章太炎并不反对民权,他在清末的一系列政论里就反复探索如何在中国建立名副其实的民权。在他那里,民权与国权并非截然对立之物,国权巩固了,民权才有实践的可能。若中国亡于列强,民众沦为亡国奴,民权又从何谈起。因此,在施政方针上,章太炎有自己的思考。在《大共和日报》的"发刊辞"中,他建议:

---

① 章太炎:《与孙中山》(1912年),载马勇编《章太炎书信集》,第419页。
② 戴季陶:《哀章炳麟》,载桑兵、黄毅、唐文权合编《戴季陶辛亥文集》下册,香港:香港中文大学出版社,1991年,第828页。
③ 戴季陶:《章炳麟之丑史》,载桑兵、黄毅、唐文权合编《戴季陶辛亥文集》下册,第842页。

> 民主立宪、君主立宪、君主专制,此为政体高下之分,而非政事美恶之别。专制非无良规,共和非无秕政。我中华国民所望于共和者,在元首不世及,人民无贵贱,然后陈大汉之岂弟(凯弟),荡亡清之毒蜇,因地制宜,不尚虚美,非欲尽效法兰西、美利加之治也。①

辛亥革命之后,不少政治与文化精英都很关心如何建设共和政府,但关于中国未来的诸多重要问题,大多数参与者却没有一个十分清晰的答案。总体来看,在许多关键问题上,大多数政治人物不是从中国社会的基本现实与基本矛盾出发,而是向各种域外学说讨求答案,比如总统制、共和制、联邦制、邦联制之争。许多人对于中国问题的意见分歧除了现实的利益诉求各异,很大程度上还因为他们各自汲取了不同的西学资源,并且这种汲取在深度、广度与准确度上都十分有限。而在章太炎看来,新政权的政治合法性除了建立在革命党一直以来强调的推翻"异族"统治上,还建立在"元首不世及"与"人民无贵贱"二者之上,前者体现对帝制的扬弃,后者则体现民众地位因新政权而改变,过去由职业身份、政治特权与民族差异造成的不平等将不复存在。他希望新政权能"因地制宜,不尚虚美",聚焦于"政事"之美恶,而非抽象地追寻"政体"之高下。章太炎回溯历史,认为一种政治制度起源于特定的历史环境之下。君主立宪肇始于英国,然后其他国家起而效仿,但"形式虽同,中坚自异"。近代的民主政体为美国、法国所首创,中国虽然师法其基

---

① 章太炎:《〈大共和日报〉发刊辞》,载《章太炎全集》第10册,第396页。

本形式，废除帝制，但在具体建制方面，"当继起为第三种，宁能一意刻画，施不可行之术于域中"。① 因此他声称："政治、法律，皆依习惯而成，是以圣人辅万物之自然而不敢为，其要在去甚、去奢、去泰。若横取他国已行之法，强施此土，斯非大愚不灵者弗为。"②总之，必须从中国自身的现状出发思考政权建设问题，这是做到"巩固国权"的重要前提。

进一步而言，依章太炎之见，欲收"巩固国权"之效，在具体政策的制定与实施方面更应立足于充分了解中国的现状，然后在此基础上进行政治治理。在发表于1912年1月的《先综核后统一论》里，章太炎指出新政权是建立在武昌起义之后各省通电宣告独立，然后再推举代表商议建国事项之上的，所以统一的基础并不稳固。他警告新政府：

> 以电报统一易能也，惟实际统一为难。不先检方域之殊，习惯之异，而豫拟一法以为型模，浮文矿令，于以传电有余；强而遵之，则龃龉不适；不幸不遵，则号令不行。在位者胡可不矜慎哉！③

章太炎警告新政权里的各级官吏不能把电报里的内容当成真实的状况，应对如何建设新政权有充分而成熟的考虑。他这番观感并非无的放矢。张奚若回忆，武昌起义之后"在上海住了半年多，曾

---

① 章太炎：《〈大共和日报〉发刊辞》，载《章太炎全集》第10册，第397页。
② 章太炎：《〈大共和日报〉发刊辞》，载《章太炎全集》第10册，第396页。
③ 章太炎：《先综核后统一论》，载《章太炎全集》第10册，第404页。

到南京去看过临时政府的情形,也感觉很失望"。"当时我颇感觉革命党人固然是富于热情、勇气和牺牲精神,但革命成功后对于治理国家、建设国家,在计划及实行方面,就一筹莫展。因此除了赶走满人,把君主政体换成所谓共和政体,革命是徒有其表的。皇帝换了总统,巡抚改称都督,而中国并没有更现代化一点。'破坏容易建设难'一句格言,不幸完全证实。"①何遂也回忆,他在辛亥革命之后与九江代理镇守使分析政局,后者直言革命党内不少人"都不懂政治的门槛,握住了权柄不知怎么运用"。军队里"许多将领都腐化了。上海那批人就是嘴里讲漂亮的话,讲完了逛窑子"。②

所以章太炎强调,主政者面对纷繁复杂的政治与社会局面,"欲更新者,必察其故;欲统一者,必知其殊"。③ 新的政策是针对现实状况而设置的,后者是立法与施政之时必须要面对的重要前提。中国的统一也是建立在各地之间存在巨大差异基础上的,一旦不能有效分析、协调不同地区的各种诉求,强行划一地推行相关政策,那么将会造成"徒能以电报统一耳,安望其实际遵行耶?"④诸如赋税与法律,"其事细如牛毛,其乱棼如讨羽,顺而理之。后或可以渐革;逆而施之,在今日已跋踬不行矣"⑤。这些关系到政治与社会稳定的问题一旦处理失当,将会导致政府运作紊乱,

---

① 张奚若:《辛亥革命回忆录》,载《张奚若文集》,北京:清华大学出版社,1989年,第463—464页。
② 何遂:《辛亥革命亲历纪实》,载《辛亥革命回忆录》第1集,北京:中国文史出版社,2012年,第398页。
③ 章太炎:《先综核后统一论》,载《章太炎全集》第10册,第405页。
④ 章太炎:《先综核后统一论》,载《章太炎全集》第10册,第405页。
⑤ 章太炎:《先综核后统一论》,载《章太炎全集》第10册,第405页。

人心渐失,侵蚀新政权的统治根基。

此外,章太炎认为必须重视新政权中各级官员的政治素质,特别是他们是否具备从中国现实出发管理国事的能力,这也关乎能否更好地巩固国权。章太炎建议新政府应派遣十余名特使前往各省,充分调查政治与社会现状,明晰当地的具体情形,然后将意见反馈回中央,让后者能够"周知天下之故"。其次,清廷许多虽然离职但却"审知向日利病"的官吏,新政府应"引为顾问",议会也应时常向其咨询。因为这批人虽然未必认同革命,但相对而言比较熟悉中国社会状况,其行政经验也值得吸收借鉴。这些建议的背后突显出章太炎对新政权的大小官吏非常不信任,认为他们对于政治只具备"游学他国,讲肆科条"的书本知识,对中国的现实状况反而知之甚少,所以在政治实践方面"妄以校中师授,谓仓卒可见诸施行,顾未知何者宜取,何者宜舍也"。①

出于相似的考虑,在新政府各部首脑的任命上,章太炎建议:"总理莫宜于宋教仁,邮传莫宜于汤寿潜,学部莫宜于蔡元培。其张謇任财政,伍廷芳任外交,则皆众所公推,不待论也。"此外,"若求法部,惟有仍任沈家本,为能斟酌适宜耳。诸妄主新律者,皆削趾适履之见,虎皮蒙马之形,未知法律本依习惯而生,非可比傅他方成典。故从前主张新律者,未有一人可用"。② 在这里,他所重视的同样是上述诸人的行政经验与能力,而非各自所属的党派与政团。章太炎认为了解中国历史与国情、体察社会民隐是为政之关键,也是能够真正保障国权的基础。也正因为如此,在统一党中,

---

① 章太炎:《先综核后统一论》,载《章太炎全集》第10册,第405页。
② 章太炎:《宣言九则》,载《章太炎全集》第10册,第391页。

章太炎一度与张謇、程德全、熊希龄等原立宪派人士走得很近。1912年3月,章太炎还写信给刚当上大总统不久的袁世凯,希望他能"厉精法治""酬报有功""慎固边疆""抚宁南服",实现巩固国权的目标。①

说起袁世凯,则不得不提1912年制定的《中华民国临时约法》。南京临时参议会制定的这部法律,其中为了制约袁世凯,将先前孙中山所主张的总统制改为内阁制,同时出于从立法上限制政府首脑职权的考虑,还赋予参议院极大的权力。但行政权如何制约立法权却无详细规定。这样造成政治权力偏向立法一方,反而难收立法、行政与司法互相制衡之意。关于这部约法的质量,史家李剑农一针见血地指出:"从前修改《临时政府组织大纲》时,宋教仁想把它变为责任内阁制,那些对于宋教仁怀疑忌心的代表先生们,因为要打击宋教仁的原故(缘故),拼命地反对,使责任内阁制不能实现,现在所制定的约法预备在袁世凯临时总统任内施行,又因为要抑制袁世凯的野心的原故,竟把总统制改为责任内阁制了。"其结果,"这种拘于一时环境的立法精神是所谓'对人立法'的精神;对人立法,在理论上是不能赞许的;因为真正的大枭雄不肯把法律放在眼里,徒使公正的政治家失去政治运用应有的活动"。②

对于《中华民国临时约法》,章太炎是比较质疑的。他指出:"国民为共和国主人,有主权者。参议员为都督府差官,无主权者。故国民对于参议院之《临时约法》,有不承认之权,此最简明之理由

---

① 章太炎:《与袁世凯》(1912年),载马勇编《章太炎书信集》,第441页。
② 李剑农:《中国近百年政治史》,北京:商务印书馆,2011年,第330、331页。

也。"①《临时约法》为临时参议院所指定,而后者的成员究其实只是各省独立之后该省政治精英们所派遣的代表,只能体现各省政治精英的意志,并不能真正代表作为"共和国主人"的全国国民。如果按照主权在民的理论,那么国民就有不承认此约法的权利。与此相似,章太炎认为《临时约法》第二条所规定的"中华民国之主权属于国民全体"实难成立。因为"今日足以代表国民者,为参议员乎?而参议员为都督所派,绝非民选。为遵照此次《约法》之选出者乎?而第十八条之选派方法,由各地方自定。假令又有都督选派,甚或有自署为参议员者,亦《约法》所许。以此组织参议院,果足代表人民全体而行使主权乎?稍有政治常识者,必不谓然"②。总之,在章太炎看来,《临时约法》赋予参议院极大权力,可参议院本身却缺乏足够的民主特征,距离名副其实的"民权"还很远。

此外,从巩固国权的角度出发,章太炎认为《临时约法》扩大参议会的权力无助于实现这一目标。他指出《临时约法》规定大总统任命国务员及驻外人员须经参议院同意这一条款极不合理,易于导致"以立法院而干涉行政部之权,该院万能,不啻变君主一人之专制,而为少数参议员之专制,且同意之标准难定,稍有才智之士,鲜不为人猜忌,自非乡愿不能通过"。同样地,该法规定国务员一旦受参议员弹劾,大总统应免其职,此举将使参议员极易"滥用此非常之大权",势必造成"国务员之更换频繁,虽灶下烂羊,亦将膺选,何暇谋政治之进行乎?"③在经历了一段时间的议会政治后,他

---

① 章太炎:《否认〈临时约法〉》,载《章太炎全集》第10册,第419页。
② 章太炎:《否认〈临时约法〉》,载《章太炎全集》第10册,第419—420页。
③ 章太炎:《否认〈临时约法〉》,载《章太炎全集》第10册,第421—422页。

对黎元洪痛陈"中国之有政党,害有百端,利无毛末",在参议院中忙于政治博弈之辈"皆人民之蠹蠹,政治之秕稗,长此不息,游民愈多,国是愈坏"。① 这些看法也和他在清末对代议制的批判一脉相承。

或许是意识到可以利用章太炎的声名为自己增添政治合法性,1913年初,袁世凯聘请章太炎为总统府高级顾问,并派专人南下奉迎,这让章太炎一度感到中国政治有望走上正轨。可是当章太炎到了北京之后,逐渐发现那些立宪派与旧官吏并非他想象的那样老成持重、开诚布公。早在武昌起义后不久,盛先觉就对梁启超说:"微闻章太炎左右数人,嚣张浮华,专事阿谀,颇有视太炎为奇货可居之概,而章太炎似亦竟为所蒙蔽者然。甚矣哉!君子可欺以其方,小人无往而不在也。"②黄尊三也在日记里记载,章太炎只在统一党里"居其名",实际上"利用之者仍为一班政鄙官蠹"。③ 这些观察其实是比较准确的。还在章太炎离开南方前往北京途中,在张謇主持下,统一党和以黎元洪为首的民社、以梁启超为后台的国民协进会等组织达成协议,联合成立共和党。关于共和党的特征,日本间谍宗方小太郎如是描述:"该党成员中纵然有众多之前朝遗臣及有旧思想之学究,然彼等通晓该国实情,对政、商、军、学各方面有阅历之人极多,故态度稳健,能孚舆情,使党势兴隆,固有其理由也;且背后又有袁氏巧妙操纵。"④据王绍鏊回忆,

---

① 章太炎:《与黎元洪》(1912年),载马勇编《章太炎书信集》,第384页。
② 丁文江、赵丰田编:《梁任公年谱长编(初稿)》,北京:中华书局,2010年,第298页。
③ 黄尊三:《黄尊三日记》上册,南京:凤凰出版社,2019年,第337页。
④ [日]宗方小太郎:《一九一二中国之政党结社》,载《辛壬日记·一九一二年中国之政党结社》,北京:中华书局,2007年,第153页。

起初章太炎与统一党内的年轻党员反对与国民协进会等组织合并,因为梁启超等人在当时以拥护袁世凯著称,章太炎担心这样会让统一党受控于袁世凯,而是主张与由宋教仁领导的统一共和党合并,如此可将那些有理想、有抱负的青年人团结在一起。① 可是当时张謇的主要政治目标就是全力辅助袁世凯。他积极为袁世凯筹划组党,对抗提倡政党政治的宋教仁。此外,他还颇为热心地替袁世凯网罗人才,其中最重要的人物就是梁启超。张謇不断疏通梁启超与袁世凯的关系,让他们从昔日戊戌变法时期的仇敌,变为今日政治上的合作者。而争取梁启超的目的,无非也是想增强抗衡革命党人的力量。② 很明显,章太炎设想与宋教仁的合作自然是张謇不会接受的。

因此,张謇等人利用章太炎北上无法出席的机会,主持统一党与其他四政团合并事,伺机选举张謇为统一党理事长,此举无异于将章太炎架空。章太炎试图控制局面,但毫无效果,遂独自宣布脱党,昔日借助其招牌的同党之人也听之任之,并未挽留,此举不啻将章太炎一脚踢开。在日记里,张謇更是认为章太炎"惑于谬说,意气甚张",声称"政治家非文章之士所能充"。③ 而关于章太炎参与创建的统一党,据时任国务院秘书长的张国淦回忆:

章炳麟在北京,袁(袁世凯)令王揖唐招待。王即借统一

---

① 王绍鏊:《辛亥革命时期政党活动的点滴回忆》,载《辛亥革命回忆录》第 1 集,第 317—318 页。
② 章开沅:《张謇传》,杭州:浙江古籍出版社,2021 年,第 340—343 页。
③ 汤志钧编:《章太炎年谱长编(增订本)》上册,第 235 页。

党以拉拢议员。某日,袁向余言:"王揖唐办统一党,打算作第三党,只花去200万元,议员多至200余人。"余言:"此等都是跨党,希图津贴,不是真正党员。真正党员不是金钱买来。"其后袁认真核计统一党员,实数仅20余人,故决定合并进步党。是合并进步党时之统一党,非复章炳麟时之统一党。①

面对这样的局面,章太炎开始反思是否能依靠立宪派与旧官吏来行综核名实、保障民生之政。他终于意识到,后者才是导致辛亥革命之后政风紊乱、政局动荡的祸首之一:

> 立宪党成立以后,政以贿成,百度废弛,具文空罢,有若蛛丝,视戊戌、庚子以前转甚。至于新朝蒙清余烈,政界之泯纷贪渎又弥甚于清世。一二良材,逃荒裹足,其联袂登庭者,皆斗筲之材也……逮乎燕京统一,向之媚子不知幸予秭全为非分,更欲飞跃以超人上,涵濡卵育,日有孳生,而革命党亦渐染其风,变本加厉。然则暴乱者,革命党之本病也;贪险者,立宪党之本病也。变暴乱之形,而顺贪险之迹者,革命党被传染于立宪党之新病也。②

关于他的这段与原立宪派的合作经历,姜义华老师评价:

---

① 张国淦:《北洋从政实录·中华民国国会篇》,载《张国淦文集》,北京:北京燕山出版社,2000年,第311页。
② 章太炎:《发起根本改革团意见书》,载《章太炎全集》第10册,第458页。

从组建中华民国联合会至此,前后不过九个月,章炳麟终于开始发现,他兴冲冲地试图创建的所谓政党政治,却原来只是一出政治闹剧。而他本人,自以为主导着一个大党派的发展,其实,却常常是旧立宪党人和老官僚用来反对同盟会的玩偶。一旦不再完全听命于他们,失去了利用价值,便被弃之如敝屣。他同旧立宪党人及一批老官僚的政治蜜月终于结束了。①

此外,章太炎曾希望袁世凯能"淘汰阁员,任用良吏,总揽大权,屏绝浮议",②同时"事贵实行,法宜信必,文告先导,诛罚踵行",做到"诛除赃吏,用弥盗源"。③ 但与对立宪派的感观一样,章太炎逐渐发现自己对于袁世凯的期待很大程度上也属一厢情愿。在《自订年谱》中,他回忆1912年与袁世凯的一次对话:

> 七月,之武昌,谒黎公(黎元洪)。闻武昌人甚重张之洞,以为人材军费皆张氏所遗以为倡义资也。返自武昌,与袁公(袁世凯)道之。袁公愤然曰:"南皮竖儒,今犹为人引重耶。"因数张过咎数端,又言初练陆军及遣学生出洋,皆己所建明,无与南皮。剧谈至三刻顷。余始虽审袁公雄猜,犹谓非下急者;及闻其排诋张之洞,独念曰:"死者尚忌之,况于生人。褊

---

① 姜义华:《章炳麟评传》,上海:上海人民出版社,2020年,第131页。
② 章太炎:《发起根本改革团意见书》,载《章太炎全集》第10册,第460页。
③ 章太炎:《与袁世凯》(1913年),载马勇编《章太炎书信集》,第444、445页。

浅若是,盖无足观矣。"①

在这里,章太炎主要是看不惯袁世凯褊狭记仇的性格,认为他缺少政治领袖所应具备的气量与见识。但袁世凯最大的危害尚不在此。他利用章太炎、梁启超、张謇等人希望巩固国权的心理,把自己装扮成稳健老成的形象,让他们这些人觉得除了自己,无人能在列强环伺的局面下领导中国摆脱困境。② 章太炎曾一度寄希望于袁世凯,梁启超更是积极地替袁世凯出谋划策。袁世凯当选大总统后,梁启超给他写信,传授"为政妙诀"。他对袁世凯说:"善为政者,必暗中为舆论之主,而表面自居舆论之仆,夫是以能有成。今后之中国,非参用开明专制之意,不足以奏整齐严肃之治。"他劝袁世凯"访集国中有政治常识之人,而好为政治上之活动者礼罗之,以为己党"。如此这般,其目标是"以热诚之士为中坚,若能使此辈心悦诚服,则尽瘁御侮,其势莫与之抗"。③ 可实际上,袁世凯最在乎的是保住自己的权位,将异己势力一一清除。而他的政治手段无外乎延续清末官场里盛行的拉帮结派、公然行贿、讨好列强,以及牢牢控制一支听命于自己的军队。他固然没有成为中国之华盛顿的想法,但也没有如俾斯麦那样带领德国走向富强的能力。民初著名记者黄远庸就指出:"盖袁公者,利用之手段有余,爱国及独

---

① 章太炎:《太炎先生自订年谱》,台北:文海出版社,1981年,第20页。
② 章太炎就这样分析时人肯定袁世凯的原因:"夫国人所以推袁项城者,岂以为空前绝后之英乎?亦曰国家多难,强敌乘之。非一时之雄骏,弗能安耳。"章太炎:《敬告对待间谍者》,载《章太炎全集》第10册,第410—411页。
③ 丁文江、赵丰田编:《梁任公年谱长编(初稿)》,第320、321页。

立之热诚不足。又其思想终未蜕化,故不能于旧势力外,发生一种独特的政治的生面也。"①严复也认为袁世凯"固为一时之杰,然极其能事,不过旧日帝制时一才督抚耳",指望其"转移风俗,奠定邦基,呜呼！非其选尔"。②

当章太炎意识到这一点后,他打算离开北京,去边疆地区干一些有助于巩固国权的实事。袁世凯顺水推舟,任命他为东三省筹边使,这样章太炎就不能在北京发表不利于袁氏的政见了。但是,筹边使是一个职权很不明晰的官位,虽然它可涉及许多具体事务,但却只能"筹办",无法实际着手,加之僚属与经费都很有限,更让此职看上去有名无实。因此,章太炎到东北后,由于没有实权,无法插手东北地区的政治与人事。他退而求其次,想在推进东北经济发展上有所作为。他的计划,包括了凿通运河、筹办东北实业银行、利用外资开采煤矿及其他自然资源、组织筹边研究会等。但问题在于,他手上没有经费,袁世凯也不给他拨款,这让他的实业计划只能流于空谈而无法实践。最终,章太炎无奈选择辞职。

真正让章太炎彻底看清袁世凯面目的是宋教仁被暗杀。虽然章太炎认为宋教仁过于迷信议会政治,但从清末革命开始,他就与宋教仁关系极佳,认为后者是革命党内难得的人才。宋教仁惨遭不测,使章太炎彻底放弃与袁世凯及北方官僚集团继续周旋的念头。他对人言"项城不去,中国必亡"。③ 同时开始与昔日革命同

---

① 黄远庸:《社会心理变迁中之袁总统》,载《远生遗著》卷1,第1页。
② 严复:《与熊纯如书(二十四)》,载王栻主编《严复集》第3册,北京:中华书局,1986年,第624页。
③ 章太炎:《与伯中》(1913年),载马勇编《章太炎书信集》,第482页。

志重归于好。1913年5月,章太炎在国民党上海交通部的欢迎会上说,"北方受了腐败专制的遗传病,较诸南方革命的激烈病,其流毒更甚",这导致"民国非维持现状也,乃维持现病耳"。他主张"吾革党对于建设民国一问题,当仍以猛进的手段,循文明的步调,急求破坏专制恶根,拼命力争共和二字,此后方有建设可言"。①"昔日为民权激战时期,今日为民党与官僚激战时期。"②在他看来,民初的政治乱象必然不得人心,一旦国民党重整旗鼓,定能获得全国大多数民众的支持:"国民良心尚存,不患不赞成吾党,吾党共和目的不患不能达到。"③

但现实却是,袁世凯手握重兵,并且将参议院中的反对党逐个清除。国民党成为袁世凯欲除之而后快的眼中钉,梁启超等人组建的进步党则变成他用来排挤国民党的工具,一旦国民党在参议院中没了位置,进步党也难逃卸磨杀驴的下场。为了讨伐袁世凯,国民党发动"二次革命",但因实力过于悬殊,终究难敌袁世凯的北洋军。更为重要的是,当时国内的大多数资产阶级与政治精英并不支持国民党之所为,认为后者好乱成性,只会破坏,不知建设,反不如袁世凯能够给中国带来稳定。④ 在中国经济中心上海,"商民日盼北军续至",他们希望北洋军一鼓作气,"不特纾目前之急祸,

---

① 章太炎:《在国民党上海交通部欢迎会上之演说》,载章念驰编订《章太炎演讲集》,第129页。
② 章太炎:《在国民党上海交通部茶话会上之演说》,载章念驰编订《章太炎演讲集》,第131页。
③ 章太炎:《在国民党上海交通部欢迎会上之演说》,载章念驰编订《章太炎演讲集》,第130页。
④ 马敏:《官商之间:社会剧变中的近代绅商》,武汉:华中师范大学出版社,2003年,第370—373页。

并可除永远之根株"。① 章太炎所憧憬的"国民良心尚存",至少在此间大多数有话语权的人身上很难看到。可以说,从辛亥革命到二次革命,章太炎为建设新政府不辞辛苦,但结果却是竹篮打水。

为什么会这样? 其实章太炎撰于清末的那些政论已经给出了答案。那时他呼吁革命应是"平民革命",不但要推翻清政府,而且要改造不合理的社会经济结构。他警惕有名无实的代议制,希望建立名副其实的民主制度。这些主张在辛亥革命之后却都未实现。关于民初政坛,正如李剑农指出的,"自有政团以来,都是没有民众作基础的政团,政团不过是读书绅士阶级的专用品","满清颠覆后,所有的政党都与民众不发生关系,都成了水上无根的浮萍"。② 具体到地方上,王绍鏊回忆,他在江苏都督府任职期间,曾赴苏南一带进行竞选演讲,但"听讲的人大多是士绅和其他中上层人士"。③ 他分析其原因:

> 那时的选举有许多限制。例如,没有一定数目的财产,就不能参加选举。竞选者知道劳动人民不能参加选举,也就并不把注意力放在他们身上;所注意的只是那些士绅之类的人。由此可见,当时从事政党活动的人,所争的民权实际上只不过是"绅权"而已! 这些来自士绅阶层的资产阶级知识分子,所

---

① 《盛宣怀致孙宝琦函》(1913年),载陈旭麓等编《辛亥革命前后:盛宣怀档案资料选辑之一》,上海:上海人民出版社,1979年,第298页。
② 李剑农:《中国近百年政治史》,第350页。
③ 王绍鏊:《辛亥革命时期政党活动的点滴回忆》,载《辛亥革命回忆录》第1集,第320页。

联系依靠的也是士绅阶层,同广大劳动人民是根本隔绝的。正因为这样,他们很容易被袁世凯这样的人所利用。①

正像他所说的,由于辛亥革命没有改变中国的土地制度,没有改变中国的社会结构,过去那些政治与文化精英在新政权下依然能保持其地位。他们所理解的"民权",很大程度上只是"绅权"。他们绝大多数人所希望的政治局面,是由一位政治强人式的人物来统治,保证自己的权力或特权不遭受威胁。在此情形下,别说"平民革命"基本看不到,不少底层民众还受到各式各样的新剥削。

在这样的情形下,活跃于民初政坛上的政党也就显得有名无实。据统计,当时中国共有300多个政治性团体,可是其中具有较为健全政纲或具体政治主张的仅有35个。在人员方面,不少著名政治人物经常一人横跨数党,拥有多重党籍。在党纲方面,许多政治团体的口号主张大体雷同,给人一种互相抄袭的感觉。② 之所以如此,就是因为这些政治团体严重缺少代表性,特别是和当时占人口绝大多数的农民没有任何关系,所以不能根据自己的阶级基础制定相应的党纲。因此,这些政党在行动逻辑上高度继承帝制时代的那一套"玩法",即依靠同乡、同学、同年、同宗等关系在政坛上纵横捭阖,加入某个党派的方式类似朋友之间介绍熟人,有了党籍能更加方便地"混圈子"。亲历民初政坛的梁济这样描述彼时的政客:

---

① 王绍鏊:《辛亥革命时期政党活动的点滴回忆》,载《辛亥革命回忆录》第1集,第320—321页。
② 张玉法:《民国初年的政党》,长沙:岳麓书社,2004年,第34—39页。

> 议员到京，除政府预备寓所，派人招待外，各党之招待联络，无所不用其极，各车站码头高拥党旌，遍派招待人等，百般逢迎，夸耀本党议员之多，势力之大，组织内阁希望之必成。谀词媚态，强邀横截，与上海稚妓拉客无异，且议员而有三四招待人日夕趋待，饮宴狎游，丑态猥容，不堪目睹。而为新议员者，一种初出茅庐、趾高意得之态，更笔墨难描。或已受甲党招待，及乙党饵以小利，又受乙党招待；或今日已入甲党招待所，明日又托词借寓亲朋家而出，其实则因别闻议员出卖之行情，更图求售耳。①

可见，这些人固然对于中国社会，特别是中国官场颇为熟悉，但这种熟悉却很难用于章太炎所期待的巩固国权上面，更多时候是用于结党营私、投机钻研、聚敛钱财上面。这是章太炎的政治理想付诸东流的根本原因。

而从章太炎本人来看，他曾希望借助旧官吏与立宪派的政治经验来为新政权建设做贡献。当对后者的真实面目有所认识之后，便寄希望于作为国家元首的袁世凯能厉行法治，制裁贪渎败政之徒。一旦发觉袁世凯实为此辈的最大庇护者，章太炎又开始与昔日的革命同志共谋大计。可国民党此时无权无兵，非但不能改变现状，反而因"二次革命"失败致使实力大损。在章太炎的政治视野里，作为主权所有者的广大国民始终是"沉默的大多数"。章

---

① 梁济：《伏卵录》，载《梁巨川遗书》，上海：华东师范大学出版社，2008年，第207页。

太炎在清末提出不少极具洞见的政治主张,但当他投身政治活动时,他却找不到能够真正实践这些主张的群体。在《革命道德说》里,他认为农民"于道德为最高",工人"其强毅不屈,亦与农人无异"。① 但如何让自己与他们建立联系?如何使他们成为一股能动的政治力量?他似乎想不出什么方法。这既是他个人的局限,也是那个时代的局限。

---

① 章太炎:《革命道德说》,载《章太炎全集》第8册,第289页。

困居京城,增删旧作

"二次革命"失败后,孙中山、黄兴等国民党领袖再次流亡海外,而章太炎则选择留在国内,继续和他眼中的恶势力做斗争。此时袁世凯虽然不断巩固权势,但仍需国会作为门面。1913年6月,共和党内部一批少壮派与原民社成员反对共和党加入由梁启超等人主导的、在政治立场上亲近袁世凯的进步党,发表宣言要求保留共和党,并主张与国民党联合,共同在国会里与袁世凯周旋。在此背景下,共和党总部给上海发电报,希望章太炎前往北京主持工作。表面上对章太炎颇为器重的黎元洪也力劝他到北京去观察一下政治风向。章太炎自己则希望那些对袁世凯不满的政治力量能够集中起来,有所作为。他在与李伯中的信中说道:

> 今欲纠合党会以谋进取,惟取各党中革命人材纠合为一,辅以学士清流,介以良吏善贾,则上不失奋厉之精神,下不失

健全之体格,而国事庶有瘳矣。①

可见,他虽然目睹了民初政党政治的诸多乱象,但依然希望在各政党与国内精英阶层中找到有道德、有能力、有魄力的人,形成一股政治清流。他之所以有这样的想法,背后的一个重要预设就是不太相信袁世凯敢于冒天下之大不韪,重新恢复帝制。在他看来,袁世凯"帝王思想是其所无,终身总统之念是其所有"②。因为自古以来能成为开国帝王的,大多要干出一番丰功伟业,赢得万民拥戴。袁世凯对内排斥异己,对外大肆借款,明显不能满足时人对于中国实现独立富强的热盼,因此,章太炎估计袁世凯不会贸然帝制自为,否则很难获得足够支持。③ 当然,章太炎也意识到不能仅凭宪法条文或政党政治来约束袁世凯,这是宋教仁之死留给人们的深刻教训。他指出:"若不务改选,而沾沾于宪法之改良,彼宪法者,亦适为所利用。至于政党内阁,则无不堕其彀中。"④但问题是,在袁世凯手握重兵的情形下,即便在内阁成员与国会名额上有所改变,又能奈袁世凯与北洋系何?这似乎是章太炎并未加以熟虑的。

因此,章太炎此番进京,更多的是用实际行动来表达自己不与袁世凯妥协的态度。他自言:

---

① 章太炎:《与伯中》(1913年),载马勇编《章太炎书信集》,石家庄:河北人民出版社,2003年,第477页。
② 章太炎:《与伯中》(1913年),载马勇编《章太炎书信集》,第482页。
③ 章太炎:《太炎先生自订年谱》,台北:文海出版社,1981年,第23页。
④ 章太炎:《与伯中》(1913年),载马勇编《章太炎书信集》,第482页。

>   闻共和党势亦孤穷，然吾人以为中正稳健者，惟此一发，不可不为张目。顷已买航直赴京、津，要与诸志士同处患难，为中夏留一线光明。项城甚欲购拿革命旧人，电已通布，吾辈亦不畏也。①

1913年8月，章太炎抵达北京，住在化石桥共和党本部。袁世凯一面派遣巡警严密监视章太炎的举动，一面极力拉拢章太炎，先是让他出任国史馆总裁，后又建议他重新担任总统府顾问，见他都不接受，复请他出面组建意在彰显袁世凯右文尊学的"考文苑"。章太炎出于弘扬中国传统学术的目的，倒是想把"考文苑"建成一个可与世界著名学术机构比肩的地方。但袁世凯之所以提此意见，是因为想借机笼络章太炎，但发现章太炎终究不肯在政治上与自己妥协，他也就不愿意专门拨款，让章太炎主持一个独立于自己的"考文苑"了。

章太炎在北京期间，不但目睹袁世凯为控制中央政府而使尽手段，自己也遭到袁世凯的监控。他感到在政治上恐怕已难有作为，甚至自己的安全也可能受到威胁。他对汤国梨说："不佞留滞燕都，心如鼎沸，虽杜门寡交，而守视者犹如故，且欲以蜚语中伤。行则速祸，处亦待毙。"②他还说："北方政党情形，气已萧索，国会徒存形式，莫能自主，盖迫于军警之威，救死不暇，何论国事？前所逮捕议员，近闻已枪毙五人，神龙作醢，灵龟刳肠。吁！实吾生所

---

① 章太炎：《与伯中》(1913年)，载马勇编《章太炎书信集》，第485页。
② 章太炎：《与汤国梨》(1913年)，载马勇编《章太炎书信集》，第524页。

未见也。"①这回章太炎彻底明白了,在没有雄厚实力的条件下,无论各个政党之间如何重组联合,都很难与袁世凯及北洋系抗衡。国会里的口舌之争,既不能改变中央政局,也不能唤醒多数民众。他对李伯中坦陈:"若为久远计,凡一政党,非有实业为中坚,即有侠士为后应,无此即不足以自树。非实业则费用不给,而政府得以利用之矣;非侠士则气势不壮,而政府得以威喝之矣。"②

面对袁世凯爪牙的监控,章太炎想方设法脱身。他尝试过秘密出走,但在袁世凯的布置下,根本没有逃脱的机会。于是他给军政执法处处长陆建章写信,要求他撤走军警,让自己离开北京。他甚至给陆建章许诺,说自己对于政治已"倦于从事",决定"与都人士断绝往来"。③但深谙政治斗争的袁世凯看到章太炎并没有公开表态支持自己,而且经常在各类场合表达对北洋集团的不满,因此不会轻易让他脱离自己的控制。眼见无法通过正常交涉使自己离开,章太炎决定不顾军警阻拦,强行硬闯。可是袁世凯派去监控章太炎的军警似乎早已料到章太炎会这样做,于是当章太炎想出门时,他们便跪下叩头,软磨硬泡,就是不让章太炎离开。④

1914年初,章太炎决定去总统府当面和袁世凯摊牌。这就是鲁迅所说的"考其生平,以大勋章作扇坠,临总统府之门,大诟袁世凯的包藏祸心者,并世无第二人。"⑤袁世凯自然不愿见章太炎,听

---

① 章太炎:《与汤国梨》(1913年),载马勇编《章太炎书信集》,第524页。
② 章太炎:《与伯中》(1913年),载马勇编《章太炎书信集》,第487页。
③ 章太炎:《与陆建章》(1913年),载马勇编《章太炎书信集》,第579页。
④ 章太炎:《与汤国梨》(1913年),载马勇编《章太炎书信集》,第535页。
⑤ 鲁迅:《关于太炎先生二三事》,载《鲁迅全集》第6卷,北京:人民文学出版社,1981年,第547页。

他痛骂自己,于是让梁士诒来与章太炎周旋。章太炎怒从中来,把招待室的器物击毁殆尽。到了下午,陆建章伪称要带章太炎去见袁世凯,当章太炎坐上马车后,陆建章遂命军警将章太炎押往石虎胡同军事教练处继续监禁。此消息一经传出,引起众多关注,不少媒体报道此事,并为章太炎的安全担忧。可是经历过一系列政治事件的章太炎明白袁世凯并不想杀害自己,而是希望自己能折服于他,显示自己爱贤惜才。他对汤国梨说:"人生至此,亦焉得不求死地,使彼能以白刃相加,所欣慕也。彼意乃欲縶维之,挫折之,而不令一死,以召谤议,此其可恨者耳。"①

为了让章太炎的近况不再被外界关注,袁世凯又命令将他秘密转至龙泉寺监禁。在那里,章太炎开始绝食抗议,并立好遗嘱,以示其志。这一消息不久之后又在北京政学两界传开,章太炎的门生与友人多方奔走,或是劝袁世凯对章太炎略加优容,或是请章太炎颇为信任的黎元洪去缓和章、袁之间的关系,或是劝章太炎不要出此下策。在多人劝慰之下,章太炎开始进食,并住院调养身体。随后,他被迁入钱粮胡同一户民宅里继续监禁。直至袁世凯因称帝失败而丧命,他才重获自由。

在被袁世凯监禁于北京期间,章太炎应门生之邀,给在京的青年学子讲授国学。这是继 1908 年东京讲学之后,章太炎再一次公开授课。关于这次讲学的缘起与自己的心境,他对汤国梨说:"同人劝以讲学自娱,聊复听之,然亦未尝不招当涂之忌也。"②1913 年

---

① 章太炎:《与汤国梨》(1914 年),载马勇编《章太炎书信集》,第 542 页。
② 章太炎:《与汤国梨》(1913 年),载马勇编《章太炎书信集》,第 536 页。

12月第一次开讲后,"到者约百人"。① 据当时去听讲的金毓黻在日记里的记载,章太炎讲学的内容涉及小学、文学、史学、诸子学,基本是将他在清末的一系列学术观点用比较通俗的方式讲授了一遍。② 此外,当时同样多次去听讲的顾颉刚在《古史辨》第一册自序里详细记述了自己听章太炎讲学的感受:

> 民国二年的冬天,太炎先生在化石桥共和党本部开国学会讲学。子水(毛子水)邀我同往报名听讲。我领受了他的好意,与他同冒了雪夜的寒风去。讲学次序,星期一至三讲文科的小学,星期四讲文科的文学,星期五讲史科,星期六讲玄科。我从蒙学到大学,一向是把教师瞧不上眼的,所以上了一二百个教师的课,总没有一个能够完全摄住我的心神。到这时听了太炎先生的演讲,觉得他的话既是渊博,又有系统,又有宗旨和批评,我从来没有碰见过这样的教师,我佩服极了。子水对我说:"他这种话只是给初学的人说的,是最浅近的一个门径呢",这便使我更醉心了。我自愿实心实意地做他的学徒,从他的言论中认识学问的伟大。③

在章太炎讲学期间,康有为、陈汉章等人正在广为宣传孔教思想与孔教会组织。康有为认为要想在西风日炽的时代里保持中国

---

① 章太炎:《与汤国梨》(1913年),载马勇编《章太炎书信集》,第536页。
② 金毓黻记录:《在被袁世凯幽禁期间的国学演说》,载章念驰编订《章太炎演讲集》,上海:上海人民出版社,2011年,第132—146页。
③ 顾颉刚:《自序》,载《古史辨》第一册,海口:海南出版社,2003年,第13页。

文化的特性,就需要效仿西方近代的宗教改革,将儒家思想宗教化,使中国人像西方人信奉基督教那样信奉儒家思想。当然,孔教会绝非仅致力于文化与学术,它有鲜明的政治诉求。1912年10月,康有为弟子陈焕章在上海成立孔教会,延揽沈曾植、朱祖谋、梁鼎芬等带有遗老色彩的士人加入,并不断寻找渠道与袁世凯政府建立联系。一时间孔教会在士林掀起不小的回响。1913年下半年,陈焕章到北京活动,希望进一步扩大孔教会影响力,并力求在即将颁布的新宪法中加进立孔教为国教的内容。① 陈焕章为孔教会的具体事务四处奔走,而这一组织背后的精神领袖则是其师康有为。

自从发表《驳康有为论革命书》以来,章太炎一直视康有为的思想主张为荒谬不经,并认为康有为利欲熏心,总想借学术来实现政治盘算。因此,目睹孔教会的活动越来越有声势,章太炎觉得有必要公开回击这一思潮。他撰写《驳建立孔教议》,系统批判了康有为与陈焕章等人的孔教思想。他指出,中国文化里向来缺少迷信鬼神的传统,更不主张将自己的命运寄托于外在的、无所不知的神灵。中国人对于宗教与神灵的态度是高度实用主义的,不会像欧洲与近东那样在历史上多次发生宗教战争与教派冲突。章太炎认为,这是中国文化的优秀之处,要想弘扬中国文化,应多从这方面来着手:

  国民常性,所察在政事日用,所务在工商耕稼。志尽于有

---

① 张颂之:《孔教会始末汇考》,《文史哲》2008年第1期,第57—61页。

生,语绝于无验。人思自尊,而不欲守死事神,以为真宰,此华夏之民,所以为达。视彼佞谀上帝,拜谒法皇,举全国而宗事一尊,且著之典常者,其智愚相去远矣。①

中国文化能有这样的特质,自然离不开孔子的影响。章太炎认为孔子是值得阐扬的,但不应该将其教主化,而是应从中国历史自身的脉络里理解孔子对于中国文化的巨大贡献。在他看来,"孔子所以为中国斗杓者,在制历史,布文籍,振学术,平阶级而已"②。这几个方面,使中国具有重视历史、重视总结社会经验、重视人的实践的思维特征,让中国形成了尊文重教的传统,把普及教化、传播知识视为非常重要的社会活动,致力于实现"人知典常,家识图史"。在此基础上,除了少数历史时期,中国社会呈现出比较明显的流动性,"民苟怀术,皆有卿相之资"。③ 把儒家宗教化,把孔子教主化,非但不能弘扬中国文化,反而让这些优良品质黯而不彰。据顾颉刚回忆,章太炎在讲学时,专门贴出一份公告,让那些已加入孔教会的人不要来听讲,因为自己的讲学主旨是"开通智识""昌大国性",与宗教无涉。④

在被监禁期间,章太炎将主要精力用于增删重订本《訄书》。早在辛亥革命前夕,章太炎就已着手修改《訄书》。钱玄同在1909年9月21日的日记里记载:"章师近改订《訄书》,取集中诸文复多

---

① 章太炎:《驳建立孔教议》,载《章太炎全集》第8册,上海:上海人民出版社,2018年,第200页。
② 章太炎:《驳建立孔教议》,载《章太炎全集》第8册,第202页。
③ 章太炎:《驳建立孔教议》,载《章太炎全集》第8册,第202、203页。
④ 顾颉刚:《自序》,载《古史辨第一册》,第13页。

加入。惟余意周秦诸子固即为其人之集,但古人交通事少,书札往来乃极罕事,又为人作序及长篇之信辞亦未有,故与人言语均可入子。后人事多于古,似宜分开,以发表意见者为子,而其他著作皆入集部,似为妥洽。"①两个月以后,他又在日记中谈道:"至师处还集,师言《訄书》拟改过,将集中诸信札说理之文入之,更名曰《检论》云。集中说小学之文另行归开,此外,如传、序等等无可归类之文,则入集。"②现存于北京国家图书馆的一册章太炎手改本《訄书》,其中的目录显示,章太炎确曾计划将1906年以来所写的文章与信函加入书中,如致王鹤鸣、刘师培、刘揆一等人的书札,这与钱玄同在日记中所言相符。③ 但后来出版的《检论》,从篇目上看并无书札,皆为就某一专题展开讨论的文章,征之以钱玄同在日记中所谈的文集体例,极有可能的情况是,他曾当面向章太炎提及自己的想法,最终影响到后者决定在《检论》中不收书札。

相比于1909年,章太炎在被袁世凯监禁期间对《訄书》进行了较大幅度的修改。包括删掉一些在他看来已经意义不大,或者观点已经改变的文章,增加了一些他在辛亥革命之后,尤其是在被袁世凯监禁期间写的文章,对一些保留的篇目进行了改写,其中既涉及增加内容,也涉及观点变化。这次修改的版本《检论》,堪称章太炎学术思想的总结之作。该书的卷一收录《原人》《原变》《序种姓上下》,章太炎将这些文章置于开篇,意在凸显他对于人类社会进

---

① 杨天石主编:《钱玄同日记(整理本)》上册,北京:北京大学出版社,2014年,第176页。
② 杨天石主编:《钱玄同日记(整理本)》上册,第195页。
③ 关于这一篇目,参见《章太炎全集》第3册,第127—130页。

化与生存状况变迁的总体认识。一些论著常以他发表于清末的《俱分进化论》为例,宣称章太炎此后不再信奉进化论。但从《检论》卷一的篇目可以很清楚看到,在对于人类社会的基本认识上,他依然秉持进化论的观点,强调如果不能在竞争之世不断完善自我,那么很可能会退化或者被消灭。

《检论》的卷二专门讨论经学。他基于以史视经的立场,将古代经书视为史书,强调其意义在于记载了中国古代的历史流变,使中国文化具有重视历史、重视实践、重视人本身的价值的特点。比如他认为《周易》"记人事迁化,不越其绳,前事不忘,故损益可知也"。① 其中的卦辞并非迷信之语,而是记录了古代国家的起源与社会制度的形成,从中可以考察古人从信鬼神到人文化成的变化过程,其性质类似人类社会发展史。对于《尚书》,章太炎承认它经过孔子的整理与删改,但孔子秉持的标准是"坟丘刻石纪功,虽上世弗能荐信,为是删其矫诬,去其伪辞,归于实录。后之为史取于碑铭者,可以知法禁矣"②。如果说孔子之于《尚书》有什么值得后人效法的地方,那就是孔子以史家之法处理上古文献,保留真实可信者,淘汰不实之词。

清末今古文经学争论的焦点问题就是《春秋》的性质。今文经学认为《春秋》并非史书,而是孔子阐发微言大义的论政之作,从中可窥见孔子为何被称为"素王"。例如晚清今文经学代表人物皮锡瑞就说:"孔子有帝王之德而无帝王之位,晚年知道不行,退而删定

---

① 章太炎:《检论·易论》,载《章太炎全集》第3册,第385页。
② 章太炎:《检论·〈尚书〉故言》,载《章太炎全集》第3册,第393页。

'六经',以教万世。其微言大义实可为万世之准则。"①章太炎则坚持古文经学的立场,强调《春秋》是史书,孔子不是宗教家。他指出:"史亡则国性灭,人无宗主,沦为裔夷。"孔子的贡献在于"审世系,尽端末,知前代兴废所由"。而"《春秋》作,史道兴",为中国"存种姓,远殊类",这是孔子最值得让人纪念的功绩。②

《检论》的卷三主要讨论先秦学术,其中最值得注意的还是章太炎如何评价孔子。在重订本《訄书》的《订孔》中,章太炎虽然承认孔子是古之良史,但总体上对他评价并不高。在《检论》里,章太炎保留了该篇,不过增加了不少内容。在新增的内容里,章太炎自言他在经历一系列世变之后,开始意识到孔子学说的价值所在。他认为孔子学说的核心内容是忠恕之道。但是不同于历代注家多从道德修养的角度解释忠恕,章太炎指出,"心能推度曰恕,周以察物曰忠",这是在从认识论与方法论的角度解释忠恕。③ 在他看来,忠恕是一种观察事物与理解事物的态度,能够意识到万物理应各得其所,不能将一己之立场强加于万物之上,这就是忠恕之道。基于此,他认为最能领会忠恕之道的是庄子的齐物思想。很明显,与其说章太炎是在表彰孔子,不如说他是在用经由自己阐释过的齐物哲学来评价古人学说。

相似地,在新增入的《道本》中,章太炎针对老子思想中的无欲、无为,指出"无欲则不得慈民处官"。"不少留烦恼障者,其志则

---

① 皮锡瑞著,周予同注释:《经学历史》,北京:中华书局,2012年,第6页。
② 章太炎:《检论·春秋故言》,载《章太炎全集》第3册,第419页。
③ 章太炎:《检论·订孔下》,载《章太炎全集》第3册,第433页。

厌苦人世,不能悲恫以应群生之求也。"①其意思就是,如果为政之人心若枯槁,那么就很难和芸芸众生的喜怒哀乐产生共情。与之相应,"人民困饿之厄,寒燠之眚,鳏寡之戚,无欲者不能体觉也"。② 对人间疾苦,须心有所感,方能对症下药,为民兴利。莅民理政与个人修身不同,高妙玄虚之语往往和大众心理差距甚大。若以超越众生的心态面对民众,不易形成以百姓心为心之念。因此,章太炎认为战国时期的墨子与宋钘虽劳形苦心为天下事奔波,致力于让民众丰衣足食,但心态与普通人差距太远,容易将本来用于约束自己的严苛标准拿去要求普通人,反而不能与民众打成一片。章太炎如此评价老子思想,是希望从人性论与认识论的角度分析政治活动中的齐物之道,探析为政之人应以怎样的心态处理政务。置诸晚清以降求新、求变的志士心态弥漫于社会之中的背景,章太炎此论颇为难得。

为了进一步阐述这个观点,在同样新增入《检论》的《通程》中,章太炎认为汉代以降,能体会"以百姓心为心"之要义者莫过于北宋的程颢。他说道:

> 及观伯子之言定性,可谓旨远而用近矣……其言盖任自然,远于释氏,而偏迩老聃。何者?志不欲为长往绝俗,将师保万民,而以道莅天下,故不得果于除外。顺斯术也,固将无为而治,其尚杜塞情欲,备诃责于贤者邪?持论虽高,其情更

---

① 章太炎:《检论·道本》,载《章太炎全集》第3册,第435页。
② 章太炎:《检论·道本》,载《章太炎全集》第3册,第436页。

迹。及其审示径隧,独以忘怒观理为端,弥复岂易。缀学之士,深宫之主,可为也。故老子曰:"为道日损,损之又损,以至于无为。无为而无不为也。""圣人无常心,以百姓心为心。"伯子所论,其展伸此也,号曰"定性",而更宛臧南面之术。①

在章太炎看来,程颢的《定性书》主张天地普万物而无心,圣人顺万物而无情。这在实践层面即为摒弃主观、祛除偏见,不因一心存天理而决然灭人欲,不将自己主观好恶施于普通民众身上,而是以通达、平等的眼光看待人间事物的发展与变迁。这一点与老子的"无为而治"甚为相似,体现了"以百姓心为心"。这也是一位成熟的政治人物应该具备的心态。

章太炎讨论中国传统学术里涉及"性与天道"的话题,大多是为了分析政治活动中为政者的心态、立场与价值观。在重订本《訄书》里,章太炎对王学批评颇多,而在经修改后收录于《检论》的《议王》里,章太炎则认为:"王文成,匹士游侠之材也。"服膺其学,能让人养成"敢直其身,敢行其意"的品格,这种品格近乎古之侠士。② 联系章太炎向来对侠士颇多表彰,称赞他们能伸张民隐、惩治邪恶,那么此处他对王学的评价可以说并不低。不过,章太炎更强调需全面认识王学的长处与短板:

> 世之苦朱、吕者,或贵陈、叶,或贵王、徐。将比而同之,诚未可也。陈、叶者,规模壶广,诚令得志,缓以十年,劳来停毒,

---

① 章太炎:《检论·通程》,载《章太炎全集》第 3 册,第 463—464 页。
② 章太炎:《检论·议王》,载《章太炎全集》第 3 册,第 469、470 页。

其民知方,可任也,而苦不能应变。王、徐者,其道阴骘,善司短长,乍有祸乱,举之以决旦莫之胜,可任也,而苦不能布政。往世萧何之与张、韩,其殊能可睹矣。人虽强敏,二者固弗能以兼蓄。然效陈、叶者,阔远而久成;从王、徐者,险健而速决。晚世人人各自以为鹜桀,其诚慕王、徐,而虚言思齐陈、叶,固其所也。①

在他看来,陈亮、叶适与王阳明、徐阶分别代表两种不一样的政治品格。前者虽然在短期之内难见成效,但因为规划详尽,一旦行之有年,就可树立比较稳固的政治根基;后者虽然善于使用出其不意之策,可收短期之效,但此道易流于"险健",难以长久,不能成为日常的施政方针,因此"持是以长国家,适乱其步伍矣"。作为辛亥革命之后一系列政坛风波的亲历者,章太炎的这一观点极有针对性。他告诫人们应思考能让国家长治久安的宏规大法,而不能滥用迅捷险健的取巧手段。

如果说这些讨论中国传统学术的篇章透露出章太炎希望从历史流变与思想根源出发思考政治问题的话,在《检论》的最后一卷里,则收录了他直接反思辛亥革命之后中国政局的文章。联系章太炎写这些文章时正身陷囹圄,那么这些文章可视为他饱尝忧患之后的恳切之言。他认为辛亥革命之后各种政治投机分子与腐化分子纷纷登场,意图在混乱的政局之下分一杯羹。人们常言市井行夫、衙门胥吏、门阀勋贵、八股文士不能委以重任,但辛亥革命之

---

① 章太炎:《检论·议王》,载《章太炎全集》第3册,第467页。

后官场上的不少人连这类人都不如,其监守自盗、贪赃枉法、虚言哗世、请托巴结,较之先前,每况愈下。政风的败坏,政务的废弛,官吏的昏庸,让章太炎痛心疾首。①

在《小过》中,章太炎回顾了从清末革命到民初政局之概况。他认为清政府统治末期已经越来越失去人心,虽然它宣布的预备立宪让一部分人想借此机会捞取官位,但大多数人已经看清其真实面目,不再对之抱有期待。所以武昌起义爆发后,虽然革命军在实力上不及北洋军,但如燎原之火,迅速获得各地响应。在几场关键战斗中,革命军深得民众支持,以命相搏,顶住敌军进攻,最终逼迫清帝宣告退位。但新政权建立之后,一来没有除恶务尽,系统地清理旧政权中的腐败官僚,让他们有机会进入新政权继续为官;二来革命党没有延续清末之时的斗志与品格,在掌权之后迅速腐化堕落,"得志之顷,造次忘其前事"。他们或居功自傲,或放言空论,没把主要精力用于重建政治秩序。这就使新政权未能呈现新气象,革命者的迅速变质,也让民众逐渐对革命党感到失望,造成"往始人惟恐其不成,终后人惟幸其速败"的现象。② 总之,没有涤荡旧政权的污泥浊水,没有迅速重建秩序,以及革命者自身的堕落,最终造成辛亥革命之后的种种乱象。

在《大过》中,章太炎记载已经投靠袁世凯的原光复会领袖李燮和与自己的一次谈话。李燮和此行主要是替袁世凯当说客,想让章太炎不再反对后者。作为曾经的革命者,李燮和对章太炎说,辛亥革命之后,无论是政治秩序还是社会秩序都未见好转的迹象,

---

① 章太炎:《检论·非所宜言》,载《章太炎全集》第3册,第618—621页。
② 章太炎:《检论·小过》,载《章太炎全集》第3册,第632—636页。

甚至不及清末之时,这与革命党当初的设想大相径庭。或许是为了奉劝章太炎改变立场,李燮和极力渲染新政权建立后中国所面临的危机,甚至怀疑"中国其遂亡邪?"章太炎并不否认李燮和描述的这些现象。但他坚持认为,这并非革命本身的过错,而是革命之后未能明晰建设之道。特别是在政治领域,新政权并未清除清政府的贪官污吏,使清末官场中的不良风气被那批人延续到民国,甚至有变本加厉之嫌。此非由革命所致,而是革命不彻底的表现。因此,他劝李燮和不要忘记参加革命的初衷,要对得起历次起义中死去的同志。① 很自然,这次谈话不欢而散。章太炎继续被袁世凯监禁,李燮和则成为筹安会"六君子"之一。

在《检论》一书的末尾,章太炎有感于袁世凯政权"外侮于强敌,而内犹劫持其民,多为迦牙以自保固",颇为悲观地感叹,"呜呼!斯土也,凝之甚难,而判之甚易"。② 在被监禁的环境里,他似乎已经找不到什么扭转时局的方法了。因此,他经常和人谈起自己比较满意的著作,希望即便自己遭遇不测,这些著作还能流传下去。他在1914年写给龚宝铨的信里说:"夫成功者去,事所当然,今亦瞑目,无所吝恨;但以怀抱学术,教思无穷,其志不尽。所著数种,独《齐物论释》《文始》,千六百年未有等匹。《国故论衡》《新方言》《小学答问》三种,先正复生,非不能为也。"③ 在《自述学术次第》里,他又言:"余所撰著,若《文始》《新方言》《齐物论释》及《国

---

① 章太炎:《检论·大过》,载《章太炎全集》第3册,第637—640页。
② 章太炎:《检论·近思》,载《章太炎全集》第3册,第641、645页。
③ 章太炎:《与龚宝铨》(1914年),载马勇编《章太炎书信集》,第586页。

故论衡》中《明见》《原名》《辨性》诸篇,皆积年讨论以补前人所未举。"①

除了将《訄书》增删为《检论》,章太炎在此期间还经常和一些门生讨论学问,其中与吴承仕的交谈尤为频繁。吴承仕,字检斋,安徽歙县人。他出生于缙绅之家,其同族堂叔伯中多有从政之人,其父曾长期担任经师歙县会馆馆长。1907年,废除科举之后的清政府在紫禁城保和殿举行举贡会考,先前已经应试中举的吴承仕在此次会考中被取为一等第一名,授予大理院主事之职。这让他有机会近距离观察清末的政治与学术动态,从而探索中国历代典制与学术的得失,为之后的学术研究奠定基础。辛亥革命之后,原清政府的大小官吏多继续在民国政府中任职。吴承仕也不例外,他在司法部担任佥事。可是目睹民初混乱不堪的政局,他对现实政治感到越来越失望,于是开始将更多的精力投入学术研究当中。他主动求教于正被袁世凯囚禁在北京钱粮胡同的章太炎,多次登门拜访,与章太炎讨论经学、小学与哲学问题,吴承仕把章太炎的讲述内容加以笔录整理,形成《菿汉微言》一书。这本书的意义与《检论》相似,都是章太炎对自己学术思想的总结。

在这本书里,章太炎总结并补充在《齐物论释》等哲学论著里提出的观点,尤其是进一步完善齐物哲学的内容。他认为:

《齐物》一篇,内以疏观万物,持阅众甫,破名相之封执,等

---

① 章太炎:《自述学术次第》,载虞云国整理《菿汉三言》,上海:上海书店出版社,2011年,第205页。

酸咸于一味；外以治国保民，不立中德，论有正负，无异门之讐，人无愚智，尽一曲之用，所谓衣养万物，而不为主者也。远西工宰亦粗，明其一指彼是之论，异同之党，正乏为用，撄宁而相成，云行雨施而天下平。故《齐物论》者，内外之鸿宝也。①

齐物之旨，应用甚广。章太炎主张在学术研究上也需秉持齐物之道看待各类学派，即"学术无大小，所贵在成条贯制割"。② 无论是旨在求是之学，还是旨在致用之学，只要能言之成理，有所见地，都应以平等的眼光对待，不必强分彼此，妄判高下。因此，章太炎在书中经常批判一些专以己意衡量裁断一切的做法，比如朱熹虽学术成就极大，但弊端在于"以天理人欲为不并立，内以持躬，固足寡过，外以莅政，即不能以百姓心为心"③。总之，"以道莅天下者，贵乎微眇玄深，不排异己。不知其说而提倡一类之学，鼓舞泰甚，虽善道亦以滋败"④。而齐物哲学在政治上的表现则是以百姓心为心。章太炎指出："王夷甫（王衍）重老子，知其无为，不知其无不为。王介甫（王安石）重老子，并知申韩之法，亦出于是矣。殊途同归，俱用败亡者，何哉？不知以百姓心为心也。"⑤忘记了这一点，一念之差，反而会误用所学。当然，面对现实的中国，他颇为悲观地说道："中国民志之弱，民德之衰久矣，欲令富强如汉唐，文明如欧美者，此正夸父逐日之见，吾辈处之正，能上如北宋，次如东晋耳。"

---

① 章太炎：《菿汉微言》，载虞云国整理《菿汉三言》，第27页。
② 章太炎：《菿汉微言》，载虞云国整理《菿汉三言》，第45页。
③ 章太炎：《菿汉微言》，载虞云国整理《菿汉三言》，第47页。
④ 章太炎：《菿汉微言》，载虞云国整理《菿汉三言》，第69页。
⑤ 章太炎：《菿汉微言》，载虞云国整理《菿汉三言》，第30页。

因此，为政之道当"以循常守法为先"。①

在《菿汉微言》的结尾，章太炎较为详细地回顾了自己的学术经历。他说自己青年时代谨守清代汉学家法，服膺荀子与韩非的经世致用之道。在因苏报案而坐牢期间，为了排遣烦恼，广泛阅读佛学著作。1906年东渡日本，论政之余，常取西方哲学著作观之。在向留日青年学生讲学时，又系统温习了一遍历代小学著作。最终他意识到庄子的齐物思想是沟通、升华各类学术与古今政俗的重要枢纽，不但可以凭此吸收佛学奥义，还可以此分析儒家学说。如此一来，面对"古近政俗之消息，社会都野之情状，华梵圣哲之义谛，东西学人之所说"，皆可"操齐物以解纷，明天倪以为量，割制大理，莫不孙顺"。② 最后，他这样总结自己的学思历程：

> 自揣平生学术，始则转俗成真，终乃回真向俗，世固有见谛转胜者邪！后生可畏，安敢质言？秦汉以来，依违于彼是之间，局促于一曲之内，盖未尝睹是也。③

这里提到的"始则转俗成真，终乃回真向俗"，是许多论者分析章太炎思想时经常涉及的内容。如何理解这段话？章太炎所谓"真"与"俗"分别指的是什么？这必须结合章太炎对自己学术经历的回顾，以及他自诂经精舍迄完成《检论》这段时间的思想变迁来分析。大体而言，他所说的"俗"，既指一般意义上的政治与社会事务，又

---

① 章太炎：《菿汉微言》，载虞云国整理《菿汉三言》，第70—71页。
② 章太炎：《菿汉微言》，载虞云国整理《菿汉三言》，第72页。
③ 章太炎：《菿汉微言》，载虞云国整理《菿汉三言》，第72—73页。

指与"真谛"相对而言的"俗谛"。"转俗成真",指的是他经历了许多政治事件,尝试过各种救国救民之法,遍览中国历代学术流变,然后通过狱中阅读佛经,赴日期间研究哲学,再结合庄子思想,形成具有极强原创性的齐物哲学,此即"成真"。这一"真"并不局限于抽象层面的思考,而是与"俗"——政治社会事务紧密相连的。他"成真"的目的是更好地用齐物哲学来解释"俗"、改造"俗",此即"回真向俗"。

针砭新文化运动

1916年6月,称帝不到一百天的袁世凯在全国声讨、众叛亲离中死去。不久之后,章太炎重获自由,他离开北京,来到上海,随后又至浙江扫墓。在浙江期间,对于时局,他这样说:"袁氏既亡,黎总统已有明令恢复约法,召集国会,此后民国基础当可牢固。"但是他也很清楚,"国会既不得国民为之后援,复无军队为其保障,则八百之议员虽日日开会,日日议决,其能强政府以必从耶?"①因此,他与孙中山、黄兴等人再次合作,积极联络各方力量,筹备政府,组建军队,对抗与袁世凯关系紧密的北洋军阀。此时北京的国会以投票形式追认段祺瑞为国务总理,将其推上中国政坛的中枢,大有替代袁世凯而成为北洋系新盟主之势。总统黎元洪缺兵少权,无法对抗段祺瑞。眼见此状,章太炎南下广东会晤岑春煊,希望他能加

---

① 章太炎:《在浙江国会议员欢迎会上之演说》,载章念驰编订《章太炎演讲集》,上海:上海人民出版社,2011年,第147页。

入对抗北洋军阀的队伍。但两广军政大权此刻正掌握在旧桂系军阀陆荣廷之手,陆氏依违于各方,不愿公开对抗北洋系,因此章太炎只好另图他策。

自清末起,革命党就与南洋华侨保持着紧密联系,后者对革命事业支持甚多。1916年10月,章太炎应当地华侨之邀赴南洋游历,联络革命党在当地的力量,同时宣传自己的政治主张。他在槟城的演讲中强调,"今之帝党,自知恶积罪盈,永难齿于人类,非与民党相仇,急图报复,必无存活之理"。[①] 因此,他劝当地华侨不要受到北洋系及其依附者蛊惑,而应积极支持革命党的活动。1917年初,段祺瑞与黎元洪之间以中国是否出兵参加第一次世界大战为焦点,爆发"府院之争"。向来为章太炎所支持的黎元洪为了对抗段祺瑞,不惜与徐世昌、王士珍、张勋等人联合,并邀请张勋带兵进京,调和府院两方。张勋到京之后不但主张要让所谓"督军团"来主导政局,还极力打压国民党在京势力,甚至策划导演了让清逊帝溥仪复辟的闹剧,章太炎长期的批判对象康有为也积极参与其中。这让章太炎极为愤怒,他响应孙中山号召,南下参加旨在保卫共和的"护法运动"。他强调:"夫共和国家,以法律为要素,法存则国存,法亡则国亡,合法者则为顺,违法者则为逆,持一法字以为标准,则可判别一切顺逆矣。"[②]他所谓"法",就是以宪法为象征的"法统",即政府的合法性所在,类似古代的"正统"。秉持此见解,他主张:"经略中原,使黎总统(黎元洪)复职,旧国会重开,倡乱群

[①] 章太炎:《在槟城华侨提灯会上之演说》,载章念驰编订《章太炎演讲集》,第160页。
[②] 章太炎:《讲演护法宗旨及讨逆计划》,载章念驰编订《章太炎演讲集》,第175页。

凶俱获正法,约法效力乃见真行。"①

1917年9月,因不满北洋系而南下的原国会议员在广州开会,选举孙中山为中华民国军政府大元帅,孙中山任命章太炎为大元帅府秘书长。不过,军政府的基础其实很不牢靠。孙中山除了有一批追随者,基本上没有能直接指挥的军队,因此必须依靠西南军阀的力量。而陆荣廷、唐继尧等西南军阀愿意和孙中山合作,是为了让孙中山帮自己牵制北洋军阀,使自己能利用南北双方的矛盾来割据地方、保存实力。1918年,非常国会通过《修正中华民国军政府组织大纲》,将元帅制改为合议总裁制,使孙中山的地位越发有名无实。此外,在章太炎那里,他的本意是让孙中山拥戴黎元洪当总统,以此表示尊重民国法统。但孙中山自己,包括听命于孙的中华革命党党员,却希望让孙中山成为中国最高领袖,这就与章太炎的想法不无分歧。② 更为重要的是,在时人眼里,北洋集团固然绝非善类,但民初旧国会也并不能真正代表民意。它只是那些政客争名逐利、分赃斗法的工具。因此孙中山等人高举护法旗帜,其实比较缺乏社会基础。③

章太炎认为要想增强军政府的实力,笼络团结西南军阀至为关键。他在1917年初就向后者喊话:"诸公藩翰西南,干城是职,惟愿勠力一心,嘉猷入告,使黄陂(黎元洪)外得援助,则争去就者

---

① 章太炎:《在唐继尧欢迎会上之演说》,载章念驰编订《章太炎演讲集》,第176页。
② 莫世祥:《中华革命党与护法运动》,《近代史研究》1990年第2期,第123—124页。
③ 陶菊隐:《北洋军阀统治时期史话》中册,北京:生活·读书·新知三联书店,1983年,第663页。

不能要挟,而黩武之祸自纾。"①为了进一步联络西南军阀,同年9月,章太炎主动提出去云南等地与唐继尧等人面商护法事宜。可唐继尧等人虽然表面上十分尊重章太炎,任命他为滇黔靖国联军总参议,但实际上却依然打着自己的盘算。章太炎屡次催促唐继尧出兵护法,夺取湖北,控制南北交通枢纽,可后者的目的却是借机占据四川与贵州,实现其"大云南主义"。在唐继尧眼里,孙中山属于"激烈分子"。② 因此章太炎的西南之行除了与当地文人学士颇多往来,并未达到其主要政治目标。就像章太炎在西南地区的境遇一样,整个护法运动最终也无果而终。孙中山、章太炎等人想通过依靠一派军阀来反对另一派军阀的方式实现自己的政治主张,在当时的政治背景下,无疑是很难奏效的。

正当章太炎在为时局奔走呼吁之时,一场改变中国近代历史面貌的事件正在酝酿并爆发。1915年,《青年》(后改名为《新青年》)在上海创刊,主编是自清末起就参与政治运动的陈独秀。这份刊物最初的撰稿人,多为经历不少政局变动的中年知识分子,正是由于对活跃于政坛上的各派力量的极度失望,他们才希望用这份以"青年"为名的刊物向广大中国青年喊话,期待青年肩负起救国的重任。1916年,《新青年》刊登了易白沙、陈独秀等人撰写的批评孔子与儒学的文章,把社会上的尊孔思潮与民初政局联系起来,将人们思考政治问题的视野扩大至文化层面,开始探讨中国之所以衰败混乱的文化根源。也是在本年,北京大学任命老革命党人、

---

① 章太炎:《与西南各省》(1917年),载马勇编《章太炎书信集》,石家庄:河北人民出版社,2003年,第623页。
② 李新、李宗一主编:《中华民国史》第3卷,北京:中华书局,2011年,第100页。

光复会首任会长蔡元培为校长。此后北大日渐成为新思潮的中心,并促生新的政治力量登上历史舞台。接下来的两年里,《新青年》杂志依托北京大学的师资与人脉,刊登了胡适、陈独秀、钱玄同等人讨论新文学与白话文的文章,刊登了鲁迅著名的《狂人日记》,刊登了李大钊介绍俄国十月革命的文章,使这份刊物的影响越来越广,青年一代越来越关注新思潮、新文学,各地出现大量效仿《新青年》风格、主要由年轻人创办的地方性刊物。这便是著名的新文化运动。在这一过程中,章太炎等人日渐被新一代知识分子视为落后于时代的人物。伴随日益严重的民族危机,新与旧、传统与西化、新文明与旧文明的分野,在中国政学两界显得越来越明显。

作为一位革命者,章太炎其实也隐约意识到新的巨变正在中国大地上发生。1918年,段祺瑞政府与日本签订军事协定,使日军在东北地区能更为方便地活动。消息传出,留日学生群情激奋,纷纷组成救国团回国请愿,各地也爆发了多起抗议示威活动,商界亦号召民众抵制日货。目睹斯景,章太炎认为:

> 近日因段氏卖国事件,日本学生全体回国,下江抵制日货之声,日益腾沸。卖国之罪,视解散国会为重,人心怨愤,亦较解散国会为深,此时若能顺用民心,较去岁必有进步。①

可见,他确实在思考如何与这些新的力量相结合。毕竟,当年在东京主编《民报》时,自己身边也聚集着一群立志于救国救民的

---

① 章太炎:《与刘英》(1918年),载马勇编《章太炎书信集》,第660页。

青年留学生。在四川与西南军阀周旋之余,章太炎向当地青年做演讲,分享自己对于青年从事政治活动的隐忧。他认为,青年的第一个弱点"就是把事情太看容易,其结果不是侥幸,便是退却"。他建议"现在青年若能将这个弱点痛改,遇事宜慎重,决机宜敏速,抱志既极坚确,观察又极明了,则无所谓侥幸退却,只有百折不回,以达吾人最终之目的而已"。此外,章太炎还提醒,青年另一弱点"就是妄想凭借已成势力,就将自己原有之才能,皆一并牺牲,不能发展"。他认为:"已成势力,无论大小,皆不宜利用,抱定宗旨,向前做去,自然志同道合的青年,一天多似一天,那力量就不小了。"对此,他特别提到刚成立不久的少年中国学会:"他们的少年中国学会,主张不利用已成势力,我是很赞成的。"①从宏观层面来看,新文化运动的意义之一就是形成了新的政治力量,这一政治力量有新的组织与动员形式,新的政治与文化主张,它极不同于清末以来的士绅、军阀与买办群体。青年学生是新政治力量的重要组成部分,章太炎希望他们不要因求轻便而去利用已成势力,可以说与新文化运动的主旨颇为契合。

新文化运动刚兴起时,最引人瞩目的焦点问题其实是文言文与白话文之争。② 其中,胡适的作用固然很重要,但胡适能在北京大学立足,离不开北大文科中的章门弟子支持。北京大学的前身京师大学堂创办之初,桐城派文人一度占据了文科的主导位置,姚

---

① 章太炎:《在四川演讲之一——说今日青年的弱点》,载章念驰编订《章太炎演讲集》,第180页。
② 王奇生:《新文化是如何"运动"起来的》,载《革命与反革命:社会文化视野下的民国政治》,北京:社会科学文献出版社,2010年,第34—37页。

永概、马其昶、林纾等桐城派名士先后任教于此。1913年何燏时出任北大校长,开始整顿校内派系,林纾与姚永概二位桐城派大将因人事纠纷而离开北大。与此同时,北大预科学长胡仁源(后任校长)开始将章太炎的门生引进北大,替代桐城派。朱希祖、黄侃、马裕藻、沈兼士、钱玄同等人陆续进入北大任教。当时在北京大学预科念书的陶希圣就回忆:"民国初年北京的文史学界的泰斗都出于太炎先生之门。"①1916年蔡元培担任校长后,聘请刘师培、周作人进入北大,让与章太炎在清末颇有往来的陈独秀担任文科学长,使北大章门力量越发壮大。② 胡适初来北大,不但得到了陈独秀的赏识,并且很快与钱玄同建立联系。

胡适虽然长期自诩深得带有极强美国特色的实用主义哲学之神髓,但在撰写其博士论文《先秦名学史》时,他却经常参考章太炎的著作。在给友人许怡荪的信里,他自言今世研究先秦诸子者,"其真能得诸子学精华者,惟章太炎先生"。并说虽然自己不完全照搬章太炎的结论,但"适治诸子得太炎先生所著书之助力不少"。③ 不久之后,胡适给许怡荪写信,让后者帮他在国内搜集章太炎的著作供自己参考。④ 收到许怡荪寄来的书后,胡适又对他说,自己把章太炎的论诸子学著作"细细圈读之",虽然"颇费功夫,而

---

① 陶希圣:《潮流与点滴》,北京:中国大百科全书出版社,2016年,第34页。
② 李帆:《骈散、汉宋之争与"学者""文人"的纠葛——学术史视野下北大新文化运动的历史渊源》,《近代史研究》2019年第6期,第39—42页。
③ 胡适:《胡适致许怡荪的信·三十九》,载梁勤峰等整理《胡适许怡荪通信集》,上海:上海人民出版社,2017年,第55页。
④ 胡适:《胡适致许怡荪的信·四十》,载梁勤峰等整理《胡适许怡荪通信集》,第58页。

所得不少"。① 回国之后,胡适将《先秦名学史》略作改动,更名为《中国哲学史大纲(卷上)》出版。从内容上看,这本书不少篇幅确实与章太炎在《国故论衡》里论诸子学部分颇为相似。无怪乎钱穆晚年直言胡适此书"称述先秦诸子,大体因承章氏《国故论衡》之意,惟文言、白话有所不同而已"②。在此背景下,胡适到北大后,很自然地主动与章太炎门生打成一片。

置诸当时的背景,胡适在《文学改良刍议》里提倡白话文,批判文言文,虽然对章太炎表彰的魏晋文章也有冲击,但更主要的针对对象是北大文科里的桐城派。加之章太炎自己在清末也于《教育今语杂志》上发表过不少白话文,因此,胡适的主张很快得到了章门高足钱玄同与朱希祖的响应。不过,在另一位章门高足黄侃看来,胡适鼓吹白话文及白话文背后的新思潮,会对中国传统造成极大危害,因此必须坚决反对。后来北大学生效仿《新青年》创办《新潮》,黄侃便支持那些与自己立场相近的学生创办《国故》以抗衡。听闻黄侃等人的言行后,章太炎在给吴承仕的信中谈道:"颇闻宛平大学又有新文学、旧文学之争,往者季刚辈与桐城诸子争辩骈散,仆甚谓不宜。老成攘臂未终,而浮薄子又从旁出。无异元祐党人之召章蔡也。"③不久之后他又对吴承仕说:"所称北都现象,令人发笑。然非蔡孑民辈浮浪之说所能平也。"④或许是此时正忙于劝说西南军阀参与护法运动,或许是对先前自己门生与桐城派的

---

① 胡适:《胡适致许怡荪的信·四十》,载梁勤峰等整理《胡适许怡荪通信集》,第64页。
② 钱穆:《谈当前学风之弊》,载《学籥》,北京:九州出版社,2011年,第207页。
③ 章太炎:《与吴承仕》(1918年),载马勇编《章太炎书信集》,第309页。
④ 章太炎:《与吴承仕》(1918年),载马勇编《章太炎书信集》,第309页。

斗法印象犹存,章太炎觉得黄侃等人没必要与提倡新文学之士一般见识。在他看来,新文学实乃"浮薄"之像,不值一驳。从文化与政治的角度来看,章太炎未能意识到新文学对于文化普及与政治动员的巨大意义,新文学背后不仅是新思潮的传播,更是在召唤新的政治力量。不过从学术的角度看,章太炎此论却不能说全无道理。1920年,在北大读书多年,并在新文化运动中崭露头角的傅斯年致信蔡元培,直言:"北大此刻之讲学风气,从严格上说去,仍是议论的风气,而非讲学的风气。就是说,大学供给舆论者颇多,而供给学术者颇少。"①

虽然新文化运动具有极强的政治指向,并且这种政治指向随着马克思列宁主义在中国的传播而越来越有号召力,但在胡适眼里,美国式的资本主义政治才是中国的榜样,十月革命的经验则是疏于谈"具体问题"的"主义",不值得过度提倡。因此,他希望将新思潮的意义局限在学术与文化层面,即研究问题、输入学理、整理国故、再造文明等事项。② 其中,他尤为重视整理国故。因为如何看待中国传统是近代以来的重要议题,能否在此议题上形成自己的主张,关系到能否获得学术话语权与领导权。

由于晚清以来的中国传统学术研究深受清代汉学影响,所以要想介入此领域,需要对清代汉学传统进行诠释。在胡适看来,"清朝的'汉学家'所以能有国故学的大发明者,正因为他们用的方

---

① 傅斯年:《致蔡元培》(1920年),载欧阳哲生编《傅斯年文集》第7卷,北京:中华书局,2017年,第28页。
② 胡适:《新思潮的意义》,载欧阳哲生编《胡适文集》第2卷,北京:北京大学出版社,1998年,第551—558页。

法无形之中暗合科学的方法"。① 虽然类似的观点在晚清就有不少人谈及,包括章太炎收录于重订本《訄书》的《清儒》,但胡适想强调的重点并非清代汉学暗合科学方法,而是何谓"科学方法"得由像他这样留学美国、师从美国著名哲学家的人来定义。在著名的《中国哲学史大纲(卷上)》里,为该书作序的蔡元培就称赞胡适"生于世传'汉学'的绩溪胡氏,禀有'汉学'的遗传性",又在"美国留学的时候兼治文学哲学,于西洋哲学史是很有心得的",所以"编中国古代哲学史的难处,一到先生手里,就比较的容易多了"。② 当然,胡适本人与蔡元培提到的、被称为"绩溪三胡"的胡匡衷、胡秉虔、胡培翚并非同宗。而这本书的出版与其说在晚清以来大量研究先秦诸子的论著里如何显得出类拔萃,不如说是被不少希望迅速掌握治学门径的青年学生奉为理解何谓"科学方法"、何谓中国文化的入门读物。

受到胡适等人的影响,社会上掀起了一股用"科学方法"来研究国故之风,一批青年学子纷纷加入其中,各种速成式的国学概论小册子纷纷面世,不少虽具有一定传统学术功底,但谈不上有多少精深见解的人摇身一变,成为对国学素有研究的专家。在此背景下,当时在东南地区影响力极大的江苏省教育会于1922年3月在上海《申报》上发布广告,告知自该年4月1日起,每周六下午皆邀请章太炎来公开面向社会大众讲演国学。此外他们还特意说明,之所以有此举动,是因为目睹欧风东渐,国人竞尚西学,导致国学

---

① 胡适:《论国故学》,载欧阳哲生编《胡适文集》第2卷,第328页。
② 蔡元培:《序言》,载欧阳哲生编《胡适文集》第2卷,第155页。

呈衰微之象。为了振衰起微,使中国文化能够与西洋文明并驾齐驱,所以敦请章太炎开坛设学。① 而这次讲学活动的主要组织者,乃是自晚清以来便致力于教育事业的江苏著名社会活动家沈恩孚。

首次讲演,因为章太炎名气极大,所以来听讲者众多,总计达到了三四百人,遂导致原来会场的座位顿显不敷。讲演结束之后,一些有心之人还在报纸上发表评论,认为讲演时间与所设座位皆应增加,并且还应借此机会扩大讲演规模,请更多的专家来参与斯事,并刊行杂志,广为宣传国学。一时间,章太炎讲演国学,成为备受沪上知识分子与青年学生关注的一件大事。而之后的第二次、第三次讲演,听讲的人数依然不少,以至于江苏省教育会不得不另寻更为宽敞的地点,以应对如此众多的听众。

不过,第四次讲演,章太炎因路上塞车晚到了半个小时,导致早已到场的民众里面不少人已先行离去。这样一来,总计的听讲人数便只剩下200人左右。在那以后,听讲的人数就日渐减少,虽然主办方加大了宣传力度,不断在报纸上发布预告,但这一情形依然难见改观。1922年6月10日,章太炎最后一次开讲,据报道到场人数仅80余位,这与首场讲演时的盛况相比,差别宛若天壤。总之,章太炎的这次沪上讲学,以热闹始,以冷清终,实话说来,情形颇显惨淡。

章太炎这次演讲的内容被曹聚仁记录下来,并以《国学概论》

---

① 《省教育会请章太炎先生讲国学》,《申报》1922年3月29日本埠新闻。

为书名出版。① 除了概论和结论,章太炎讲授了经学之派别、哲学之派别、文学之派别,基本上是将他清末民初一系列研究中国传统学术的论著观点用比较通俗且扼要的方式讲一遍。值得注意的是,章太炎强调研究国学应明晰"经史非神话""经典诸子非宗教""辨书籍的真伪""知古今人情的变迁",这其实已经是在用比较客观和实证的态度来看待中国传统了。特别是"知古今人情的变迁",章太炎指出:"社会更迭地变换,物质方面继续地进步,那人情风俗也随着变迁,不能拘泥在一种情形的。""当政治制度变迁的时候,风俗就因此改易,那社会道德是要适应了这制度这风俗才行。"②这一观点强调要注意社会的变化,不能把先前的道德规范强行用于新的社会制度之中。此论明显和那些率由旧章、反对变革的迂腐守旧之论不同。不过,对于影响广泛的白话文运动,章太炎也提出了自己的商榷意见。他认为:"凡称之为诗,都要有韵,有韵方能传达情感。现在白话诗不用韵,即使也有美感,只应归入散文,不必算诗。"同时他指出,在各地方言没有统一的情况下贸然采取文言一致,将会造成新的隔阂,所以"白话文能尽传口语的真相,亦未必是确实的"。③

---

① 虽然曹聚仁笔录的《国学概论》影响甚广,但章太炎似乎对用这样的方式来介绍中国传统学术并不感冒。1928年,陈柱发表了他去拜访章太炎时后者所谈的内容。关于讲授中国传统学术,章太炎认为:"今之大学,喜授《国学概论》《经学概论》《子学概论》之类,欲通大纲,固未尝不是。然学者于原书,既概未之读,则所得亦终是皮毛。"参见陈柱《与章太炎讲学》,载吴莹岗主编《近代期刊中的章太炎文献选辑》,上海:上海辞书出版社,2017年,第30页。
② 章太炎:《国学十讲》,载章念驰编订《章太炎演讲集》,第215页。
③ 章太炎:《国学十讲》,载章念驰编订《章太炎演讲集》,第227、228页。

对于章太炎在上海演讲国学,身在北京的胡适及其同道全程关注,并且十分注意观察章太炎在此过程中有无批评新文化运动之语。当他们看到章太炎关于白话文的这番意见之后,立即撰文反击,并将章太炎的这一商榷意见视为对新文化运动的攻击,把章太炎演讲国学上升到守旧势力要反扑的高度。由此可见,虽然胡适等人表面上鼓吹带有解放意义的新思潮,但实际上其神经高度敏感,意识形态的弦绷得很紧,唯恐社会上出现与自己想法不一致的声音。其中,已经成为新文化健将的周作人用笔名撰文声称:"我看见现在思想界的情形,推测将来的趋势,不禁使我深抱杞忧,因为据我看来,这是一个国粹主义勃兴的局面,他的必然的两种倾向是复古与排外,那国粹派未必真会去复兴明堂或实行攘夷,但是在思想上这些倾向却已显著了。"其中的一个具体表现,便是章太炎沪上讲演国学。周作人说:"对于太炎先生的学问,我是极尊重,不能赞一辞的,但我觉得他现在只适于专科的教授而不适于公众的讲演,否则容易变为复古运动的大本营,即使他的本意并不如此。我们要整理国故,也必须凭借现代的新学说新方法,才能有点成就;譬如研究文学,我们不可不依外国文学批评的新说,倘若照中国的旧说讲来,那么载道之文当然为文学之正宗,小说戏曲都是玩物丧志,至少也是文学的未入流罢了。太炎先生的讲学固然也是好事,但我却担忧他的结果未必能于整理国故的前途有十分的助力,只落得培养多少复古的种子,未免是很可惜的。听说上海已经有这样的言论,说章太炎先生讲国学了,可见白话新文学都是毫无价值的东西了;由此可以知道我的杞忧不是完全无根的。照现在的情形下去,不出两年大家将投身于国粹,着古衣冠用古文字,制礼作乐,或参禅炼丹,或技击,或治乩卜,或作骈律,共臻东方文化之至治。"①可见,章太炎批评白话文,在提倡白话文的周作人眼里,成为必须要坚决批判的大是大非问题。甚至章太炎演讲国学也被他看成与"或参禅炼丹,或技击,或治乩卜"等迷信活动没什么区别的事情。

周作人的这篇文章引起胡适的极大兴趣。胡适专门将其剪下并贴于日记之中,并且决定要撰文响应。②他以"Q·V"为笔名,在《晨报副刊》上强调周作人的担忧过于悲观,复古与国粹乃过去的情形,在今日已无市场,更非未来趋势。时代潮流,不可遏止。所以"章太炎先生的讲学,更是近来的一件好事……太炎先生当日在日本讲学的历史,仲密君是知道的。东京当日听讲的弟子里,固然有黄季刚以及已故的康心孚先生,但内中不也是有沈兼士马幼渔朱逷先诸君吗?仲密君又提及上海因太炎先生讲学而发生的言论,但以我所知,上海报界此次发生的言论并不表现何等盲目的复古论调。太炎先生有一次在讲演里略批评白话诗与白话文,次日即有邵力子与曹聚仁两君的驳论;曹君即是为太炎先生的讲演作笔记的人,这不更是可以打消我们的疑虑吗?"最后胡适呼吁:"文学革命的健儿们,努力前进!文学革命若禁不起一个或十个百个章太炎的讲学,那还成个革命军吗?"③可见,胡适认为章太炎讲国学是"好事",并不是认同他讲的内容,而是希望章太炎的观点会引

---

① 仲密(周作人):《思想界的倾向》,《晨报副刊》1922年4月23日,第4版。
② 胡适著,曹伯言整理:《胡适日记全集》第3册,台北:联经出版事业公司,2004年,534—535页。
③ Q·V(胡适):《读仲密君〈思想界的倾向〉》,《晨报副刊》1922年4月27日,第1版。

起"反动",从听者中出现更多与自己立场一致的人。值得注意的是,胡适的字里行间呈现出一种思想革命胜利者的姿态,仿佛他已掌握时代的动脉。大江东去,不可逆转,章太炎的讲学宛如旧派人物的垂死挣扎,最终逃不出"流水落花春去也"的命运。联想到胡适几年前还在参考章太炎的著作来写博士论文,这样的变化着实值得玩味。

胡适等人之所以要这样批评章太炎,与其说是因为章太炎的观点多么守旧,不如说是章太炎的影响力依然很大。不把他批倒批臭,胡适等人就很难真正在学术界获得领袖位置。如果说1922年的国学演讲只是章太炎与胡适之间的"隔空喊话",那么1923年的墨学论争,则是胡适直接挑战章太炎的学术观点。1923年,章士钊在《新闻报》上发表文章评价当时学界对于墨子的研究,他认为胡适的研究有不足之处,章太炎的观点才堪称"精审"。① 章士钊的这篇文章刊出不久,章太炎给他写信,说胡适研究墨子犯了不知研究经学与研究诸子学的区别之弊。②

章太炎此信引起胡适的激烈反应。他致信章士钊:"太炎先生说我'未知说诸子之法与说经有异',我是浅学的人,实在不知说诸子之法与说经有何异点。我只晓得经与子同为古书,治之之法只有一途,即是用校勘学与训诂学的方法,以求本子的订正与古义的考定,此意在高邮、王氏父子及俞曲园、孙仲容诸老辈的书中,都很明白。试问《读书杂志》与《经义述闻》,《群经平议》与《诸子平议》,在治学方法上,有什么不同?"并且他还强调:"这一点是治学

---

① 章士钊:《墨学谈》,载《章士钊全集》第4册,上海:文汇出版社,2000年,第273页。
② 章太炎:《与章士钊》(1923年),载马勇编《章太炎书信集》,第786页。

方法上的根本不同,故不敢轻易放过",因此特意嘱咐章士钊遇见章太炎时"千万代为一问。"①

面对胡适的追问,章太炎向章士钊就治子与治经之间的差异详加说明。胡适一再强调子书与经书同为古书,因此需要以校勘学和训诂学的方法治之。而章太炎则认为:"校勘训诂,以治经治诸子,特最初门径然也。经多陈事实;诸子多明义理(此就大略言之,经中《周易》亦明义理,诸子中管、荀亦陈事实,然诸子专言事实,不及义理者绝少)。治此二部书者,自校勘训诂而后,即不得不各有所主,此其术有不得同者。故贾马不能理诸子,而郭象、张湛不能治经。若王、俞两先生,则暂为初步而已耳。"②在他看来,治经与治史相似,就是以客观的眼光去寻求古书所载之真相,考索本意,钩沉史事,不需要横加议论于其间。治诸子则不然,不能只是停留在文本校勘的初级阶段,而是要从阐释的角度去明晰子书体例,进而分析其学说。

章太炎的回复显然不能让胡适感到信服。他又致信章士钊:"太炎先生论治经与治子之别,谓经多陈事实,而诸子多明义理,这不是绝对的区别。太炎先生自注中亦以明之。其实经中明义理者,何止《周易》一部? 而诸子所明义理,亦何非史家所谓事实? 盖某一学派持何种义理,此正是一种极重要的事实。"本此认识,胡适强调:"至于治古书之法,无论治经治子,要皆当以校勘训诂之法为初步。校勘已审,然后本子可读;本子可读,然后训诂可明;训诂明,然后义理可定。但做校勘训诂的功夫,而不求义理学说之贯

---

① 胡适:《论墨学》,载欧阳哲生编《胡适文集》第3册,第138页。
② 章太炎:《与章士钊》(1923年),载马勇编《章太炎书信集》,第787页。

通,此太炎先生所以讥王、俞诸先生'暂为初步而已'。然义理不根据于校勘训诂,亦正宋、明治经之儒所以见讥于清代经师。两者之失正同。而严格言之,则欲求训诂之惬意,必先有一点义理上的了解。否则一字或训数义,将何所择耶……故凡'暂为初步而已'者,其人必皆略具第二步的程度,然后可为初步而有成。今之谈墨学者,大抵皆菲薄初步而不为。以是言之,王俞诸先生之暂为初步,其谨慎真不可及了。"①

胡适之所以这样积极地与章太炎辩论,是因为他对自己的墨学研究自视甚高。1915年,他致信异国女友韦莲司:"我的工作使我觉得很快慰。最近我主要的研究是《墨子的名学》。我发现的比我预期的多得多。"②可见他对于《墨子》当中涉及哲学论辩的方面早有关注。在编选《胡适文存》时,他将《〈墨子·小取〉篇新诂》置于"卷二"。在序例中他特意说明:"卷二与卷三,带点讲学性质的文章。我这几年做的讲学文章,范围好像很杂乱——从《墨子·小取》篇到《红楼梦》——目的却很简单。我的唯一的目的是注重学问思想的方法。故这些文章讲的是实验主义,是考证小说,是研究一个字的文法,都可以说是方法论的文章。"③因此,当章太炎批评胡适的墨学研究犯了方法论上的错误时,胡适自然无法容忍,因为这关系到他能否将自己的研究成果装扮为以科学方法整理国故之典范,进而在学界树立领袖地位。如果这次不正面回应章太炎,那

---

① 胡适:《论墨学》,载欧阳哲生编《胡适文集》第3册,第140—141页。
② 周质平编译:《不思量自难忘——胡适给韦莲司的信》,台北:联经出版事业公司,1999年,第87页。
③ 胡适:《胡适文存·序例》,载欧阳哲生编《胡适文集》第2册,第1页。

么岂不证明章太炎才是学界真正执牛耳者。而胡适之所以要在回应章太炎之时扯上清代汉学,也是因为如何评价清代汉学,谁来主导对清代汉学的评价,是一个关乎学术话语权的大问题。胡适此意很明显,虽然章太炎师从俞樾,看上去与清代汉学关系更紧密,但真正能挖掘清代汉学遗产的,还得靠胡适这样受过美国科学方法熏陶的归国留学生。

面对胡适等人在学术界越来越大的影响力,章太炎的弟子汪东建议他创办一份刊物来回应新思潮。① 1923 年 9 月,由章太炎任社长,汪东任编辑的《华国月刊》在上海创刊。第二年 8 月,章太炎在上面发表《救学弊论》,较为系统地批评了新文化运动。在他看来,当时的大学学风甚为浮嚣,致使学生在里面学不到有深度有系统的知识,只能从讲义上的只言片语窥见学术门径。更为关键的是,在竞言新思潮的背景下,不少学子形成仰慕西方物质文明,鄙视中国现状、看不起中国普通民众的恶习,并在都市文化的熏陶下日渐丧失勇武淳朴之气,反以奢靡享受是尚。这让他们只能在现代都市里生活,与中国农村及中国农民之间的隔阂越来越深。总之,他们"智识愈高,则志趣愈下",加之"歆慕远西,堕其国性",将来"一日有事,则抗节死难之士必非学子可知也"。章太炎将这样的风气归结到清末张之洞主导的学制改革。此外,他还批评新文化运动以来的学风。他认为要想让这些根底不深的青年学子在短期内掌握经学是一件很不现实的事情。因此,只有大力提倡读历史,或可使其对中国历史与现实能有基本的了解,并效仿历代先

---

① 汤国梨口述,胡觉民整理:《太炎先生轶事简述》,载陈平原、杜玲玲编《追忆章太炎》,北京:生活·读书·新知三联书店,2009 年,第 91 页。

贤，培养起良好的道德品质。但症结在于，当时的史学研究风气很成问题，有"尚文辞而忽事实""因疏漏而疑伪造""详远古而略近代""审边塞而遗内治""重文学而轻政事"五种弊病。所以要想扭转这样的学风，其实很不容易。①

从后见之明来看，章太炎的这些批评确实点出了新文化运动中出现的一些流弊。比如宣传新思潮不遗余力的陈独秀就说：

> 你说不可埋头读书把社会公共问题漠视了，他就终日奔走运动，把学问抛在九霄云外。你说婚姻要自由，他就专门把写情书寻异性朋友做日常重要的功课。你说要打破偶像，他就连学行值得崇拜的良师益友也蔑视了。你说学生要有自动的精神，自治的能力，他就不守规律，不受训练了。你说现在的政治法律不良，他就妄想废弃一切法律政治。你说要脱离家庭压制，他就抛弃年老无依的母亲。你说要提倡社会主义，共产主义，他就悍然以为大家朋友应该养活他。你说青年要有自尊的精神，他就目空一切，妄自尊大，不受善言了。你说反对资本主义的剩余劳动，他就不尊重职务观念，连非资本主义的剩余劳动也要诅咒了。你说要尊重女子的人格，他就将女子当做神圣来崇拜。你说人是政治的动物不能不理政治，他就拿学生团体的名义干与（干预）一切行政司法事务。你说

---

① 章太炎：《救学弊论》，载《章太炎全集》第9册，上海：上海人民出版社，2018年，第88—96页。

要主张书信秘密自由,他就公然拿这种自由做诱惑女学生的利器。①

从内容上,这些批评其实和章太炎在《救学弊论》里表达的观点颇为相似。但这番话从陈独秀口中说出就属于药石之言,可是从章太炎口中说出,并刊登在他创办的《华国月刊》上,则成为他反对新文化运动的又一明证。1925 年,章太炎的另一位门生钱玄同给胡适写信,其中说道:

> 《华国》二册奉上。我稍微有些错记,他的文笔里并没有说到"科学方法",但他骂提倡新文化、新道德为洪水猛兽,自是指吾辈而言……是则"敝老师"的思想,的的确确够得上称为昏乱思想了。我以为他这种思想,其荒谬之程度远过于梁任公之《欧游心影录》。吾侪为世道人心计,不可不辨而辟之也。②

可见,在新文化运动的宣传者们那里,即便他们在思想渊源上与章太炎有这样或那样的关联,但此时的章太炎俨然已经成为新思潮的对立面,必须被彻底批判。

---

① 陈独秀:《青年底误会》,载任建树主编《陈独秀著作选编》第 2 卷,上海:上海人民出版社,2009 年,第 380 页。
② 钱玄同:《致胡适·一三》,载《钱玄同文集》第 6 卷,北京:中国人民大学出版社,2000 年,第 114 页。

奔走联省自治运动

在章太炎对新文化运动频发针砭之论的同时,他还积极参与了在当时中国政坛掀起一股波澜的联省自治运动。

联省自治思潮的源头是地方自治思潮。这一思潮从19世纪下半叶开始在中国传播开来,最开始是一些有洋务经验的官绅目睹英国与美国的地方行政制度,认为后者的中央与地方关系体现出地方自治的特征,这样可以通上下之情,提高行政效率。甲午战争之后,康梁师徒鼓吹变法,他们受到日本出版的介绍地方自治的著作之影响,认为施行地方自治能让国家基础越发牢固,民众的民主意识与政治参与意识也可得到提升。但是,在康梁那里,实际有条件在地方自治框架里作为政治参与者的主要是地方上的士绅地主,普通民众,尤其是占人口绝大多数的农民,则被认为素质有限,不能被赋予权利。到了清末,清政府内支持立宪的官僚相信地方自治是医治中国政治弊病的良方。他们认为这样可以训练政治人才,沟通官民关系,更为顺畅地在地方上推行各类新政。1907年,体现地方自治主张的各省咨议局成立。该机构看上去是一个具有民主外观的地方,但实际上,咨议局议员的选举资格十分苛刻,要求中学以上学校毕业或举贡生出身,曾任文官七品、武官五品以上且未被参革,在本省有 5000 元以上营业资本或不动产的。实际上能满足这些要求的只有非富即贵的上层士绅或脱胎于他们的新式资本家,不少省份符合此条件的"合格候选人"只占全省人口百分之五左右,这就导致占人口百分之九十九以上的人并无参与其事的资格。①

辛亥革命之后,"国权"与"民权"两种声音在政坛上并存。梁启超一改戊戌变法期间的论调,认为中国在列强环伺的局面下应加强中央的力量,避免造成事实上的割据状态。因此,在制度设计上应以中央集权为方针,让强有力的中央政权得以有效管理地方。② 当然,这样的声音自然让希望独揽大权的袁世凯颇为中意。为了对抗袁世凯,孙中山、黄兴、胡汉民等革命党人就鼓吹地方自治,强调地方分权的重要性,认为这样可以培养国民自治能力,有助于普及共和精神。究其实,这些理由很大程度上只是幌子,他们真正的目的是希望借地方分权来制约袁世凯。③ 此外,一些原立宪派成员,如张謇等人,或是受到流行于世的政治学理论影响,或是希望能让自己在地方上的地位与特权继续得到巩固,也公开撰文,主张地方自治。

---

① 高放等著:《清末立宪史》,北京:华文出版社,2012 年,第 255 页。
② 梁启超:《中国立国大方针》,载吴松等编《饮冰室文集点校》,昆明:云南教育出版社,2001 年,第 2419—2426 页。
③ 胡春惠:《民初的地方主义与联省自治》,北京:中国社会科学出版社,2001 年,第 55—61 页。

在那一时期,章太炎对待地方自治的态度颇为复杂。在从日本回国途中,他认为:"最适于中国者,莫过于联邦政治。"①可回到国内后,目睹政治与社会的混乱场景,以及列强对中国利益的窥视,章太炎开始主张巩固国权,避免出现政治与经济上的分裂,给列强可乘之机。当然,他这一主张是有重要前提的,即在中央执掌政权者必须具有强烈的国家意识,有能力、有决心带领中国摆脱近代以来的困境,对内夯实国基,对外抵御侵略。另一方面,关于地方行政制度,他超越了简单地将中央集权与地方自治二元对立起来的做法,而是从中国历代地方行政制度史的流变出发,思考如何划分地方行政单位。在他看来,肇始于元代的省制在实践当中有诸多不便,既无集权之效,也无分权之利,反而容易造成地方割据。他建议将军事区域与民政区域区分开来,"军府"的管辖区域不妨扩大,但不能干涉地方民政,民政区域则必须缩小,把一省分为数道,全国共设置六七十道,如此既避免出现尾大不掉的地方割据政权,又能在道的范围里进行充分而有效的治理。他认为,如此这般,"名为中央集权,乃愈促地方进化"。②

1918年,在安福系操纵的国会选举中,北洋元老徐世昌被推举为总统,实权逐渐掌握在皖系军阀首领段祺瑞手中。先前曾希望通过与段祺瑞合作来获取国会主导地位的以梁启超、林长民为代表的研究系,在被皖系军阀利用完后一脚踢开,梁启超等人的政治

---

① 张昭军:《武昌首义后章太炎在日革命活动补证——并介绍几篇重要佚文》,《史林》2019年第6期,第209页。
② 章太炎:《复北洋法政学堂教习今嘉幸井书》,载汤志钧编《章太炎政论选集》下册,北京:中华书局,1977年,第618页。

抱负再次落空。掌握中央大权之后,段祺瑞向日本借款,扩充军力,制造舆论,鼓吹武力统一。可是出任总统的徐世昌却有自己的盘算,他希望平衡各方政治力量,以此巩固自己的位置。于是他打着"文治"的旗号,宣称要进行南北和谈。与此同时,在湖南前线指挥部队与南方护法军作战的北洋集团中的直系将领曹锟、吴佩孚等,因不满段祺瑞将湘督之位授予皖系军人张敬尧,于是在前线停战熄火,开始鼓吹用和谈方式解决南北纠纷。同样地,南方护法阵营内部也出现主和之声,主要以岑春煊为代表。而在饱受战乱之苦的国内精英阶层眼里,既然南北双方都有和谈的意愿,那么当然值得一试,这样至少可减少因内战而造成的破坏。孙中山虽然希望继续与北洋军作战,但在和谈声音越来越大的情形下,由于手无实权,只好勉强答应。①

对于南北和谈,章太炎有自己的看法。他固然反对南北之间战争不断,但他更反对徐世昌担任总统。在他看来,徐世昌与袁世凯关系紧密,在袁世凯称帝期间态度暧昧,严格说来也是帝制余孽。让这样的人担任总统,是对中华民国政治合法性的嘲弄。同理,推选徐世昌为总统的安福国会,也是冒充民意的伪国会。而徐世昌派来与南方护法政权商议和谈的朱启钤也曾参与帝制运动,因此没有资格代表北方政权来谈判。对于南方护法政权的谈判代表唐绍仪,章太炎则怀疑他与朱启钤串通一气,借和谈来巩固徐世昌之位。他主张:"今西南所以自名者,护法也。曩日为保持国会,

---

① 汪朝光:《中国近代通史·民国的初建(1912—1923)》,南京:江苏人民出版社,2007年,第224—238页。

今国会已集矣。但令世昌退位,伪国会解散已足,不当先论他事。"①在给参众两院议员的公开信里,章太炎指出:"鄙人以为时至今日,和战两穷,唯有速选总统以绝北人希望。""若信世昌之才为可以安抚中国者,吾见清、袁两代,皆以徐世昌为宰相而相继灭亡也。亡国大夫而可选为大总统,帝制派之谋主而可选为大总统,倪嗣冲、雷震春所推戴之大元帅而可选为大总统,则前此之革命护国者,当处极刑,尚何护法之有?"②

从法理上说,章太炎的主张不无道理,但在现实政治博弈中,南方护法政权根本没有足够的力量去实现这一主张,孙中山本人也不会依此行事。在南北和谈中,全国大多数民众希望的是停止战争,实现和平,可南北双方却进行着充满算计的政治交易。双方聚焦于国会问题,南方阵营认为北方的国会是非法的,北方阵营则声称南方的"旧国会"没有代表性。后来北方阵营改变策略,试图把焦点从国会问题转移到徐世昌的总统地位问题,希望以此换取南方阵营承认徐世昌为合法总统。从北方阵营立场看,只要徐世昌守住总统之位,那么中央政权至少还控制在北洋集团手中。但这一方案却遭到北方安福国会的议员们反对,因为这样会涉及解散现有国会,另行重新选举,彼辈的位置就有可能不保。无独有偶,南方的"非常国会"也基于同样理由反对这一方案。③ 由此可见,章太炎对北方阵营的批判固然一针见血,但他自己所属的南方

---

① 章太炎:《太炎先生自订年谱》,台北:文海出版社,1981年,第39—40页。
② 汤志钧编:《章太炎年谱长编(增订本)》下册,北京:中华书局,2013年,第796、797页。
③ 汪朝光:《中国近代通史·民国的初建(1912—1923)》,第238—243页。

护法政权其实也绝非秉公循理。

在南北双方和谈陷入僵局之际,社会上的政治与文化精英开始寻找新的解决战乱之方式。1919年前后,不少人纷纷撰文,主张应以省为界,施行地方自治,缩小中央权力,杜绝为了争夺中央政权而兵戎相见。与之相关的,就是鼓吹应由各省分别制宪,体现各省"民意"的声音越来越多。各省出现了不少致力于地方自治的团体,他们创办刊物,发表宣言,互相联络,一时间响应者甚广。① 作为当时积极参与联省自治之人,李剑农归纳:"所谓联省自治运动,含有两方面的意义:第一,是容许各省自治,由各省自己制定一种省宪(或各省自治根本法),依照省宪自组政府,统治本省;在省宪范围内,非但可以免去中央的干涉,便是省与省之间也可免去侵略的纠纷,什么大云南主义、大广西主义都应该收拾起来。第二,是由各省选派代表组织联省会议,制定一种联省宪法,以完成国家的统一——就是确定中国全部的组织为联邦制的组织;如此既可以解决南北护法的争议,又可以将国家事权划清界限,借此把军事权收归中央,免去军阀割据之弊。"②纵观各派政治力量,以梁启超为代表的研究系因被安福系挤出国会,心生怨恨,所以支持搞联省自治,削减皖系军阀权力。留在北京的旧国民党人士出于同样的理由也支持联省自治。西南军阀因为暂时无力与北洋集团抗衡,为了保全自己势力范围,十分支持联省自治。北洋集团中的实权人物吴佩孚在湖南通电主和时,一度鼓吹联省自治,可是在1920年的直皖战争中战胜皖系之后,他就幻想自己能够建牙开府,统一全

---

① 胡春惠:《民初的地方主义与联省自治》,第134—139页。
② 李剑农:《中国近百年政治史》,北京:商务印书馆,2011年,第516页。

国,故极力反对联省自治。而在直皖战争中失利的一方,比如属于皖系的浙江督军卢永祥,则支持联省自治。以较为明确的态度反对联省自治的大概只有孙中山,但他一无地盘,二无军队,即便反对,也很难付诸实践。① 对此,原进步党人刘以芬这样评论:"盖失意政客,既为求适应其政治环境而倡为是说,而一部分军阀,亦以其适足藉此自固而乐为赞成,遂至如响斯应,蔚为大观。但观国民、进步两党,在五六年国会中,因地方制度列入宪法问题,演成互殴,而此时唱自治者,竟多属平昔主张集权之党人,而素持分权者反间出而反对之。至各省中之表赞同者,如浙卢、奉张、闽李等,亦皆为前此拥护段祺瑞武力统一政策之军人,此中消息,实不难于窥见矣。"②

在支持联省自治的政治版图里,湖南省的态度最为积极。由于该省地处南北要冲,南北之间一旦发生战争,湖南就会遭受战火之灾。1918年北洋军与南方护法军在湖南交战,让当地民众饱受其苦,不但造成平民罹难,而且破坏了经济与社会秩序。1918年属于北洋系的张敬尧被任命为湖南督军,在当地搜刮民财,横征暴敛,大开杀戒,招致极大民怨。因此联省自治思潮出现后,湖南本地的政治与文化精英立即响应。在熊希龄的建议下,曾被段祺瑞排挤出湖南的谭延闿率领军队打起驱逐张敬尧的旗号。而为了获得更多支持,谭延闿发表通电,主张施行联省自治,让湖南省脱离军阀混战与南北之争,一心一意保境安民。这一举动很快获得本地精英的大力支持,随后在全国范围内引起回响。虽然不久之后

---

① 李剑农:《中国近百年政治史》,第516页。
② 刘以芬:《民国政史拾遗》,上海:上海书店出版社,1998年,第40—41页。

谭延闿被手下将领赵恒惕夺权驱逐,但后者依然延续了谭延闿联省自治的主张。对此,一直在冷眼旁观国内政局的严复颇为犀利地指出:"旧日帝党谋燃复辟之灰,而不利复辟,如熊凤凰诸公,则一变为联邦之说,以谓惟此可以救败免亡。虽然,联邦制有德制美制之殊。德制上有共主,下有封建,吾国无是之基础也。吾国所有,乃群督之拥兵,如唐五代之藩镇,藩镇联邦实不过连横合纵已耳,其不足已乱,殆可决也。"①

支持联省自治的群体主要包括士绅阶层、民族资本家,以及倾向于自由主义立场的知识分子。前两者主要希望借此来保障自己在当地的利益,能通过较为安定的环境来经营实业,发展资本主义。最后一类人在利益诉求上与前两类人相似,加之受到域外学理影响,因此比较天真地相信联省自治能作为在中国实现西方资本主义政治体制的起点。1920年12月,赵恒惕大张旗鼓地重申施行联省自治的决心,并声称要走"专家制宪"之路,成立制宪筹备处,由省政府出面聘请专家学者草拟宪法初稿,再由本省绅商代表组成审查委员会审议。可以说,这次制宪过程就是以本省精英为主,加上一些全国各地名流,聚集到一起参与政治讨论。这样既能凸显他们的利益诉求,又能为赵恒惕博得一个礼贤下士、尊重民意的美名。当然,这个"民"是有特定限制的。②

章太炎十分支持联省自治运动。1920年秋,他看到"湘、川皆以恢复故土为号。余既议湘、川同盟,知军政府必不支,则以自治

---

① 严复:《与熊纯如书(六十五)》,载王栻主编《严复集》第3册,第681页。
② 汪朝光:《中国近代通史·民国的初建(1912—1923)》,第400—403页。

同盟为说",于是"抵长沙,以联省自治说其人士"。① 在长沙期间,章太炎发表演讲,陈述自己对于联省自治的主张。他认为:"从前的中国,都是中央集权,各省的财产生命权,都操在中央手中,试看民国成立以来,甚么总统制、内阁制,无不利用外交,把各省的财产卖个干净,要免除中央的专制,非行联邦制不可。"可见,他之所以主张联省自治,主要出发点是批判长期由北洋集团把持的中央政权为了巩固权势而不断与列强签订条约或协议,出卖中国利益。在这个问题上,各省却没有制衡的能力。为避免北洋集团继续干卖国勾当,需要用各省来分其权。不过章太炎也承认,各省长期由大小军阀控制,所以"这军政长官何从选出,却也是个大问题"。"现在既行自治,那一班武人,实在无法制裁他。"对此,他给出的方案是:"鄙意一面削小武人兵权,一面还须武人自身有觉悟,这自治才有真精神。"②

1920年11月,章太炎在长沙发表《联省自治虚置政府议》,进一步申说己意。他指出,为了结束民国以来的军阀混战,"自今以后,各省人民宜自制省宪法,文武大吏,以及地方军队,并以本省人充之;自县知事以至省长,悉由人民直选;督军则由营长以上各级军官会推。令省长处省城,而督军居要塞,分地而处,则军民两政自不相牵。其有跨越兼圻称巡阅使或联军总司令者,斯皆割据之端,亟宜划去"③。

---

① 章太炎:《太炎先生自订年谱》,第43、44页。
② 章太炎:《谈联邦自治》,载《章太炎全集》第11册,上海:上海人民出版社,2018年,第576、577页。
③ 章太炎:《联省自治虚置政府议》,载《章太炎全集》第11册,第578页。

此外，他认为："近世所以致乱者，皆由中央政府权藉过高，致总统、总理二职，为夸者所必争，而得此者，又率归于军阀。"要想杜绝这一现象，则需"虚置中央政府，但令有颁给勋章、授予军官之权，其余一切，毋得自擅"。尤有近者，"军政则分于各省督军，中央不得有一兵一骑。外交条约则由各该省督军、省长副署，然后有效"。他相信这样的制度设计可以实现"政府虽存，等于虚牝，自无争位攘权之事"。①

1921年初，章太炎复向其他省份的联省自治支持者喊话，声称要制止辛亥革命以来的政治乱象，需"地方权重而中央权轻"。他特别强调，联省自治与联省政府不同，前者是由本省民众选举本省人充当军、警、民诸部门长官，是在各省自治的基础上的联合；后者则"只求各省附己，而不问该省长官军警是否本省人所充，是否本省人所举，借大名以胁小民，援暴客而侮土著，其势有所必至"。② 不久之后，他基于这一立场，给熊克武、刘湘、赵恒惕、顾品珍等西南军阀发电报，强调不能混淆联省政府与联省自治，要想实现后一目标，需要各省军阀把自己的军队从邻省撤走，不能在本省大谈联省自治，对邻省则希图占领。③

1921年6月，盘踞浙江的军阀卢永祥也宣布筹划联省自治。他本非浙江人，之前对于联省自治也没有什么正面表态，此时突然宣布赞成此议，主要是由于他属于皖系，而皖系在之前的直皖战争中败给直系，后者开始定点清除皖系在各省的势力。为避免盘踞

---

① 章太炎：《联省自治虚置政府议》，载《章太炎全集》第11册，第578—579页。
② 汤志钧编：《章太炎年谱长编（增订本）》上册，第353页。
③ 汤志钧编：《章太炎年谱长编（增订本）》上册，第353—354页。

北京的直系势力入主浙江,卢永祥决定利用早已在浙江籍政治与文化精英当中颇有市场的联省自治论作为自己的政见,这样既可抵制直系,又能换取本地精英的支持。对于卢永祥的表态,浙江精英阶层抱以支持态度,并成立探讨与鼓吹联省自治的组织,商讨制定省宪事宜。章太炎得知这一消息后,也表示大力支持,发电报声称:"鄙意卢公宜速宣布自主,而浙人则极端主张自治,精神既可互助,名义不必苟同,庶名实相符,无所牵掣。"并委托褚辅成代表自己赴浙江参与此事。① 虽然浙江的自治运动搞得有声有色,甚至制定出了一部在表面上颇有民主精神的宪法,但这场运动之所以兴起归根结底是由于卢永祥想借此自保,在他那里,自保是第一位的,是否自治,是否有一部外观漂亮的宪法,都是次要的。因此,一旦别的军阀有窥伺浙江之迹,卢永祥的主要精力就放在整军经武上面。到了1924年,面对直系军阀孙传芳大兵压境,卢永祥只好宣布下野。浙江士绅精英们虽然还在从学理上探讨自治之道,但看到孙传芳大军,他们很快就变得现实起来,开始摸索如何与孙传芳展开合作。

在章太炎那里,联省自治一方面是为了保障地方权益,另一方面则是防止中央政府被恶人占据,从而干出祸国殃民的勾当。因此,他在1922年6月撰文批评中国政坛上的"三蠹"——约法、国会、总统。他认为现行约法偏重中央集权,容易被枭雄借为专制之护符;国会议员时常狼狈为奸,为一己之地位而不顾正义,早已没有代表性;总统一职乃军阀用武力所争夺的对象,每一次总统更

---

① 汤志钧编:《章太炎年谱长编(增订本)》上册,第354页。

迭,必伴随一次军阀混战。所以,要想实现国内和平,需要限制此"三蠹"。他的设计是:"今拟联邦制成后,明定中央政府,用合议制,以诸委员行之,员额既多,则欲得者自有余地;权力分散,则枭鸷者不得擅场;集思广益,则狂妄者不容恣言,而仁柔者不忧无助。是故当其选举也,则争不至于甚剧;及其处机也,则乱不至于猝生。"①或许是为了澄清自己这一主张并非意在制造割据,章太炎不久之后又撰文声称:"今所最痛心者,莫如中央集权,借款卖国,驻防贪横,浚民以生,自非各省自治,则必沦胥以尽。为此计者,内以自卫土著之人民,外以共保全国之领土。卫人民则无害于统一,保领土则且足以维持统一矣。野心侵略之人,必以此为分裂,是何谓也?岂其心不愿分权于国人,而愿分权于敌人耶?"②很明显,章太炎强调,联省自治不是为了分裂中国,而是为了更好地保全中国,自治是暂时手段,统一才是根本目的。既然此刻没有合适人选堪任全国领袖,那么不妨让各省精英群策群力,确保各省利益不被列强侵蚀。

1922年,第一次直奉战争爆发,在吴佩孚的指挥下,直系部队击败觊觎北京的奉系军阀张作霖,直系势力得到发展,大有掌中枢而平天下之势。此时直系军阀觉得由安福国会推举出来的大总统徐世昌颇为碍事,遂逼迫其辞职隐退。从动机来看,直系领袖曹锟一直有大总统之梦,雄踞洛阳的吴佩孚也希望总统之位由直系人物出任。但为了掩人耳目,使自己的野心表现得不那么直接,同时为了让直系掌权显得名正言顺,曹锟与吴佩孚以"恢复法统"为口

---

① 章太炎:《弭乱在去三蠹说》,载《章太炎全集》第11册,第598页。
② 章太炎:《各省自治共保全国领土说》,载《章太炎全集》第11册,第600页。

号,决定将早已无兵无权的黎元洪抬出来担任总统,为直系逐渐夺权作掩护。章太炎建议黎元洪在答应就任之前,"请南都武昌,无滞宛平中"。① 黎元洪则发表通电,提议"废督裁兵",声称如果各地军阀能做到这一点,他就出任总统。这个主张固然不符合直系军阀的利益,但为了让黎元洪尽快出山,他们就口头上顺从其意,草草应付。② 章太炎为了响应黎元洪"废督裁兵"主张,与张继联名发表通电,劝告"如北方早自觉悟,宜限半月以内,先将岳州、江西让出,一月以内,再将湖北让出,认湖北为南北缓冲之地,除湖北省民自练军队外,南北各省,不得驻兵。如此切实办到以后,磋商联邦宪法,裁兵废督,自有余地"③。很明显,为了替黎元洪争取支持,章太炎将他主张的联省自治与黎元洪的"废督裁兵"联系起来,把二者解释为相辅相成的关系。

黎元洪在上任之初确实想做一些事情来装点门面。他任命法学家王宠惠为内阁总理,延揽顾维钧、汤尔和、罗文干、徐谦等一批政治名流入阁,时人称之为"好人内阁"。而实质上,正如顾维钧指出的,"吴将军(吴佩孚)是强有力的人物,是内阁的后台"④。更有甚者,由于曹锟想当总统的欲望愈发强烈,眼见黎元洪开始广收人心,担心后者成为自己总统路上的绊脚石,于是策划制造事端,先是在黎元洪任期上大做文章,希望缩减其任职时间,随后鼓动议员制造倒阁风波,逼迫黎元洪让出总统之位。1923 年 6 月,在京的军

---

① 章太炎:《大总统黎公碑》,载《章太炎全集》第 9 册,第 224 页。
② 张国淦:《黎元洪再任总统》,载章伯锋主编《中国近代史资料丛刊・北洋军阀》第 4 卷,上海:上海书店出版社,2021 年,第 208—211 页。
③ 汤志钧编:《章太炎年谱长编(增订本)》上册,第 365 页。
④ 天津编译中心编:《顾维钧回忆录缩编》上册,北京:中华书局,1997 年,第 86 页。

警、官佐以讨饷为名包围黎元洪官邸,用逼宫的形式催促黎元洪赶快让位。无奈之下,黎元洪只好随亲信出走天津,辞去大总统之职。自从武昌起义以来,章太炎一直认为黎元洪是共和政体下的理想领袖,因为他性格随和,待人宽仁,甚至相信"使公(黎元洪)得位乘权十年,边患必不作,陆海军亦日知方矣"①。但黎元洪之所以显得宽厚老实,与其说是因为他的性格,不如说是因为他十分清楚自己手中无兵,且之所以能登上民初历史舞台,主要是因为武昌起义中由于偶然因素被起义官兵推举出来领导部队,所以要想在手握重兵的北洋军阀与长期致力于革命运动的革命党之间生存,必须收敛个性,讨好各方,身段柔软,八面玲珑。这也意味着他不太会长期坚持某种政治主张,而是根据时势变化决定自己的行动。时人曾这样评价他:"(黎元洪)对民国从无一些功绩,拿一副假面具,和几位稍有声势的人周旋。遇着事情,假痴假呆,人家以为他是一个好人,他的声誉从此一天一天地响起来。"②"他一受人的抬举,就自大起来;一受人的压迫,就柔顺起来。"③更有甚者,黎元洪参加革命本已带有不少被逼无奈的意味,这也决定了他不太可能以拱卫共和为己任,否则他也不会在府院之争时让公开反对共和的张勋带兵进京了。这种在政局混乱之际求自保的人,不干太多无原则之事已属难得,要想指望这样的人领导中国走向富强,很大

---

① 章太炎:《大总统黎公碑》,载《章太炎全集》第9册,第224—225页。
② 雪生:《黎元洪不配做总统》,《求是新报》1923年第56号,第43页。
③ 寿康:《无用的黎元洪》,《孤军》1922年第1卷第1期,第1页。

程度上是一厢情愿。①

让章太炎一厢情愿的不仅是黎元洪,还有他多方奔走的联省自治运动。关于湖南省的情形,李剑农一针见血地指出:"自张敬尧被逐后,制宪自治的招牌虽然挂出来了,但有一个最难解决的问题就是军队过多,各将领又彼此不相上下;省库的收入既不足以供军队的需求,要裁减又不能得各将领的同意;裁甲留乙甲不肯,裁乙留甲乙也不肯;彼此分据防地,把持税收,省库不名一钱;防区有肥瘠,瘠区的驻军还要向省库索军饷。在这种情形之下,所谓制宪自治只是粉饰外观之具,内部实有不能终日之势;因是那些穿短衣、佩指挥刀的倡言自治者渐渐忘了自己所挂的招牌,想进一步地向外发展。"②湖南的联省自治运动虽然唤起了本地政治与文化精英的极大热情,但真正主导该省政治走向的还是那些控制军队的军阀。当他们需要联省自治的招牌时,他们就会摆出一副拥护的姿态,当他们不再需要这块招牌,或者联省自治的实践损害到其利益时,他们也就不会继续支持这一运动。而在本省精英那里,联省自治中的"自治"得由他们来主导,所谓"民意"主要也是他们的意

---

① 从思想层面看,章太炎之所以欣赏黎元洪,很可能与他对理想政治领袖的认识有关系。在《国故论衡》的《原道》篇里,章太炎提出要将道家与法家的优良之处相结合。放眼中国历史,汉文帝就是比较符合这一主张的统治者。在《检论》里,章太炎详细论述了这一点。他认为,西汉初年,内有诸侯国力量坐大,外有匈奴强兵压境,汉文帝却做到了"以端居无为亭毒其民,仁不容奸,而法不可隐,使人人得以缓带而议,阔步而游"。如此这般,不但做到了与民休息,而且还能逐渐积蓄国力,为后世击破匈奴奠定基础。参见章太炎《检论·近思》,载《章太炎全集》第3册,第642页。从形势上看,辛亥革命之后的中国与汉初颇有相似之处,因此章太炎大概也就觉得看上去属于宽厚长者的黎元洪,是一位能够做到汉文帝那般成就的统治者。
② 李剑农:《中国近百年政治史》,第521页。

见。如果普通民众也在此口号下要求更多的权利,特别是受到五四新文化运动影响的青年学生希望借此运动来实现自己的政治理想时,精英阶层中的绝大部分人也不会采取支持态度。1924年,兵强马壮的吴佩孚要求赵恒惕取消自治,后者尽管不情愿,但畏于吴佩孚的军力,只好答应修改湖南省宪。修改后的省宪,加入不少彰显中央高于地方的内容,减少了原省宪里体现民主思想的内容。① 这使得湖南的联省自治愈发有名无实。

或许是意识到联省自治运动很可能以失败告终,章太炎开始思考退而求其次的政治方案。他建议在中央采取"行政委员制",即设置五位或七位级别一致的行政首脑,"长短相济,调之适中",以收互相制约之效。② 他认为这样可以避免出现段祺瑞或吴佩孚式仗着武力操控政局的人物。当然,放眼当时的中国,已经没什么人会重视章太炎这个意见了。

在联省自治思潮汹涌之际,陈独秀这样评价:"近来的联省自治论,非发生于人民的要求,乃发起于湖南、广东、云南等省的军阀首领,这个事实,我想无人能够否认。这种无病而呻的联省自治论,在这班军阀首领自然是有病而呻;所以我敢说现时的联省论,隐然以事实上不能不承认已成的势力为最大理由,是完全建设在武人割据的欲望上面,决非建设在人民实际生活的需要上面。武人割据是中国政象纷乱的源泉,建设在武人割据的欲望上面之联省论,不过冒用联省自治的招牌,实行'分省割据'、'联督割据'罢了。而且国内政论家若以苟且的心理,以为事实上不能不承认这

---

① 胡春惠:《民初的地方主义与联省自治》,第210—216页。
② 章太炎:《改革意见书(二)》,载《章太炎全集》第11册,第650—651页。

种已成的势力,遂轻假以自治之名,则希图割据的武人得了时论的援助,人奋其私,师旅团长都可以效督军总司令之所为,假自治之名,行割据之实,一省之内又复造成无数小酋长的局面,更陷吾民于水深火热之中,这时诸君又将以他们'不能立时放弃自治'为理由,以为事实上不能不承认他们已成的势力,来主张'联道自治'、'联县自治'吗?"[1]从联省自治运动的实际效果来看,陈独秀的这番观察是很准确的。

就其本心而言,章太炎之所以主张联省自治,绝非为了讨好地方军阀。他有感于北洋系长期把持中央政权,干了不少卖国勾当,所以想借助其他力量来牵制他们。他相信只要各省能够有足够的力量,就可抵制中央政府的卖国政策,同时能避免为夺取中央政权而出现的战争。但他似乎并未考虑到,在军阀混战的年代,控制中央的北洋系固然不惮于做卖国勾当,但只要有合适机会,地方军阀一样也会做相似的事情,这与在中央掌权或在地方割据没什么关系。更为重要的是,章太炎自己也承认,要实现联省自治,必须先清除军阀势力。可是他除了将此寄希望于形式上的精英共商机制,也只能期盼"武人自身有觉悟"。而恰恰是这一点,在整个民初政治史中几乎难得一见。实力雄厚的军阀,在称霸一方基础上,不时觊觎中央政权;实力有限的军阀,则牢牢守住自己防区,让自己有一个较为固定的收取苛捐杂税之地。时人尝言:"吾国近年,伟人太多,军阀迭起,有地盘者,拥兵自重,务扩张其势力;无地盘者,不甘雌伏,日以捣乱为争夺之机。非此省侵蹋彼省,即此党排击彼

---

[1] 陈独秀:《联省自治与中国政象》,载任建树主编《陈独秀著作选编》第2卷,上海:上海人民出版社,2009年,第473—474页。

党,岁无宁日。调和者四面敷衍,满口仁义道德,相争者亦满口仁义道德。利用调和二字,以稳固其地盘,抵制他人之反抗。"①这一观察,极有见地。

此外,以士绅为主体的本地精英虽然在普通民众面前可以高高在上,但面对有兵有枪的军阀,多数时候只能选择与之合作,或是沦为其附庸,或是成为其帮凶。② 严复曾这样评价民初的大小军阀:"夫吾国武人,固与欧美大异,身列行伍,大抵皆下流社会之民,真老泉所谓以不义之徒,执杀人之器者。"彼辈"处崇大优厚之地,操杀伐驱除之柄,而且兵饷之权不分,精械美衣,费帑无艺,则由是穷奢极欲,豪暴恣睢,分土据权,宁肯相让"。③虽然多数军阀恰如严复描述的那样不学无术、尔虞我诈、妻妾成群,但他们却时常需要文人学士装点门面,显示自己礼贤下士、尊重道统。加之他们看准了地方精英渴望秩序稳定、渴望维持既有特权的心理,因此只需略作姿态,不难找到一批合作者。正如胡春惠所论:"以联省自治来解决国家僵局的热心者,多只是一些知识分子和地方士绅,他们既不能获得有枪阶级的衷心支持,也没有唤醒广大的群众作基础,所以被认为正像河水表面的一层油一样,猛看上去似能代表人民全体,但实质上却无底蕴。所以一时之间他们虽能对当时的军阀政客们,产生出一些德谟克拉西思想崇拜下的支配,但是在一阵疾风

---

① 南海胤子:《安福祸国记》,载荣孟源、章伯锋主编《近代稗海》第 4 辑,成都:四川人民出版社,1985 年,第 447 页。
② 陈志让:《军绅政权——近代中国的军阀时期》,北京:生活·读书·新知三联书店,1980 年,第 4 页。
③ 严复:《与熊纯如书(五十九)》,载王栻主编:《严复集》第 3 册,北京:中华书局,1986 年,第 675、676 页。

吹过以后,其支配作用也就消失得无影无踪了。盖联省自治运动的本身,就是一种迁就现实环境下不彻底的和平改良,在那千疮百孔的政局下,仅想用制定的一部省宪和省自治法,就可以赖法律造成事实,这是一项高格调的想法,对于民主法治根本没有扎根的中国,无异缘木求鱼。"①就此而言,章太炎在给青年学生做演讲时,希望他们不要养成依靠已成势力的习惯。他自己也承认,"盖今日中国,为从古未有之变局。欲应兹变,非芟除军阀,则虽有优良之社会制度,终托空想"②。可在参与政治活动时,他却总是想借助已成势力的力量来实现其目标,甚至被人利用而不自知,这不得不说是一个巨大的历史遗憾。

---

① 胡春惠:《民初的地方主义与联省自治》,第329—330页。
② 章太炎:《说求学》,载《章太炎全集》第11册,第584页。

徘徊政治歧路

1924年9月,第二次直奉战争爆发。受到日本支持的奉系军阀张作霖率大军向直系军队发起进攻。原属于直系的冯玉祥因与吴佩孚的关系并不融洽,在直奉两军鏖战于山海关之时,率领军队进入北京,逼迫因收买议员而当上总统的曹锟下令停火,并将所属部队改名为国民军。吴佩孚闻讯,立即赶回天津。奉军乘机发动猛攻,日本则不允许直军途经秦皇岛,在此情形下,直军溃败。吴佩孚逃往南方,以图再起。冯玉祥占领北京后,先是推举黄郛为国务总理,代行总统职务。随后在与张作霖商讨后,将已经失势的皖系军阀段祺瑞推出来担任临时执政。但不久之后,冯玉祥与张作霖又发生分歧。冯玉祥受到俄国十月革命影响,希望得到新兴的社会主义政权苏联的援助。张作霖则延续其他军阀的习惯,极力赢取传统帝国主义列强的支持。因此,二人及其背后的国际力量纠纷日益激化,最终冯、张之间发生冲突,冯玉祥退守西北,与广东的北伐军遥相呼应。面对国民革命运动的蓬勃发展,张作霖则选择与吴佩孚摒弃前嫌,共同对抗国民革命运动。

与此同时,身在广东的孙中山开始反思自己为何革命数十年却未能成功。他逐渐意识到自己总是将希望寄托于旨在瓜分、占据、掠夺中国的帝国主义列强的援助,以及各地手握实权的军阀的支持上。因此每当自己的主张超越这两种力量所允许的范围之内,就会遭受他们的排挤或攻击。此外,从同盟会到国民党,革命阵营严重缺少组织原则与政治纪律,要么像旧式士绅那样基于交情、地缘、亲缘、同门关系而结合在一起,要么就颇为蹩脚地效仿秘密会党之所为,把后者那套指天画地按手印的方式用来约束党员、规范行动。这样很难让革命同志因共同的政治理想与政治目标走到一起,形成具有组织性与纪律性的政治团体。因此,目睹十月革命之后全球范围内兴起的革命潮流,孙中山开始有意识地关注苏联的政党、军队与宣传实践,希望借鉴列宁的党建思想与政治学说来改组国民党。在苏联顾问帮助下,1924年1月,国民党在广州举行第一次全国代表大会,提出反对帝国主义、扶助农工、国共合作的口号。几个月后,孙中山任命蒋介石为黄埔军校校长,开始依据苏联的军事组织原则创建一支具有革命理想与革命纪律的新式军队。改组之后的国民党,虽然各种旧的政治习气一时间难以完全清除,其内部一些老党员对于与共产党展开合作、扶助农工、打倒帝国主义等政策也颇有微词,但相比于从前,国民党的气象还是为之一新。在新气象吸引下,全国各地不少怀抱革命理想与革命热情的青年知识分子来到广东,加入国民革命的队伍之中。① 由于他

---

① 王奇生:《中国近代通史·国共合作与国民革命(1924—1927)》,南京:江苏人民出版社,2006年,第416—421页。

们当中不少人受到过五四新文化运动的洗礼,在做事风格与价值理念上和孙中山眼里已经越来越显得腐朽落伍的"老同志"之间有明显区别。他们更善于组织动员民众、更关注中国社会广泛存在的社会矛盾,并擅长运用新的大众传播媒介宣传革命理念。

1924年底,为了回应在社会上引发极大共鸣的废除不平等条约的呼声,段祺瑞宣布先召开由各省区代表组成的善后会议,再以此为基础召开国民会议。孙中山觉得能够以此为平台宣传自己的政治主张,于是抱病北上,与段祺瑞、张作霖等人会面。章太炎也收到善后会议筹备处的邀请,但他认为段祺瑞的政治合法性本就值得质疑,善后会议的筹办很大程度上是其为自身利益而故作姿态,因此不打算参加。在章太炎看来,自从直系军阀将黎元洪赶出北京后,执掌中央政权的不同势力皆不具备合法性,不能代表所谓民国"法统"。① 基于相似的立场,在冯自由的怂恿下,章太炎又领衔发表《护党救国宣言》。该宣言表面上是在批评国民党长期组织涣散,同志散布四方,难以有效统合,号召不忘清末革命宗旨者互相联络沟通,共定国是。但实际上冯自由因反对国民党改组而遭孙中山责备,他与其他反对改组的老党员北上上海,想另树旗帜,对抗改组之后的国民党。因此,这篇宣言就是冯自由等人打出政治口号的标志。章太炎很早便与冯自由相识,一直以来都保持不错的关系,因此后者不难用自己的政治态度来想方设法影响章太炎。

说起政治立场,章太炎自始至终最为明显的一点就是反对帝

---

① 汤志钧编:《章太炎年谱长编(增订本)》上册,北京:中华书局,2013年,第455—456页。

国主义在政治、经济、文化领域侵略中国,维护中国的版图完整与主权独立。他一度与孙中山等人关系不融洽,除了个人纠纷,就是因为他觉得孙中山时常与帝国主义列强搞暧昧,希望借助后者力量来实现政治主张。他之所以主张联省自治,也是因为担心由北洋集团控制的中央政府会利用其职权干卖国勾当。甚至在公开发表的论著里,除了戊戌年间因不明世界大势而误作孟浪之论,他一贯秉持批判帝国主义的立场,不像梁启超那样虽然反对帝国主义侵略,但却时常对白种人殖民世界持仰慕的态度。这一点是章太炎和其他与各路军阀保持紧密联系的人最为不同之处。1925年1月,章太炎在《华国月刊》撰文,借分析秦蕙田《五礼通考》来评价晚清名宦曾国藩。他认为曾国藩忘记了儒家的夷夏之辨,在西方列强面前"始终屈节"。为了剿灭太平军,曾国藩支持英国殖民者戈登组织洋枪队,借助列强兵力来镇压农民起义,"其辱国有甚于和亲者"。从性质上看,此乃"招戎以轶中国"。① 曾国藩在清末民国广受读书人崇拜,被视为恪守儒家修身之道的代表。而在章太炎眼里,曾国藩在西方列强面前如此软弱,甚至挟洋自重,根本不能算合格的儒者。

1925年,上海日资工厂里的中国工人因厂方无端殴打与开除工人而展开罢工,该年5月,积极组织工人与厂方展开斗争的顾正红被日本人枪杀,这引发上海各界强烈抗议,数千学生赴公共租界进行演讲,援助罢工工人,号召人们反对帝国主义侵略中国。英国巡捕对学生和其他集会群众开枪,造成11人死亡,20余人重伤,此

---

① 章太炎:《书秦蕙田〈五礼通考〉后》,载《章太炎全集》第11册,上海:上海人民出版社,2018年,第669页。

即著名的"五卅运动"。在这场运动中,中国共产党与改组之后的国民党积极组织学生与社会各阶层,向租界当局与列强在华势力展开抗议与示威活动,并通过报刊介绍斗争情况,广泛宣传反对帝国主义与打倒列强的主张,在短时间内得到了全国范围的响应,大多数中国人积郁已久的爱国热情被唤起,工商阶层、知识分子、工人、学生,都参与到这场反帝运动中来,组成了联合战线。① 特别是不少知识青年因为这场运动而对反帝救亡有了一定认识,遂南下广东,或是报考黄埔军校,或是加入广东的革命政府。

对于五卅运动,基于反帝思想,章太炎自然十分支持。② 1925年6月,他带头署名,发表通电,批判向学生开枪的英国殖民者,并

---

① 任建树、张铨:《五卅运动简史》,上海:上海人民出版社,1985年,第108—158页。
② 章太炎的女婿朱镜宙在此期间的观点很能体现为何有良知的中国知识分子会同情"五卅运动"。朱镜宙说:"此次风潮(五卅运动)之所以扩大,其原因决非一朝一夕。而百年来高压之外交与不平等待遇,实为其导火线,倘不从根本上解决,中外感情永无彻底融洽之望。"他还说:"外人皆以国人排外为辞,可谓滑稽之至。他不具论,姑就上海一埠言,黄浦滩公园,惟狗与华人不得入内。上海之市政会,他国皆有代表,惟中国人纳税最高而代表反无一人。他如跑马场等公共娱乐机关,凡属华人,一律皆不得参与。反之,为中国人所有者,外人无不可自由享受之。然则中国人'排外'乎?抑外人'排华'乎?苟一平心静气加以理性之判断,当无不哑然若失。""近两年来外人时有不入耳之论调曰:'华人苟以租界待遇为不平,可迁去云云。'此种绝无理性之言,其中充满着无限骄矜之态度。中外感情之障碍,实此种态度有以致之。吾人于此设若反唇相讥曰:'如外人不愿与华人合作,请不必远来中国。'未知彼辈复何辞以对?"参见《朱镜宙致曾琦》,载谢作拳编《朱铎民师友书札》,杭州:浙江古籍出版社,2020年,第171页。按:朱镜宙在这里提到的上海公园里那块著名的牌子,晚近以来常有论著认为很可能是乌有之物。但政治立场偏右翼的日本东洋史家和田清在其论著里也提到:"大家知道,当时上海修了一个公园,在公园门口写着'狗与华人不得入内'的字样,我到上海的时候也曾亲眼看到过。"参见[日]和田清:《东洋史》,何宁译,北京:商务印书馆,1963年,第81页。在这里,和田清似乎没必要将乌有之物说成"曾亲眼看到过"。

呼吁收回租界：

> 英捕房自谓保护治安，而学生实未携带金刃，空言求请，何害治安？乃竟开枪杀人，波及行路，似此妄行威虐，岂巡捕之职当然？事后学生要求驻沪交涉员与领事谈判，请将行凶巡捕治罪，而该捕房犹始终狡展，连续两日，仍于马路枪杀市民不绝。是则租界吏役擅杀华人，一切可以保护治安借口，恐虽专制君主亦无此残戾也。某等以为英捕而不治罪，固不足以肃刑章；英捕而果治罪，亦未必足以防后患。惟有责成外交当局，迅速收回租界市政，庶几一劳永逸，民庆再生。①

1925年7月，群治大学学生代表访问章太炎，询问他对于五卅运动的看法。他认为："五卅惨剧，举国悲愤，民气激昂，实行经济绝交，一致对外，足见吾民族精神未死。"同时他指出："军阀已不可恃，所可恃者，惟吾民众耳。"②可见，章太炎已经意识到要想打倒帝国主义，需要寻找新的政治力量，特别是要将广大民众组织动员起来。在这个意义上，章太炎的认识其实与国民革命的口号相差并不远。五卅运动影响极广，租界当局虽然不会轻易将租界交回中国，也不会放弃领事裁判权，但面对中国社会各阶层汹涌澎湃的反帝呼声，还是采取了一些妥协行为，包括增加工人工资、不得无故开除工人等。而从支持五卅运动、呼吁收回租界这一点来看，章太炎依然保

---

① 汤志钧编：《章太炎年谱长编（增订本）》上册，第466页。
② 汤志钧编：《章太炎年谱长编（增订本）》上册，第467、468页。

持着革命者的本色。①

在五卅运动中,除了中国共产党与国民党,还有一个新成立不

---

① 五卅运动爆发后,不久前还在与章太炎争论治经与治子之异同的胡适也发表了看法。据一位听过胡适评价这一事件的演讲的学生写给前者的信,胡适在武昌大学对学生说:"五卅沪案,闹得全国纷扰,你们应该走的一条路,就是闭门读书,不管闲事。沪案打死的是少数人,你们反省一下,看看直奉战争,打死十几万人。你们对于奉直不说话,为什么对于沪案要说话呢? 况且英国人没用机关炮打,用的步枪,这是的确的。"针对这番话,写信者问胡适:"依你说,奉直战争打死多数人是不应该的,难道说英国人打死中国人少数就是应该的吗? 依你说,为奉直战死没有说话,难道说为沪案说了话就有罪不成吗? 依你说,沪案要打死多少才说话,请你指出一定的数目。""你说,英国人没有用机关炮打,用枪打的,是的确的事。试问炮打死与枪打死的有何分别? 未必枪打死的就应该了吗?"参见《李翙东致胡适》,载中国社会科学院近代史研究所中华民国史组编《胡适来往书信选》上册,北京:中华书局,1979年,第345—346页。此外,梁启超颇为相信五卅运动是中国共产党一手策划的,只是帝国主义者不善于应对而已。不过,笔者写作本书时参考的不同版本的梁启超年谱对此的记载却存在差异。笔者长期携带身边翻阅参考的中华书局2013年出版的《梁任公先生生年谱长编(初稿)》中记载,梁启超1925年在与梁令娴等人的信中说:"这回上海事件,传纯是共产党预定计划,顽固骄傲的英侨和英官吏凑上去助他成功,真可恨。"参见丁文江、赵丰田编《梁任公先生生年谱长编(初稿)》,北京:中华书局,2010年,第559页。笔者家中所藏的另一版,即上海人民出版社1983年出版的经由赵丰田修订和增补的版本对此信的记载则是"这回上海事件,纯是共产党预定计划,顽固骄傲的英侨和英官吏凑上去助他成功,真可恨"。参见丁文江、赵丰田编《梁启超年谱长编》,上海:上海人民出版社,1983年,第1048页。两个版本,一有"传"字,一无"传"字,其中差异,颇为重要。因为如果梁启超如此认知来自传闻,那么至少证明他虽有某种倾向性,但并未直接判定五卅运动是"共产党预定计划"。这可理解为梁启超对此事的信息来源比较单一,所以轻易听信了某一类型的消息。如果无"传"字,则可断定,在梁启超的认知中,五卅运动的起因就是中国共产党有意策划的,而非帝国主义者长期虐待中国劳工所致。若果真如此,则梁启超晚年政治主张之底色,于此可见一斑。这与在清末撰写《灭国新法论》时的梁启超相比,差别实在有些大。笔者随后又托友人帮查阅该年谱的稿本,发现其中也无"传"字。参见清华大学国学研究院、中华书局编辑部编《梁任公先生年谱长编稿本》第16册,北京:中华书局,2015年,第7630页。但是不管怎样,相较于这两位,可以比较明显地看出章太炎鲜明的反帝思想。

久的党派也借机宣扬自己的政治主张,这就是中国青年党。中国青年党主要由出身中上层的青年知识分子组成,他们以精英自诩,对民众运动颇为轻视。① 他们效法19世纪以降的国家主义思潮,强调全体国民应以"国性"为起点来保卫国家、建设国家,抵抗任何有损国家主权的外部力量。从外观上看,这与近代以来的救亡图存理念颇为相似,但具体到20世纪20年代的政治语境里,这样的主张主要是对抗中国共产党提出的无产阶级革命与反对帝国主义列强。因为中国青年党宣称中国社会没有阶级矛盾,中国的政治运动应以全体国民为参与者,是"全民革命",将国内的阶级矛盾与中国和帝国主义国家之间的矛盾对立起来,宣扬不能因过分关注前者而忽视后者。② 对于中国共产党提出的反帝主张,他们并未直接反对,而是认为不但英美日等国是帝国主义,十月革命之后的苏

---

① 曾辉:《中国青年党研究(1923—1945)》,华东师范大学历史系2014届博士论文,第21—39、56—59页。
② 在20世纪20年代,中国青年党的簇拥多为出身富贵之家的青年。粟裕回忆,他在湖南省立第二师范学校念书时,"二师的学生大体有两类,分属两个阵营。一是富家子弟,他们家里有的是钱,平时随便挥霍,大都参加'体育会'组织,是国家主义派控制的。一是不富裕家庭子女,他们求知欲旺盛,对社会现状不满,投考师范图的是学校供应伙食,上学期间吃饭不花钱。他们对富家子弟的所作所为很反感,参加的组织叫'学生会',以后又成立了'救国义勇队',都是共产党领导的"。参见粟裕《粟裕回忆录》,北京:解放军出版社,2007年,第11页。在浙江宁波,当地的国家主义者与本地绅商有着紧密联系,后者出资支持前者创办报刊,鼓吹国家主义。在由绅商资助的学校里,聘用了不少国家主义者为教员。一些国家主义者,自己本身就出身于绅商之家。参见马楠《从合作走向抗衡:北伐前宁波国家主义派与中共关系之演变》,《中共党史研究》2020年第2期,第119—121页。很明显,出身富贵之家的国家主义者们,其"阶级意识"是颇为明确的。他们不会对旨在改变当时不合理社会结构的社会主义思想有太多好感,也很难与占中国人口绝大多数的工人与农民产生多少共情。

联也是帝国主义,这就将中国共产党所接受的列宁对于帝国主义的剖析——帝国主义是资本主义的最高阶段,是金融资本占主导地位的经济生产方式,扭曲成一切与中国政治发生关系的国家都是帝国主义。其目的就是用抽象的"国民"名义掩盖中国社会普遍存在的贫富差距与阶级冲突,用缺少准确定义的帝国主义概念消解国际共产主义运动对帝国主义支配格局的批判与冲击。正因为秉持这样的政治主张,在具体政治活动中,他们主动与孙传芳这样的军阀建立联系,派遣党员赴后者创办的军事学校任教,借此培植势力。① 相似地,与其说他们真做了多少反抗英美日帝国主义的事情,不如说将大部分精力用于反共宣传。

中国青年党的主要领导人曾琦颇为推崇章太炎。1918年章太炎在四川演讲读历史的重要性,曾琦在报纸上看到演讲内容,在日记中认为章太炎此论"洵不刊之言"。② 参与成立中国青年党之后,1924年9月14日曾琦在日记中记载:"赴华国月刊社购该刊十二册,其中载有予在巴黎寄妹书,章太炎先生曾为改易数字而加以赞语,成为词事悲壮,有习凿齿、鲍明远风,可以风世云。旋往谒太炎先生,谈时局良久,并以醒狮周报条例征先生同意,请其代署封面。"③可见在他看来,章太炎实为自己的知音。而章太炎不但愿意为青年党的喉舌《醒狮周报》题字,还与曾琦谈了许久关于时局的

---

① 李义彬编:《中国青年党》,北京:中国社会科学出版社,1982年,第188—190页。
② 曾琦:《曾琦日记》,载陈正茂等编《曾琦先生文集》下册,台北:"中研院"近代史研究所,1993年,第1327页。
③ 曾琦:《曾琦日记》,载陈正茂等编《曾琦先生文集》下册,第1410页。

看法。

因此,章太炎对于中国共产党的认识,除了受到冯自由等国民党右派的影响,很有可能还受到在巴黎留学时就与周恩来、赵世炎等中国共产党人发生激烈冲突的曾琦之影响。这使他很难全面认识中国共产党在当时提出的政治主张,以及国民革命的口号与实践。1925年,他在上海国民大学发表演讲:

> 现在广东的党政府——什么"党""不党",简直是笑话,直是俄属政府——借着俄人的势力,压迫我们中华民族,这是一件很可耻辱的事……最后,凡是借外人势力来压迫中华民族的,我们应当反对他,这便是我们最后的责任。①

从内容上看,这番话很像中国青年党揭橥的"爱国、反俄、反共"诸口号。章太炎基于晚清参加革命运动时的经验,认为苏联也是"外人势力",广东革命政权也是在借助"外人势力"而行事。他或许并未仔细思考,为什么五卅运动当中那么多参与到反对帝国主义游

---

① 章太炎:《我们最后的责任》,载章念驰编订《章太炎演讲集》,上海:上海人民出版社,2011年,第293页。

行中的青年会认同广东革命阵营,会对共产主义产生如此浓厚的兴趣。① 而对于帝国主义侵略中国的危害,对于帝国主义列强在中国培养政治代理人的现象,也恰恰是随着马克思列宁主义在中国的广泛传播才被人们深刻认识的。在这个问题上,杨荫杭的观点就颇有见地。他在1925年撰文说:"中华如果'赤化',绝不如外人之言,为一国所煽动也。中华人绝不愿'赤化',若形格势禁,处于不能不'赤化',则列强共同之罪有以致之,非中华人之过,亦非煽动者之力也。一国之利权,不外铁路、矿产、航路诸大端,今皆操于外人之手;其心以为未足,又盘踞其税关,操纵其财政,箝制(钳制)其商业。中华商人虽竭力与之竞争,然关税一端已足以制其死命,而无自拔之一日。此类经济侵略政策告成之日,即中华全国人民待毙之时。中华人纵不愿'赤化',要不能不做人、不吃饭。他日全国人民皆为苦力,为外国人挽人力车,则今之乘汽车而反对'赤化'者,即后之挽人力车而欢迎'赤化'者也。"②

1925年,李宗仁、白崇禧、黄绍竑击败盘踞桂林的军阀沈鸿英,

---

① 当然,从另一个角度来看,章太炎担心苏联也会像其他帝国主义国家那样损害中国的利益,这在很大程度上是基于他过去的政治经验而做出的判断。如果联系到后来由苏联指派来华的某些外籍顾问对中国革命造成的巨大损害,章太炎的这些观点未尝不是一种饱经忧患之后的深思。而中国共产党走向成熟的标志之一,也恰是摆脱照搬外国经验的做法、摆脱"言必称希腊"的风气,独立自主地制定路线政策。据师哲回忆,毛泽东就曾说:"王明问题的关键、症结之所在,就是他对自己的事(指中国革命问题)考虑得太少了! 对别人的事却操心得太多了!"(参见李海文整理《在历史巨人身边:师哲回忆录》,北京:中央文献出版社,1991年,第263页。)此外,若将视野放宽,苏联在处理对外关系中不时体现出来的大国沙文主义,对国际共产主义运动造成颇为严重的后果,最终也伤及自身。
② 杨荫杭:《赤祸》,载杨绛整理《杨荫杭集》下册,北京:中华书局,2014年,第741页。

271

基本统一广西全境。1926年3月,广州国民政府任命李宗仁为国民革命军第七军军长,使国民革命军实力得到极大提升。1925年底,广东国民革命军发动第二次东征,攻下惠州城,随后收复海南岛,广东也获统一。至此,广东国民政府的后方已基本稳固。下一步就是挥师北伐,消灭北洋军阀。或许是有感于南方革命阵营蒸蒸日上,在上海的各派政治力量开始互相联络,壮大声势。这时,身在上海的章太炎就成为重要的被拉拢对象。1926年1月,章太炎59岁生日,军阀孙传芳与江苏省省长陈陶遗送给他寿诗一轴,寿联一副,餐券一百席,白兰地酒一百箱,当地官绅名流上门祝寿者络绎不绝,场面很是热闹。① 而据黎元洪派至上海联络各方势力的人士观察:"吴(吴佩孚)、张(张作霖)、孙(孙传芳)诸军阀于太炎均尊若阁老,信使往还,欢迎其至鄂、至奉、至宁者,络绎不绝。"对于章太炎,"国中无论何派政客、军人,靡不低首请教。于太炎先生之前,积牍盈尺,游士盈门,实吾侪在京、津者想象之外。故太炎先生处消息灵通,人物杂沓,俨然一战国时三千游客麋集之稷下先生也。"②此时的章太炎,虽然门庭若市,俨然国师,但正像鲁迅说的,"用自己所手造的和别人所帮造的墙,和时代隔绝了"。③ 其实不仅鲁迅这样看,身为梁启超高参的张君劢也认为章太炎当时"交友太滥",劝梁启超不要与他组成政治联盟,免受牵累。④

---

① 汤志钧编:《章太炎年谱长编(增订本)》上册,第488页。
② 《嘉异报告沪上活动函》,载天津市历史博物馆馆藏《北洋军阀史料·黎元洪卷3》,天津:天津古籍出版社,1996年,第1021—1023页。
③ 鲁迅:《关于太炎先生二三事》,载《鲁迅全集》第6卷,北京:人民文学出版社,1981年,第545页。
④ 丁文江、赵丰田编:《梁任公先生年谱长编(初稿)》,第638页。

在此环境下,章太炎不自觉地受到围绕在他身边人的影响,成为他们反对国民革命、反对北伐的代言人。1926年4月7日,章太炎参与在上海成立的"反赤救国大联合",并被推举担任理事。不久之后,他又参与发起"国民外交协会",任名誉会长,鼓吹应以"反赤"作为外交之重心。1926年4月14日,"反赤救国大联合"召开第一次干事会,章太炎出席,讨论所谓"宣言草案"。该草案重复着北洋军阀与中国青年党对于国民革命运动的斥责论调,甚至认为"中国之于列强,无所偏亲,故列强于中国,亦无偏怨,假令易以赤帜,则均势之局一破,远东大战,立见开始"。为了"反赤",该草案不顾列强长期以来对中国的侵略,以及所谓均势状态对中国主权的严重损害,而将其美化为"无偏怨"。或许是为了让这篇草案看上去更美观,其中还提到要"发展民治精神,凡不正当之势力、不合理之政治、不安宁之状况力求革除,团结民众,共趋法律轨道之上"。以及"实行社会政策,以调和劳资之冲突,普及适宜之生计,改良工人之待遇"。① 这些主张自然很符合当时的民众呼声。但问题在于,放眼中国,谁才是大多数人眼中的"不当之势力",哪些政治集团身上最能体现"不合理之政治",其实答案不难找到,章太炎自己在关于五卅运动的评论中也提到了。更有甚者,"改良工人之待遇"不能仅凭口说,而需强有力的政策支持。当时除了广东的革命阵营公开强调"扶助农工",其他政治力量并无相似主张。即便是一度以进步形象示人的吴佩孚,在发现工人运动不利于自己控制铁路之后,就对之进行残酷镇压。

---

① 汤志钧编:《章太炎年谱长编(增订本)》上册,第495页。

在此期间,章太炎主要在上海活动,而彼时控制上海的是盘踞东南数省的直系军阀孙传芳。据出任孙传芳治下的淞沪商埠督办公署全权总办的丁文江观察,"孙在军人中,很有才,很爱名誉,很想把事情办好。只是有一个根本的缺陷,就是近代知识太缺乏了"①。熟识民国掌故的徐凌霄与徐一士认为,孙传芳"以浙江为根据地,一跃而为五省联帅焉。在浙时收拾民心,与地方感情颇不恶"②。因此,1926年8月,当北伐军一路报捷,吴佩孚已觉难以支撑之际,孙传芳为了显示自己在大兵压境之际依然气定神闲、从容不迫,为了笼络江浙一带的政治与文化精英,决定在南京举行投壶礼仪式。之所以选择投壶礼,是因为投壶在古代礼制当中属于宾礼或嘉礼,孙传芳意在借此表明,自己独占东南富庶之地,各方势力均难以与之抗衡。君子相争以礼,大家都应该在自己的安排之下,商讨中国未来的政治格局。同时,鉴于当时吴佩孚屡屡向自己求援,而北伐军却并未停止前进步伐,孙传芳或许也在借此行为来向蒋介石等广州国民政府军政要员暗示息兵戈、修礼乐,大家停战议和,互为妥协。③

几天以后,孙传芳又拟成立"江苏省修订礼制会",并聘请章太炎、沈彭年、姚文柟、汪东等11人为会员。在南京举行投壶仪式时,章太炎并未出席。随后在孙传芳、陈陶遗于南京主持的修订礼制会成立会上,章太炎列席参加,并做了发言。他认为修订礼制确

---

① 傅斯年:《丁文江一个人物的几片光彩》,载欧阳哲生主编《傅斯年文集》第5卷,北京:中华书局,2017年,第517页。
② 徐凌霄、徐一士:《凌霄一士随笔》上册,北京:中华书局,2018年,第225页。
③ 王锐:《1926年南京制礼事件述论——兼论身处其中的章太炎》,《上海档案史料研究(第21辑)》,上海:上海三联书店,2016年,第25—31页。

实很重要,可以此来维系社会道德。但时代在不断变化,古代礼制有许多不适合继续用于今日的地方,一味复古,很可能适得其反。因此,需要制定一些符合现代社会标准,让人们易知易行的礼制。① 很明显,面对孙传芳煞有介事地大搞投壶礼仪式,章太炎的发言其实颇为冷淡,并未附和孙氏此举。在与好友李根源的信中,他对于此次南京之行如是描述:"昨为南京礼制会所嬲,夜往夜归。"②虽然只有寥寥数字,但是所用的这一"嬲"字,却足以说明章太炎的态度。"嬲",其意为打扰、纠缠,或许在章太炎看来,南京方面为此事屡次相扰,实在没有办法,才前去应付一下,自己本身对此并不多么热心。而在先前与弟子的信中,章太炎说:

> 果有匡时之志者,当思刘晔有言,昏世之君不可睱近,就有佳者,能听至言,十不过三四,量而后入,不可甚亲,乃得免于常絓。昔人与汉高、句践处,功成便退。若遇中材,一事得就,便可退矣,毋冀功成也。入吾门者,宜视此。③

由此可见,虽然章太炎一度受到各种反对广东革命阵营的人吹捧拉拢,自己在政治主张上也受其影响,但在关乎出处进退的基本原则上,他还是十分冷静的。他认为在当时环境下,投身政治活动点到为止即可,不必与各派政治力量过度捆绑在一起,以免陷入太

---

① 章太炎:《在南京修订礼制会上之演说》,载章念驰编订《章太炎演讲集》,第295页。
② 章太炎:《与李根源》(1926年),载马勇编《章太炎书信集》,石家庄:河北人民出版社,2003年,第704页。
③ 章太炎:《通告及门弟子》(1926年),载马勇编《章太炎书信集》,第871页。

深，身受其累。他毕竟与北洋集团斗争了十余年，对孙传芳等军阀的本质其实是有清醒认识的，并不想让自己完全被其利用，或者成为彼辈的同路人。

但问题在于，面对民初以来的混乱局面，大多数民众对北洋集团本无太多好感。而随着国民革命运动的蓬勃展开，在经历过五四新文化运动洗礼的革命者的广泛宣传下，北洋军阀形象迅速负面化，凡是与他们有联系的个人或群体，也成为被激烈批判的对象。比如《新青年》杂志主要的作者高一涵就撰文评论："如果雅歌、投壶真正可以保境安民，礼义廉耻真正可以行于禽兽世界，那么，我们似乎也犯不着希望他们退伍，自然淘汰似乎暂时也淘汰不了他们。可是老天爷太恶事做，偏给人类一点良心，受良心的驱使，偏要箪食壶浆的欢迎新年，深恶痛绝的诅咒老人。"在此除旧立新的观念下，他奉劝"一般精神上的老人，早早升天，不要转那临去的秋波，来耽误了青年的大事"。① 在这里，他虽然没有点出章太炎的名字，但不难看出所谓"精神上的老人"，就包含了章太炎。相似地，陈独秀认为由于章太炎领取了孙传芳的大洋，所以才发表支持孙传芳"讨赤"的电报，他们二人"在那里演唱双簧"。章太炎替孙传芳"摇旗呐喊"，实属"廉耻丧失"之举。② 像章太炎当年对俞樾"谢本师"一样，章太炎的弟子周作人有感于老师反对北伐，与军阀往来频繁，也公开撰文，认为章太炎"似乎已经将四十余年来所主

---

① 高一涵：《新年》，载郭双林、高波编《中国近代思想家文库·高一涵卷》，北京：中国人民大学出版社，2015年，第550—551页。
② 陈独秀：《孙传芳章炳麟的双簧》《好一个有节操的章炳麟》，载任建树主编《陈独秀著作选编》第4卷，上海：上海人民出版社，2009年，第131页。

张的光复大义抛诸脑后了。我相信我的师不当这样,这样也就不是我的师"。所以声明"此后先生有何言论,本已与我不复相关,唯本临别赠言之义,敢进忠告,以尽寸心:先生老矣,来日无多,愿善自爱惜令名"。① 在此情形下,章太炎愈发被人视为守旧落伍之人,甚至连政治操守也受到怀疑。

1927年4月,北伐军攻入上海。不久之后,蒋介石发动"四一二"反革命政变。此后国民党一改广东时期的立场,将反共、清共作为主要任务,大肆屠杀左翼人士与进步青年,使党内许多有理想、有信念的党员遭受无情清洗,同时为投机钻营、反对扶助农工政策的人乘机进入国民党内大开方便之门。不过为了彰显自己是孙中山的接班人,蒋介石依然宣称自己还在革命,并整顿军队,继续北伐。同样地,虽然蒋介石在北伐军控制长江流域之后不断与江浙资产阶级与军阀武装进行谈判与交易,但为了显示自己的革命色彩,他决定拿那些与孙传芳等军阀有过往来的人开刀。1927年5月4日,在国民党操纵下,上海各团体举行集会纪念五四运动,其中通过一项名为"请国民政府通缉学阀"的决议,将章太炎、张君劢、黄炎培、沈信卿、蒋维乔、郭任远、殷芝龄、刘海粟、阮尚介、凌鸿勋、张东荪、袁希涛等人列为"著名学阀"。除了这项决议,此次集会还有"肃清上海各学校之共产党分子"的决议。② 一个多月以后,国民党上海市特别党部临时执行委员会再次提及"通缉学阀",并将章太炎列为学阀之首,声称他"不仅不知敛迹,且活动甚力,显

---

① 周作人:《谢本师》,载钟叔河编订《周作人散文全集》第4卷,桂林:广西师范大学出版社,2009年,第744页。
② 汤志钧编:《章太炎年谱长编(增订本)》上册,第512页。

系意图乘机反动,殊属藐视法纪",建议国民政府"迅以实行通缉"。① 章太炎或许怎么也没料到,自己虽然极力鼓吹"反赤",到头来却与中国共产党人一样,成为以蒋介石为代表的国民党新贵眼中必欲除之而后快的人。

章太炎不但在政治上成为国民政府的对立面,在学术上也成为新文化运动中崛起的新势力的眼中钉。中央研究院是南京国民政府旗下的主要学术研究机构。1928年10月,中研院设立历史语言研究所,由傅斯年担任所长。② 傅斯年是一位极有学术雄心的人,他希望以史语所为阵地,在中国形成符合自己思想主张的学术风气。而要想形成新的学术风气,则需要批判过去具有影响力的学者与学风。在这一点上,傅斯年将矛头对准了章太炎。在具有

---

① 汤志钧编:《章太炎年谱长编(增订本)》上册,第512页。
② 1927年5月,傅斯年与朱家骅联名致信蒋介石身边的红人李石曾与吴稚晖,称赞他们"为党国劳苦,扶危定倾,一怒而群魅息,幸佩何如! 远道人闻之,亦为之奋发兴作"。这里所说的"扶危定倾""一怒而群魅息",自然指的就是不久前发生的"四一二"反革命政变。在这期间,长期以无政府主义者自居的吴稚晖与李石曾替蒋介石摇旗呐喊、多方谋划,利用国民党的暴力机器杀戮中国共产党人与左翼青年。此外,傅斯年与朱家骅还在信中向吴稚晖与李石曾披陈"治国方略":"国民党在组织上,颇有些应当改善的地方,如照现在的样子下去,待'四万万同胞'都进了国民党,恐怕党就亡了。原来以党建国,而不容有他党者,以中国散沙一般之社会,无统治者之组织,欲集合肯革命能革命之分子,以为中心组织而革命建设也。今若组织涣散,训练不周,则其腐化可立而待。"这一观点,无疑是在肯定国民党厉行独裁统治之正当性。最后,傅斯年与朱家骅建议:"如革命之目光所及,不出中国之内,亦恐最好的成功,但如日本,由国家思想而成功,自成一个帝国主义,非所以改建中国之文化,而为人道竞争也。"(参见傅斯年《致李石曾、吴稚晖》,载欧阳哲生编《傅斯年文集》第7卷,第72、73页。)傅斯年在学术上颇有造诣,出任学术机构负责人也是人尽其才。但不可否认的是,他对国民党政权如此这般的态度,是他能够担任隶属于国民党政权的中央研究院下属研究所一把手的重要前提。

开宗立派之宣言性质的《历史语言研究所工作之旨趣》里,傅斯年批评当时学术界的流弊之一就是"坐看章炳麟君一流人尸学问上的大权威"。他声称:"章氏在文字学以外是个文人,在文字学以内做了一部《文始》。一步倒退过孙诒让,再步倒退过吴大澂,三步倒退过阮元,不特自己不能用新材料,即是别人已经开头用了的新材料,他还抹杀着。至于那部《新方言》,东西南北的猜去,何尝寻扬雄就一字因地变异作观察?这么竟倒退过二千多年了。"①

面对成为"革命新贵"的国民党政权,1927 年 11 月,章太炎在给李根源的信中强调:"蔡孑民辈近欲我往金陵参预教育,张静江求为其父作墓表,皆拒绝之。非尚意气,盖以为拔五色国旗,立青天白日旗,即是背叛中华民国。此而可与,当时何必反抗袁氏帝制耶?"他声称自己"宁作民国遗老耳"。② 不久之后,他为冯自由撰写的《中华民国开国前革命史》作序,强调革命"非一手一足之所胜任",革命党早期仅有的几次武装起义"皆袭其边陲,事不久长"。③ 很明显,在这里他是批评孙中山当时热衷于在边境地区发动武装起义的做法的。随后,他这样论述:

> 光复会比于同盟会,其名则隐,然安庆一击,震动全国。立懦夫之志,而启义军之心,则徐锡麟为之也。孙、黄在同盟会,所见颇异,时多谓黄迂阔不足应变。然广州之役,震动侔

---

① 傅斯年:《历史语言研究所工作之旨趣》,载欧阳哲生编《傅斯年文集》第 3 卷,第 5 页。
② 章太炎:《与李根源》(1927 年),载马勇编《章太炎书信集》,第 706 页。
③ 章太炎:《中华民国开国前革命史序》,载《章太炎全集》第 9 册,第 142 页。

> 于安庆,而为武昌事先驱,则黄兴、赵声为之也。谭人凤、宋教仁素亲黄兴,广州之役,则二子以为轻举,黄兴亦不肯听其言。然还入中原,引江上之势,而合武昌之群党,未半岁遂以集事,则谭人凤、宋教仁为之也。共进会出同盟会后,黄兴在日本东京,闻之不怡,与其首领焦达峰争辩,焦亦抗论不肯屈。然武昌之起,黄兴所不与知也。谭、宋虽和会其人,乃谓举兵当俟三年后,及决策奋起,后引湘中,而前举汉上,豪帅制兵,齐势并举,则焦达峰为之。而自孙武以下,率兼入共进会者也。自徐锡麟死,光复会未有达者。李燮和乃流寓爪哇一教员耳,而能复振其业,返归沪海,与湘军东伐者相结。江南制造局之役,事败气熸,乃以数百人宵突其门而举之,上海一下,江浙次第反正,则李燮和为之也。①

他在这里想表达的是,辛亥革命的成功绝非某种单一力量之功,而是由来自四面八方的革命党人前仆后继、不畏牺牲换来的。如果忘记了这些艰辛历程,将革命归结于某一派或某一人身上,是对那些牺牲的革命者的不尊重。蒋介石掌握南京国民政府大权后,为了凸显自己作为孙中山革命传人的身份,为了在意识形态上与中国共产党撇清关系,极力鼓吹、放大孙中山的历史,将后者置于至高无上的地位。章太炎在这里虽未明言,但针对的就是蒋介石与国民党的造神运动。所以他说,需要将"前之艰难晓示后进,使无敢侮耆旧,擅兴作也"②。就此而言,章太炎在国民革命运动时期的

---

① 章太炎:《中华民国开国前革命史序》,载《章太炎全集》第9册,第142—143页。
② 章太炎:《中华民国开国前革命史序》,载《章太炎全集》第9册,第142页。

政见虽不无可商榷之处,但对比他的两位浙江同乡——昔日光复会同志蔡元培与清末就参加反清革命的张静江,积极为蒋介石上台出谋划策,甚至在"四一二"屠杀革命者的行动中担任重要角色,章太炎的这番态度,显示了他一以贯之的、不为利禄所动的"疯子"精神。

晚年讲学宗旨

南京国民政府成立之后,章太炎对之并不抱什么好感。从个人恩怨的角度,蒋介石在辛亥革命之后主动请缨,替陈其美刺杀光复会领袖陶成章,这让与陶成章同为光复会同志的章太炎对蒋介石抱有不小的恶感。此外,南京国民政府刚成立不久就下令通缉章太炎,称他为"反动学阀",这也让为中华民国出生入死、奔走呼号的章太炎很难接受。1928 年 11 月,章太炎在招商局轮船公司股东大会上做演讲,批评孙中山的三民主义是"联外主义、党治主义、民不聊生主义"。这自然又引来国民党当局的强烈不满。几天以后,国民党上海市党务指导委员会开会,通过"呈请中央通缉反动分子章炳麟案"。① 而国民党的喉舌《民国日报》更是刊登文章,谩骂章太炎为"老而不死之文妖",呼吁国民党"执章炳麟,使受党国

---

① 汤志钧编:《章太炎年谱长编(增订本)》上册,北京:中华书局,2013 年,第 517、518 页。

之极刑!"①面对国民党如此这般的态度,在与李根源的信中,章太炎自言"胸有不平",借"研寻理学家治心之术"与"习禅"来排解心中的积郁。② 除了心中有不平之气,因被国民党政府通缉,章太炎在生活上也颇显窘迫。为了维持生计,他只好公开卖文鬻字,即替人写寿辞、碑志,以及题字、写对联,靠此收取不同数额的润笔费。也正因为以赚钱糊口为目的,章太炎的这类文章不免存在些许阿谀不实之语。

随着张学良在东北易帜,南京国民政府在形式上基本统一了全国。也正因为这样的统一形式远大于实质,所以蒋介石先是与冯玉祥、李宗仁、阎锡山等新军阀为军队与地盘问题发生纠纷,直至酿成战祸,造成死伤无数;随后他又与常以维护国民党"党权"来自我标榜的胡汉民反目成仇,发生政治冲突,最终将后者软禁。奉汪精卫为领袖的国民党"改组派"则穿梭于各派新军阀势力之间,希望借助他们的力量来赶蒋介石下台。在东三省手握重兵的张学良,也盘算着以何种形式介入关内各派政治力量的斗争能使自己利益最大化,而不去思考如何加强国防,抵御外敌。③ 在此局面下,面对日本对东北地区愈发露骨的垂涎,国民政府要么希望借助英美两国的力量牵制日本,要么尽可能地不去触怒日本,避免为后者制造侵华借口。可是日本国内的少壮军人早已不满内阁对华的"迟缓"态度,决定通过非常手段来侵略中国东北。1931年9月18

---

① 德徵:《缉办章炳麟》,《民国日报》1928年11月22日第4版。
② 章太炎:《与李根源》(1928年),载马勇编《章太炎书信集》,石家庄:河北人民出版社,2003年,第711页。
③ 曾业英等著:《中华民国史》第七卷,北京:中华书局,2011年,第228—375页。

日,日本关东军炮轰中国东北军北大营,次日占领沈阳,随后夺取吉林。此时张学良正在北平与英国公使一起观赏梅兰芳的戏剧表演。面对来势汹汹的日军,东北军奉蒋介石之命不抵抗,除了少数部队留在东北与日军继续战斗,大部分东北军撤至锦州,整个东三省瞬间沦为日军占领地。更有甚者,"九一八事变"前后,东北军中将近一半的部队选择向日军投降,东三省不少高官也甘愿沦为日军帮凶。比如吉林省代理主席熙洽不但在1931年9月21日开城迎敌,而且还主动替日本关东军筹措军费,收买其他在东北的中国部队。而张作霖时代活跃于东北政经两界的名流耆老,亦多在由日军操控的"地方维持会"里担任职务。① 张作霖、张学良父子经营东北十余年,其统治集团成员的国家意识却如此薄弱,不禁让人掩卷长叹。

"九一八事变"的爆发,让前些年颇显沉默的章太炎再次投身到民族救亡运动之中。他对孙思昉说:

> 东事之起,仆无一言,以为有此总司令、此副司令,欲奉、吉之不失,不能也。东人睥睨辽东三十余年,经无数曲折,始下毒手,彼岂不欲骤得之哉,因伺衅而动耳!欲使此畏葸怠玩者,起而与东人争,虽敝舌瘏口,焉能见听,所以默无一言也。今足下既发此问,亦姑与足下一言:奉、吉固不可恢复,而宣战不得不亟,虽知其必败,败而失之,较之双手奉送,犹为有人格也。辽东虽失,而辽西、热河不可不守,虽处势危岌,要不得弃

---

① 黄自进:《九一八事变时期的日中政治动员与军事作战》,载《阻力与助力之间:蒋介石、孙中山亲日、抗日50年》,北京:九州出版社,2015年,第169—171页。

此屏障也。然此二者,亦不值为当道言,姑与足下私言之耳。①

很明显,章太炎非常反对国民政府的不抵抗政策,认为此举简直就是将东三省拱手让给日本。作为老革命党人,章太炎对日本的侵华野心有十分透彻的认识,所以他强调"九一八事变"是日本一贯的对华侵略政策之实践,并不会因中国政府极力"不惹事"而有所改变。面对民族危机,国民政府为了平息民愤,钩心斗角不断的宁粤双方决定暂时停止内部派系斗争,以精诚团结面目示人,并筹划1932年初邀请社会各界名流召开"国难会议"。章太炎也收到了国难会议的邀请,但他公开发表声明,继续谴责国民政府放弃抵抗,一味退缩。他一针见血地指出:"军事贵速,能断则一言而可,不断则众议而无成,纷纷召集,将以奚用?若当事者志在屈伏,而以联盟会议为分谤之机关,仆民国荒夫,焉能为党国诸贤任过也。"②在与《大公报》记者谈论时局时,章太炎强调:"对日本之侵略,惟有一战。中国目前只此一条路可走,不战则无路,惟坐而待亡。"③

1932年1月,章太炎与马相伯等人发表通电,号召全国民众实行总动员,收复东北失地,并再次警告国民政府不要一味退缩。④ 一个月后,目睹十九路军在上海顽强抵御日本军队进攻,章太炎特意撰文一篇,表彰其抗日功绩,认为:"自民国初元至今,将

---

① 汤志钧编:《章太炎年谱长编(增订本)》上册,第526页。
② 汤志钧编:《章太炎年谱长编(增订本)》下册,第837页。
③ 章太炎:《与天津〈大公报〉记者谈时局》,载《章太炎全集》第11册,上海:上海人民出版社,2018年,第851页。
④ 汤志钧编:《章太炎年谱长编(增订本)》上册,第528页。

帅勇于内争,怯于御外。民闻兵至,如避寇仇。今十九路军赫然与强敌争命,民之爱之,固其所也。"①此外,目睹由冯玉祥、吉鸿昌率领的察哈尔民众抗日同盟军收复被日本侵占的多伦,章太炎强调这支部队是"以政府不右之军获胜",并直言南京国民政府对之处处掣肘,最终令其有志难伸。② 可见,章太炎爱憎分明,他并非不加区分地厌恶所有国民政府的军政大员,对于那些坚持抗日,有民族气节的人,他从不吝于称赞;对于南京国民政府阻挠抗日的行径,他也毫不讳言。

不久之后,章太炎决定北游讲学,顺便会晤张学良、吴佩孚等军政要员。虽然与新文化运动中成名的人士立场有别,但章太炎到北京后,依然受到各方关注,影响力不减当年。③ 在燕京大学,他做了一场演讲,呼吁青年学子关注国家兴亡,探讨致用之学。他批评当时的学风热衷于"考远古""考古文字""考墨辨",认为此乃不顾民族危机日益加剧的清谈无用之学。很明显,这直指当时在北平知识界占据支配地位的胡适、顾颉刚、傅斯年等人倡导的学术风气。紧接着,他强调今日的切要之学是读历史,要了解中国的疆域变迁、制度沿革、政治得失、学术流变,从中汲取历史经验,总结历史教训,培养人们热爱国家、热爱本国民众、热爱中国文化的情感。这其实是他一贯的主张,比如1925年他在与朱费隐的信中就说:"仆所以劝人读史者,在使人知往事利弊,以为今日鉴戒;亦使人发

---

① 章太炎:《书十九路军御日本事》,载《章太炎全集》第9册,上海:上海人民出版社,2018年,第379页。
② 章太炎:《〈察哈尔抗日实录〉序》,载《章太炎全集》第11册,第874页。
③ 桑兵:《章太炎晚年北游讲学的文化象征》,载《晚清民国的学人与学术》,北京:中华书局,2008年,第225—252页。

越志趣,不至奄奄无生气耳。"①但在九一八事变之后再次申说此论,则显得更有针对性、更具忧患意识。他指出:

> 现在的青年应当知道自己是什么时候的人,现在的中国是处在什么时期,自己对国家负有什么责任。这一切在史志上面全部都可以找到明确的答复。若是连历史也不清楚,则只觉得眼前混沌万状,人类在那里栖栖皇皇(遑遑),彼此似无关系,展开地图亦不知何地系我国固有,何地系我国尚存者,何地已被异族侵占?问之茫然无以对者,比比然也,则国之前途岂不危哉!一国之历史正似一家之家谱,其中所载尽以往之事实,此事实即历史也。若一国之历史衰,可占其民族之爱国心亦必衰。盖事实为综错的,繁复的,无一定之规律的;而历史乃归纳此种种事实,分类记载,使阅者得知国家强与弱的原因,战争胜败的远因近因,民族盛衰的变迁,为人生处世所不可须臾离者。历史又如棋谱然,若据棋谱以下棋,善运用之,必操胜算,若熟悉历史,据之以致用,亦无往而不利也。②

这段话明白晓畅,无须再做解释。值得注意的是,章太炎这里提到历史如一家之家谱。梁启超在清末倡导"新史学"时曾宣称中国的二十四史是二十四姓之家谱。此论发表之后影响极广,不少热衷

---

① 田丰:《新发现 1915—1925 年章太炎五则佚文佚简辑释》,《中国现代文学研究丛刊》2020 年第 12 期,第 218 页。
② 章太炎:《论今日切要之学》,载章念驰编订《章太炎演讲集》,上海:上海人民出版社,2011 年,第 302 页。

于趋新的学者逐渐形成轻视历代正史、忽略正史中所载政治兴亡之事的习惯。章太炎认为,要想提倡以致用为旨归的读史之道,必须溯其根源,重新检讨梁启超的这个观点。在他看来:"如组织家庭,若不看家谱不明世族,则亲疏不分,视其同族若路人,此家未有能兴盛者。今知不看掌故家谱之害尚如此,其不明史志之害,岂不尤甚于斯欤! 故谓历史为掌故亦可,谓之为民族的家谱亦无不可。"①

通过此次北游,章太炎观察北平各大学学风,深感其有悖于旨在挽救民族危亡的致用之学。他自言:"余去岁游宛平,见其储藏之富,宫墙之美,赫然为中国冠冕。唯教师亦信有佳者,苦于薰莸杂糅,不可讨理。惜夫圣智之业,而为跖者资焉。"②当然,北平学界后续的动向,某种程度上印证了章太炎的观察。1934 年,胡适借出任北京大学文学院院长之便,在另一位手握大量学术资源的学界名流傅斯年的帮助下,着手精准清除北京大学文科中的章太炎门生,他们架空时任国文系系主任的章门弟子马裕藻,逼迫后者向校方递交辞呈。此举让胡适及其同好彻底控制了北京大学文科。③

1932 年下半年,金松岑、张一麐、李根源在苏州发起讲学活动,邀请章太炎一同参加。不久之后,金松岑与陈衍组织成立国学会,章太炎也颇为积极地加入其中。但没过多久,由于和金松岑在学术宗旨上有明显差异,加上人事方面的纠纷,章太炎决定退出国学

---

① 章太炎:《论今日切要之学》,载章念驰编订《章太炎演讲集》,第 303 页。
② 章太炎:《国学会会刊宣言》,载《章太炎全集》第 9 册,第 164 页。
③ 桑兵:《马裕藻与 1934 年北大国文系教授解聘风波》,《近代史研究》2016 年第 3 期,第 32—55 页。

会,另成立一个能够贯彻自己学术理念的机构。① 1934年秋,章太炎从上海迁居苏州。1935年9月,章太炎在苏州成立章氏国学讲学会,同时创办《制言》杂志,宣传自己的学术主张。在这期间,蒋介石委托丁惟汾来"慰问"章太炎,并送给他一笔资金,希望他专心讲学,勿再议论时政。章太炎自然不会受蒋介石笼络,他将资金收下,用于章氏国学讲习会与《制言》杂志的日常开支。②

　　章太炎晚年讲学宗旨可用"修己治人"四字概括。他在不同场合反复强调:"当今之世,讲学救国,但当取其可以修己治人,不当取其谈天论性。"③"今不为腐儒之论,能修己则事尽善矣。所谓修己者,非但一人之修己而已,为政者能修己,国斯治矣。"④"经之所该至广,举凡修己治人,无所不具。"⑤在他看来,能做到这两点,对于培养健全人格、明晰中国大势、洞察时代症结、思考致用之道都极有助益。在国难之际,讨论学问也应以能否促进这两点为重心,那些与救亡图存无涉的学问,比如大谈抽象的性与天道、对古代历史进行烦琐考证,皆不必过分提倡,因为这样容易使人忘掉时代责任,脱离大多数中国民众。

　　1932年,章太炎在给吴承仕的信中提到:"仆尝谓近世教授学

---

① 张凯:《文史分合:章氏国学讲习会与国难之际的国学走向》,载《经今古文之争与近代学术嬗变》,成都:四川人民出版社,2020年,第241—248页。
② 沈延国:《章太炎先生在苏州》,载陈平原、杜玲玲编《追忆章太炎》,北京:生活·读书·新知三联书店,2009年,第298—299页。
③ 章太炎:《适宜今日之理学》,载章念驰编订《章太炎演讲集》,第365页。
④ 章太炎:《〈孝经〉〈大学〉〈儒行〉〈丧服〉余论》,载章念驰编订《章太炎演讲集》,第378页。
⑤ 章太炎:《论经史儒之分合》,载章念驰编订《章太炎演讲集》,第425页。

童,必于经传妙选数种,使之服习。自《论语》而外,括囊民义,不涉天道,莫正于《大学》;奋厉志行,兼综儒侠,莫隆于《儒行》;导扬天性,遏绝悖德,莫尚于《孝经》;辅存礼教,维系民俗,莫要于《丧服》。此盖自童草以至白首,皆应服膺勿失者。教授以此,讲学亦以此。其他博大深邃之言,则俟其人而告之可也。"① 在他看来,通过讲读这几本经典,可以增进国民道德,培养侠义果敢之气。总之,读经是实践"修己"之学的重要环节。他晚年讲学的主要内容之一,就是阐发这四部经典的内容与意义。

关于读经之重点,章太炎1933年在苏州讲学时指出:

> 余往昔在北京、日本等处,亦曾讲学,所讲与今日学校中讲无殊,但较为精细而已。今昔时代不同,今日之讲学,不如往昔矣。第一只须教人不将旧道德尽废,若欲学者冥心独往,过求高深,则尚非其时,故余今日之讲学,与往昔稍异其趣。惟讲学贵有宗旨,教人不将旧道德尽废者,亦教人如何为人之宗旨而已。为人之道亦多矣,如宗、儒教人如何静坐,如何精修之语甚多,余虽不反对,却不愿如此说,因高谈性命,似觉宽泛,概说做人,亦无着落。②

在他看来,国难之际应倡导切实可行的修己治人之道,让人们能坐而言,起而行,将经书中的义理付诸实践,以此砥砺民德,在民族危机日益加剧的时代里得以自立自强,不使国性丧失。因此他以平

---

① 章太炎:《与吴承仕》(1932年),载马勇编《章太炎书信集》,第361—362页。
② 章太炎:《讲学大旨与〈孝经〉要义》,载章念驰编订《章太炎演讲集》,第369页。

实之语教人,不欲过多涉及抽象之论。对宋代以来被列为"四书"之一的《中庸》,他就认为:"盖《中庸》者,天学也,自天命之谓性起,至上天之载无声无臭止,无一语不言天学。以佛法譬之,佛法以内者,有大乘、小乘、声闻独觉乘;佛法以外者,有天乘、人乘。天乘者,婆罗门之言也;人乘者,儒家之言也。今言修己治人,只须阐明人乘,不必涉及天乘。故余以为《中庸》不必讲也。"①

关于《大学》,章太炎认为它体现了中国文化里重视实践、重视人事的传统。他指出:"世之文化,先于中国者,有南方之印度,后于中国,有西方之希腊。进路不同,方向亦异。中国学问,无不以人事为根本。""中国开物成务诸圣哲,伏羲、神农,畜牧耕种,事事皆有,然均以人事为根本,不遑精研微末。人事以修己治人为要,故《大学》之教,重是二项。"②具体言之,"《大学》所言治国平天下,均为亲民之道"。其内容包括"好恶与人同""不忌贤才""不专务财用"。③ 全篇并无玄虚难解之语,皆为平实易行之论。

章太炎提倡《大学》,除了学理层面的思考,更有明显的现实指向。在孙中山晚年的政治主张中,为了彰显中国文化的优越性,遂认为《大学》是古今中外"最系统的政治哲学"。《大学》里"精微开展的理论,无论外国什么政治哲学家都没有见到,都没有说出"。④ 后来戴季陶为了对抗共产主义理论,有意将孙中山的三民主义往中国传统上面靠,认为孙中山继承儒家"道统",三民主义是

----

① 章太炎:《国学之统宗》,载章念驰编订《章太炎演讲集》,第343页。
② 章太炎:《〈大学〉大义》,载章念驰编订《章太炎演讲集》,第333页。
③ 章太炎:《〈大学〉大义》,载章念驰编订《章太炎演讲集》,第332页。
④ 孙中山:《三民主义》,载《孙中山全集》第9卷,北京:中华书局,2011年,第247页。

中国正统思想,国民革命的性质是那些领悟三民主义的"先知先觉"去拯救"后知后觉"。① 而在章太炎看来,孙中山对《大学》的解读让人费解,戴季陶则言行不一,自己尚不能实践《大学》之道,遑论其他。出于对国民党军政要员的反感,章太炎指出:"今日军政首领,于才之高于己者,必挤去以为快,即下位之有才者,亦不能使之安于其位。《大学》之语虽平常,而今人不能及如此!他如'长国家而务财用者,必自小人矣',《大学》所言,尤是为国家务财用,非藉此(借此)敛财自肥者可比。王安石之流,犹不出此!而今之人,假国家之名,行贪婪之实,又出《大学》所讥下矣。"②就此而言,《大学》不但适合青年学子读,更适合国民党的军政大员与地方官僚奉为准则,时常检讨自己的行为。

关于《儒行》,早在1928年,章太炎在与同样提倡读经的桐城派后劲马其昶的信中就说:"《戴记·儒行》一篇,昔与《大学》并重,所谓不尽中行。大抵狂狷之才,斐然成章者也。后代儒者,视为豪气不除,或有所訾议矣。不知豪气之与善柔,相为屈伸,豪气除则善柔自至,欲其振起,岂可得邪?自鲁连以逮汉之王烈、田畴,于十五儒者,财得一端。今视之,即邈乎不可及。宋、明诸贤行谊比于东汉,犹未也。二程尝谓子路亦是百世师,后儒视此,反漠如焉。故鄙意《儒行》一篇,特宜甄表。"③

自清末起,章太炎就表彰儒侠之道。因此,他基本是在儒侠的

---

① 戴季陶:《孙文主义之哲学的基础》,载中国人民大学中共党史系编《戴季陶主义资料选编》,校内用书,1982年,第34—36页。
② 章太炎:《〈大学〉大义》,载章念驰编订《章太炎演讲集》,第332页。
③ 章太炎:《与马其昶》(1928年),载马勇编《章太炎书信集》,第887页。

脉络里来阐释《儒行》的。他指出:"《儒行》所说十五儒,大抵艰苦卓绝,奋厉慷慨。""《儒行》讲解明白,养成惯习,六国任侠之风,两汉高尚之行,不难见之于今,转弱为强,当可立致。"可见,在他看来,《儒行》中对于儒者的描述,包含着刚毅英勇、独立不屈的任侠精神。而这种精神是当下不少政学精英颇为缺乏的,故应大力提倡。往远了说,辛亥革命以后的中国政坛混乱不堪,在不良风气影响下,参与政治活动的人多半寡廉鲜耻,常因私欲而罔顾公义,彼此争权夺利,无所不用其极,导致是非不明,毁誉无常。在此情形下,更需要"人人敦任侠之行,庶几朋友团体,均可保全"。因此,"吾人鉴于今日之情况,更觉《儒行》之言为有味矣"。① 章太炎向来认为,中国近世以来之所以呈现衰微之象,祸首不在文化与民间,而在庙堂之上。他反复申说《儒行》要义,就是向肉食者流与有心从政的知识阶层喊话,希望他们能够养成超脱流俗、一介不取、勇于任事之风,承担起救亡图存的重任。所以他强调:"欲求国势之强,民气之尊,非提倡《儒行》不可。"②

自从新文化运动以来,传统孝道受到严厉批评。从批判不合理的家庭制度的角度而言,这样的言说有其正面意义。但流于极端,则弊病生焉,一些趋新之人行为放荡、不顾伦常、品性凉薄。章太炎指出:"今则贼民之兴,莠言之作,所以败人纪毁国俗者,无不自太学造端。"并质疑"今学校之教,纵不能率以德行,经其可废邪?

---

① 章太炎:《儒行要旨》,载章念驰编订《章太炎演讲集》,第339—341页。
② 章太炎:《国学之统宗》,载章念驰编订《章太炎演讲集》,第347页。

不能遍六经,《论语》《孝经》其可废邪"。① 因此,章太炎对于《孝经》的诠释,主要是将重建家庭伦理与培养爱国思想相结合,从对家庭的责任感引申出对国家的责任感。他认为:

> 孝者人之天性,天性如此,即尽力压制,亦不能使其灭绝……今人奢言社会、国家,耻言家庭,因之言反对"孝"。然《孝经》包含之意甚广,所谓"战陈无勇非孝也",明明直斥一辈见敌不抵抗不为国家效命之徒为不孝。孝之一字,所言甚广,岂于社会、国家有碍。且家庭如能打破,人类亲亲之义,相敬相爱之道,泯灭无遗,则社会中之一切组织,势必停顿,社会何在?国家何在?亦不问而可知已。②

在他看来,孝为人之天性,基于孝道组成的家庭,实为一切社会组织的基础。以此为起点,爱社会、爱国家之念方能真切而牢固,以免流于空洞。在民族危机不断加剧的日子里,自然需要激起民众的爱国之心。然"试问如何爱国?爱一国之人民耳。爱国之念,必由爱父母兄弟而起,父母兄弟不能爱,何能爱一国之人民哉!由此可知孝弟为仁之本,语非虚作"。③ 相似地,章太炎之所以于古礼之中独重《丧服》,主要由于《丧服》中所言者多为家族内部的丧葬及追悼仪式,从中可以显示出家族的长幼亲疏之序。章太炎提倡《孝

---

① 章太炎:《菿汉昌言》,载虞云国整理《菿汉三言》,上海:上海书店出版社,2011年,第103、104页。
② 章太炎:《讲学大旨与〈孝经〉要义》,载章念驰编订《章太炎演讲集》,第372页。
③ 章太炎:《国学之统宗》,载章念驰编订《章太炎演讲集》,第344页。

经》,而《丧服》则是将《孝经》中所言的抽象理论用具体的规范与仪式表现出来。

值得注意的是,在章太炎反复宣扬读经之重要性的时候,国民党也在运用其意识形态宣传机器鼓吹儒学与读经。蒋介石本人亲自登场,在不同场合演讲儒家思想,并命令幕僚摘取儒家学说中的只言片语,发明了一套"力行哲学"。国民党的特务组织,比如复兴社,在鼓吹旨在维护蒋介石统治的法西斯主义时,也不忘将中国传统因素注入其中。① 为了抵御左翼文化,国民党大力推动"新生活运动",其要义之一就是借着提倡礼义廉耻、四维八德来让民众服从国民党政权的统治。南京国民政府成立后,在蒋介石与胡汉民、汪精卫,以及其他地方实力派的斗法中,很少能看到礼义廉耻,而是充斥着尔虞我诈与利益交换。② 很明显,这与章太炎的相关主张截然相反。在章太炎那里,提倡读经并非为了替国民党政权寻找统治合法性,反而是建立在判定后者不能领导中国抵御愈发深重的民族危机之上的。由于对国民党政权丧失信心,章太炎才希望借助古人民间讲学的形式,通过读经唤起人们的道德感与爱国热情。也正因为这样,替蒋介石传话的张继才会劝告章太炎"当安心讲学,勿议时事"③。

在"治人"之学方面,章太炎认为应提倡读历史,从历史当中汲取经世致用的智慧。他指出:"盖历史譬一国之账籍,彼夫略有恒

---

① 萧作霖:《复兴社述略》,载《文史资料选辑》编辑部编《文史资料精选》第8册,北京:中国文史出版社,1990年,第328—342页。
② 周天度等著:《中华民国史》第8卷上册,北京:中华书局,2011年,第338—362页。
③ 章太炎:《与张继》(1933年),载马勇编《章太炎书信集》,第461页。

产者,孰不家置一簿,按其簿籍而即瞭然其产业多寡之数。为国民者,岂可不一披自国之账籍乎?以中国幅员之大,历年之久,不读史书及诸地志,何能知其梗概!且历史非第账籍比也,鉴往以知来,援古以证今,此如奕者观谱,旧谱既熟,新局自创。天下事变虽繁,而吾人处之裕如,盖应付之法,昔人言行往往有成例可资参证,史之有益于吾人如此。"①不特此也,"从古迄今,事变至赜,处之者有经有权,观其得失而悟其会通,此读史之益也。盖人之阅历广则智识高,智识高则横逆之来,无所慑缩。故读史须贯穿一事之本末,细审其症结所在。前因后果,了然胸中。而一代之典章制度,亦须熟谙而详识之"②。中国古代史籍内容丰富,"读史之士学力不同,见识亦异。高者知社会之变迁,方略之当否,如观棋谱,知其运用,读史之效可施于政治,此其上也。其次考制度,明沿革,备行政之采择"③。总之,虽然个人才智有高下之分,但只要能从致用的角度去广泛阅读历史,都能有所收获。

章太炎认为,从致用的角度来读史,最好是能将中国历代主要史籍一一披览,因为中国传统史学在内容上多记载政治得失、制度变迁、疆域沿革,时常阅读,获益匪浅。在他看来:"全看二十四史,一日不辍,亦不过四年。若但看四史,四史之后,看《通鉴》,宋、元、明鉴之类,则较正史减三分之二,一日看两卷,则五百日可毕。而纪事之书,已可云卒业矣。至于典章制度之书,《通典》古拙,不必看,看《通考》已足。施于政治,《通考》尚有用不着之处。三通不过

---

① 章太炎:《读史与文化复兴之关系》,载章念驰编订《章太炎演讲集》,第384页。
② 章太炎:《读史与文化复兴之关系》,载章念驰编订《章太炎演讲集》,第386页。
③ 章太炎:《略论读史之法》,载章念驰编订《章太炎演讲集》,第441页。

五百卷,一日看两卷,二百五十日可毕。地理书本不多。《读史方舆纪要》为最有用,以其有论断也,旁及地理挂图,且读且看,有三四月之功夫,尽可卒业。奏议书流畅易看,至多不过一年亦毕矣。如此合计纪事之书一年有半,制度之书八月,地理之书半年,奏议之书十月,有三年半之功程,史事可以烂熟。"①很明显,这种读史之法并非着眼于对具体史事进行考证,而在于了解历史演进脉络,明其大体,树立思考历史与现实问题的全局观。这一主张延续了章太炎在清末政治论争中的思路,即从历史出发思考政治问题,总结中国历代政治得失,探讨未来制度建设中需要注意的问题。可以说,虽然侧重点略有不同,但他晚年讲学时主张的读史之道,与发表于清末的《五朝法律索隐》《秦政记》《非黄》《通法》等文章中的思考方式一脉相承。

此外,章太炎向来主张要用历史来激发人们的爱国热情。在日本侵华意图越来越明显的背景下,他再次反复强调这一点。章太炎认为如果国民能对历史有所了解,知道国家疆域沿革,就不会接受敌人的宣传,同时能激起同仇敌忾之心。他对张季鸾说:"中国今后应永远保存之国粹,即是史书,以民族主义所托在是。"②在被自己视为一生研究《左传》之定本的《春秋左氏疑义答问》中,章太炎论孔子著《春秋》的原因之一便是"四夷交侵,诸夏失统,奕世以后,必有左衽之祸,欲存国性,独赖史书,而百国散纪,难令久存,故不得不躬为采集,使可行远"③。

---

① 章太炎:《历史之重要》,载章念驰编订《章太炎演讲集》,第349—350页。
② 章太炎:《与张季鸾》(1935年),载马勇编《章太炎书信集》,第957页。
③ 章太炎:《春秋左氏疑义答问》,载《章太炎全集》第6册,第270页。

在讲学活动中，章太炎不断引申此论。他认为："孔子作《春秋》，确立民族主义；三传释经，虽有不同，而'内诸夏外夷狄'之义则一。管仲建此功，孔子立此义，以故中国屡亡，而卒能复兴。是以承平之世，虽有赖于儒家，而国亡再起，非归功于史家不可。今者外患日深，骤图富强，谈何容易，惟有立定民族主义，晓然于'非我族类其心必异'，本之《春秋》，推至汉、唐、宋、明诸史，人人严于夷夏之防，则虽万一不幸而至下土耗斁，终必有复兴之一日也。"①从反面来讲，他提醒国人："以今日中国情形观之，人不悦学，史传束阁，设天降丧乱，重罹外族入寇之祸，则不待新国教育三十年，汉祖唐宗，必已无人能知，而百年以后，炎黄裔胄决可尽化为异族。"②总之，"昔人读史，注意一代之兴亡，今日情势有异，目光亦须变换，当注意全国之兴亡"。"夫人不读经书，则不知自处之道，不读史书，则无从爱其国家。"③

章太炎此论绝非危言耸听。在九一八事变前后，日本的右翼文化人为了配合日军侵华，不断扭曲中国历史，发明"中国无国境论""中国非国论"等谬说，为日本侵略中国做理论铺垫。此外，日本的满蒙研究更是高度与日本军国主义配合，极力鼓吹"满蒙非中国论"，形成一套直接服务于日本占领东北活动的历史叙事。如果不能有力回击这些观点，那么谬种流传，害莫大焉。在这个意义上，章太炎强调人们要热爱中国历史，要明晰历代疆域沿革，并非自大之语，而是有极强的现实感与针对性。

---

① 章太炎：《论经史儒之分合》，载章念驰编订《章太炎演讲集》，第430—431页。
② 章太炎：《读史与文化复兴之关系》，载章念驰编订《章太炎演讲集》，第387页。
③ 章太炎：《历史之重要》，载章念驰编订《章太炎演讲集》，第351、350页。

章太炎一面提倡读史之道,一面批评当时的史学研究风气。在《汉学论》中,他指出:

> 循《公羊》之说,周可以黜,鲁可以王,时制可以诡更,事状可以颠倒。以《春秋》为史耶?则沈约、魏收所不为。坚指以为经耶?则吴广之帛书,张角之五斗米道也。清世言《公羊》已乱视听,今《公羊》之学虽废,其余毒遗蠚犹在。人人以旧史为不足信,而国之本实蹷矣。①

他这里虽然在批评清代后期兴起的今文经学,实际上则直指当时在史学界占据显要位置的古史辨派。作为古史辨派的代表人物,顾颉刚虽然曾在北京听过章太炎讲学,但后来因与胡适走得很近,遂按照胡适设想的整理国故之法来研究中国历史。此外,他受到康有为的《孔子改制考》与《新学伪经考》启发,认为中国古代典籍记载的历史多不可信,很多上古史事,年代越往后,内容反而越丰富,此即古人伪造历史的明证。所以,他将自己的学术重心放在考辨古史上面,力图证明古史与古书之伪。他主编的《古史辨》既迎合了新文化运动以来的反传统之风,又标榜以"科学方法"研究中国历史,因而大受青年学子欢迎。顾颉刚自己也一跃成为北平学术界的领袖人物,手握大量学术资源。

章太炎继承清代汉学传统,强调治学应实事求是,所以并不认为上古史事皆不容置疑。但在他看来,以顾颉刚为代表的古史辨

---

① 章太炎:《汉学论·上》,载《章太炎全集》第9册,第1页。

派秉持反传统的立场,对传世典籍所载上古史事进行类似于"有罪推定"的处理,即先假设其作伪,然后再找证据来证明。他批评这样的研究方法:"今之讲史学者,喜考古史,有二十四史而不看,专在细微之处,吹毛索瘢,此大不可也。昔蜀之谯周,宋之苏辙,并著古史考,以驳正太史公。夫上下数千年之事,作史者一人之精力,容有不逮,后之人考而正之,不亦宜乎!无如今之考古者,异于谯周、苏辙,疑古者流,其意但欲打破历史耳。古人之治经史,于事理所必无者,辄不肯置信,如姜嫄履大人迹而生后稷,刘媪交龙于上而生高祖,此事理所必无者也,信之则乖于事实。又同为一事,史家记载有异,则辨正之,如《通鉴考异》之类,此史学者应有之精神也。自此以外,疑所不当疑,则所谓有'疑疾者'尔。"①

章太炎认为,对于中国古代的经史实录不应无故怀疑。之所以这样说,是基于以下三个理由:首先,"盖经除今文,史除杂史而外,率皆实录。实录者,当时之记载也。其所根据:一为官吏之奏报,二为史臣所目击,三为万民所共闻,事之最可信者也"。其次,"要知凡后人伪造之书,只能伪造虚文,不能伪造实事,关于天官、地理,更难伪造"。最后,"史有事实离奇,难于确然置信者,其故盖由于实有其事,而描写过甚。此类之事,如与大体无关,则存而不论可也"。② 总之,不是说对于古书当中记载的史事不能质疑,但不能不顾历史基本脉络过度质疑,因为这将给人造成中国古代无信

---

① 章太炎:《历史之重要》,载章念驰编订《章太炎演讲集》,第352—353页。
② 章太炎:《论经史实录不应无故怀疑》,载章念驰编订《章太炎演讲集》,第412—415页。

史的印象。① 当然,在民族危机的刺激下,顾颉刚也开始提倡经世致用的史学,希望借历史来激发人们的爱国思想。他创办《禹贡》杂志,集合同志,讨论边疆史地,其眼光除了考古,更是基于现实的忧思。此外,他还主持成立"通俗读物编刊社",通过编写出版通俗史学小册子来"唤起民族的意识""鼓励抵抗的精神""激发向上的意志""灌输现代的常识"。② 从内容与旨趣来看,顾颉刚的这项工作与章太炎晚年不辞辛苦地讲学可以说异曲同工。

必须注意到,虽然章太炎晚年讲学时极力强调中国经学与中国历史的价值,从表面上看与20世纪30年代出现的各种守旧之声颇为相似,但章太炎的这些观点其实体现了鲜明的个性。在"修己"之学方面,他将《儒行》地位抬高,这本身就与宋明理学传统有所差异。因为《儒行》在儒学史上常被认为夹杂异端思想,体现战国时期任侠之风,并非纯粹的儒家典籍。而章太炎明知其"非正统"却依然大力提倡,说明他并不在乎其是否符合纯之又纯的儒家标准,而是关心是否能通过提倡《儒行》来培养人们的勇武刚健之气。此外,他表彰《大学》,很大程度上是为了对抗孙中山—戴季陶式的《大学》观。联系章太炎晚年讲学之时,蒋介石也在鼓吹中国传统,大谈"四维八德",那么章太炎对《大学》的诠释就颇有对抗国

---

① 在苏州章氏国学讲习会讲授中国史学流变时,章太炎就认为,《史记》中关于战国历史的记载、《汉书》与《后汉书》中关于王莽和更始帝的记载、新旧《唐书》中关于唐太宗的记载、明代史籍中关于"靖难之役"的记载,都不无值得商榷考辨之处。但他同时强调:"必博学、审问、慎思、明辨,方足以言怀疑。若矜奇炫异,抹杀事实,则好学之士不当尔也。"参见章太炎《国学讲演录》,上海:华东师范大学出版社,1995年,第165页。
② 顾潮编著:《顾颉刚年谱(增订本)》,北京:中华书局,2011年,第237—238页。

民党官方意识形态的意味。就此而言,章太炎虽然提倡读经,但依然保持思想上的独立性。

此外,在"治人"之学方面,章太炎将批评的矛头直指当时在学术界名声显赫的顾颉刚,认为他提倡的古史辨伪很可能会斩断中国文化的根底。即便如此,章太炎提倡读史,某种程度上也与传统经学颇不一致。在经学话语里,经典所代表的义理为古今常道,历百世而不磨其辉。但在章太炎看来,研究国学必须知晓古今人情变迁,古代的道德并不一定适用于后世。所以他强调:"经学徒有其名,只可考古,与今世无干。"①将经学的应用范围大为减小,不认为经学可以致用。在这一点上,他否定了汉儒孜孜以求的"通经致用"。此外,他的观点还对宋代以来理学家反复讲求的从修身到治国一以贯之的思想产生极大冲击,将修身与治国分为两个部分,彼此之间并不一以贯之。关于宋代理学,章太炎先前便指出:"洛、闽诸儒,制言以劝行己,其本不为长民,故其语有廉棱,而亦时时轶出。"②他只视其为修身要道,而非致用之术。这正如杨树达所观察的,"太炎本以参合新旧起家"。③ 尤有进者,他晚年讲学时对章学诚"六经皆史"之论别作新解,认为六经实为记载前言往行的史籍,以此抬高史学在传统学术体系中的位置。④ 并且他提倡读史应注重制度沿革与疆域变迁,熟识历代政治得失,而不应纠结于如何正心诚意、力辨忠奸。从理学的视角看,如此这般,"王霸之道"色彩

---

① 章太炎:《历史的价值》,载章念驰编订《章太炎演讲集》,第 207 页。
② 章太炎:《释戴》,载《章太炎全集》第 8 册,第 121 页。
③ 杨树达:《积微翁回忆录》,北京:北京大学出版社,2007 年,第 55 页。
④ 章太炎:《历史之重要》,载章念驰编订《章太炎演讲集》,第 351 页。

极浓。事实上也正是如此。章太炎晚年尝言:"若夫奸人成朋,贵族陵逼,上以侵其主,下以贼其民庶,非有老子、韩非之术者,固无以应之。"①据唐祖培回忆,他在1936年春拜访章太炎,谈到儒家思想,章太炎强调:"王道霸道,应时而兴,实非相反,未能偏废。"还说:"今日何日,举世尚霸;保全国族,非霸无功。"②在章氏国学讲习会演讲诸子学流变时,章太炎认为:"讲理学而一切不问,斯足以乱天下。""历来承平之世,儒家之术,足以守成;戡乱之时,即须道家,以儒家权谋不足也。"③因此,致力于继承理学衣钵的马一浮如是评论:"章太炎之尊经,即以经为史,而其本实出于章实斋'六经皆史'之论,真可谓流毒天下,误尽苍生。此其人未尝知有身心性命之理,故有此说。"④熊十力也认为:"太炎博雅,能文章,经学实非其所深究也。"⑤由此观之,章太炎晚年虽对传统学术颇有阐扬,但在其他以"醇儒"自命的人看来,他绝非自己的同路人。这一点对理解章太炎晚年讲学宗旨极为重要。

---

① 章太炎:《老子政治思想概论序》,载《章太炎全集》第9册,第150页。
② 唐祖培:《太炎大师谒问记》,载陈平原、杜玲玲编《追忆章太炎》,第451页。
③ 章太炎:《国学讲演录》,第213、200页。
④ 马一浮:《语录类编》,载吴光主编《马一浮全集》第1册(下),杭州:浙江古籍出版社,2013年,第60页。
⑤ 熊十力:《读经示要》,台北:广文书局,1995年,第8页。

辞世、国葬与身后评

章太炎晚年讲学之余,依然对国事十分关心。1935年"一二·九运动"爆发后,章太炎公开致信时任冀察政务委员会委员长的宋哲元,强调:"学生请愿,事出公诚。纵有加入共党者,但问今之主张何如,何论其平素?"[①]劝告宋哲元不要由于这场运动是由中国共产党领导的就去镇压游行学生,因为这场运动是为了抗议日本侵华、抗议南京国民政府的绥靖政策,属于爱国行为。在章太炎看来,只要具有爱国思想,只要反对日本侵华,都应采取鼓励与支持的态度。对此,已经加入中国共产党的章门弟子吴承仕评论道:"对于语言文字学、经学、诸子学有绝大开发绝大贡献的章太炎先生,本来是个精通佛学的绝对的唯心论者,在他功成名立年将七十的晚年,自然而然的会走上那'复古运动'的挣扎之途;从表面看

---

① 章太炎:《与宋哲元》(1935年),载马勇编《章太炎书信集》,石家庄:河北人民出版社,2003年,第927页。

来,似乎与现时的规复祀孔、整理祭田、提倡四维八德等:是互相唱和着的;更使前进的青年们,对他发生不快之感。但是我们应该知道:他的民族意识,是最敏感最坚固最彻底的;同时他那不屈不挠的节操,经过坐牢三年软禁一年绝食七日种种艰苦,到现在仍旧保持不变。"①1936年6月,章太炎给蒋介石写信,劝告他不要低估日本侵华野心,要全盘考虑如何保卫北方国土,避免日军步步紧逼,得寸进尺。鉴于蒋介石当时仍不放弃"剿共",将大批部队投入西北,致使华北渐成空虚之势,章太炎建议蒋介石应以民族存亡为重,与其坐视国土沦丧,不如让中国共产党领导的军队开赴绥远抗日,"使察、绥二省,同为日有,不如以一省付之共党之为害轻也"②。

在写这封信的时候,章太炎的身体状况已越来越糟糕,在给章氏国学讲习会的学生讲《说文》期间,因鼻衄病急,加之气喘病发作,严重时连进食都困难。不过他仍坚持上课,强调"饭可不食,书仍要讲"。1936年6月14日,章太炎因鼻衄病与胆囊炎病逝于苏州,终年69岁。在去世前,他曾立下遗嘱,其内容是"设有异族入主中夏,世世子孙毋食其官禄"。③

章太炎去世后不久,张继、于右任等党国要人来到苏州,与章太炎家人商讨为章太炎举办追悼会事宜。冯玉祥、李烈钧、张群、张学良、杨虎城、孙科、于右任、蔡元培等人也发来唁电或挽联。蒋介石特意"开政治会议,议决国葬章炳麟"。④ 7月9日,南京《中央

---

① 吴承仕:《特别再提出章太炎的救亡路线》,载《吴承仕文录》,北京:北京师范大学出版社,1984年,第166页。
② 章太炎:《与蒋介石》(1936年),载马勇编《章太炎书信集》,第976页。
③ 汤志钧编:《章太炎年谱长编(增订本)》上册,北京:中华书局,2013年,第563页。
④ 《蒋中正"总统"档案:事略稿本》第37册,台北:"国史馆",2009年,第324页。

日报》刊出了一则公告,其文曰:"宿儒章炳麟,性行耿介,学问淹通。早岁以文字提倡民族革命,身遭幽系,义无屈挠。嗣后抗拒帝制,奔走护法,备尝艰险,弥著坚贞。居恒研精经术,抉奥钩玄,究其诣极,有逾往哲。所至以讲学为事,岿然儒宗,士林推重。兹闻溘逝,轸惜实深!应即依照国葬法,特予国葬。生平事迹存备宣付史馆。用示国家崇礼耆宿之至意。此令!"①在此之前,中央日报社社长程沧波专门撰文纪念章太炎,在概述其生平之后,感慨道:"呜呼!天丧中国,斯文垂绝,纲维不摄,虚无放诞之论,盈于朝野。数百年间,幸得先生,而先生之光披天下者,如彼如斯。长夜悠悠,视天梦梦,可悲也夫。"②很明显,国民党方面的策略是明知章太炎对自己持强烈批判态度,却仍将他诠释为一代大儒。这样既能彰显国民政府如何宽宏大量、优待老辈学者,又能把章太炎晚年学术主张纳入国民党意识形态框架内。因为20世纪30年代,国民党的意识形态话语变得越发保守,上到蒋介石本人,下至复兴社、力行社等特务机关,都在大谈中国传统文化的价值,借此对抗在青年群体中越来越有影响的左翼文化。为了显示如此这般的意识形态有生命力,国民党需要呈现这样一种局面,即自己的文化政策在社会上得到广泛响应,像章太炎这样的著名学者也与之遥相呼应。不过,国民党内对于国葬章太炎也不是没有异议。在文化立场上与胡适等人相近的王世杰就认为,替章太炎举行国葬,实属"无意义之糜

---

① 《国民政府国葬章炳麟令》,载章念驰编《章太炎的生平与学术》上册,上海:上海人民出版社,2016年,第18—19页。
② 程沧波:《哀章太炎先生》,《晶报》1936年6月17日第1版。

费"。① 其实就连蒋介石本人对于是否国葬章太炎也颇为踟蹰。邵元冲在日记里记载,章太炎去世之后,他多次向蒋介石建议为章太炎举行国葬,但蒋介石迟迟未作明确答复。陈立夫告知他,蒋介石一度"对太炎国葬事,犹主从缓"。② 之所以如此,很可能是因为章太炎曾多次批评孙中山,并对以蒋介石为首的南京国民政府嗤之以鼻。

1936年9月,钱玄同、许寿裳、朱希祖、马裕藻、沈兼士等章太炎在北平的弟子发起悼念章太炎的活动,议定在孔德学校大礼堂开会悼念老师。在章太炎去世之前,钱玄同就曾给他写信,建议"宜先在南北大报上登一通告,属各人开列姓名、字、年岁、籍贯,何年在何处受业,现在通讯处,及现在何处任事各端,并定一表格,使之照填,集成目后,刊《章门弟子录》一册。如此不但便于通讯,且可使先后受业诸人互悉某某为同门"③。在钱玄同那里,此举不外乎是想借老师名声增进章门弟子在学术界的影响力,并让同门之间能时常互通声气,彼此照应,新文化运动前夕章门弟子就是通过类似方式占据北大文科。不过这却让鲁迅这位坚持特立独行,不与学术界名流权贵为伍的章门弟子嗤之以鼻。章太炎去世之后,听闻钱玄同等人在北平举行悼念活动,鲁迅在与好友许寿裳的信中坦言:"旧日同学,多已崇贵,而我为流人,音问久绝,殊不欲因

---

① 林美莉编辑、校订:《王世杰日记》上册,台北:"中研院"近代史研究所,2012年,第9页。
② 王仰清、许映湖整理:《邵元冲日记》下册,上海:上海人民出版社,2018年,第1402页。
③ 汤志钧编:《章太炎年谱长编(增订本)》上册,第561页。

此溷诸公之意耳。"①表明自己不愿凑那些在学术界俨然一方诸侯的同门的热闹,这背后也显示出他对于南京国民政府的文化与教育政策的批判态度。在几年以前,鲁迅和钱玄同的关系就已经很僵了。② 在他看来,以钱玄同为代表的旧日同门其实是南京国民政府文化与教育政策的共谋者,通过官与学的互动,一起扼杀青年学生追求进步、追求光明的理想。

因此,目睹各种纪念章太炎的文章与活动,当时已经身染重病的鲁迅决定要撰文评价自己的老师,这便是著名的《关于太炎先生二三事》。在文章开头,鲁迅写道:"前一些时,上海的官绅为太炎先生开追悼会,赴会者不满百人,遂在寂寞中闭幕,于是有人慨叹,以为青年们对于本国的学者,竟不如对于外国的高尔基的热诚。"他认为,之所以如此,是因为章太炎"先前也以革命家现身,后来却退居于宁静的学者",日渐与追求进步的青年一代隔绝开来,以至于身后颇显落寞。③ 其实,章太炎去世后,不但国民政府给予国葬待遇,在北平的弟子也举行悼念活动,各大报刊更是连篇累牍登载追忆文章,这场面并不"寂寞"。而鲁迅之所以要这样写,主要是想表明,虽然政学精英纷纷下场纪念章太炎,但相比于这些既得利益者,能否受到大众的纪念,特别是受到追求进步的青年的纪念,才是验证一位历史人物是否有时代贡献的真正标准。

在这个意义上,鲁迅这篇文章的主旨就是想描绘出一个不同

---

① 鲁迅:《致许寿裳》(1936年),载《鲁迅全集》第13卷,北京:人民文学出版社,1981年,第431—432页。
② 黄乔生:《鲁迅年谱》,杭州:浙江大学出版社,2021年,第439页。
③ 鲁迅:《关于太炎先生二三事》,载《鲁迅全集》第6卷,第545页。

于当时政学精英所鼓吹的章太炎形象,即作为革命斗士的章太炎。他说:"我以为先生的业绩,留在革命史上的,实在比在学术史上还要大。"①他回忆起自己青年时代初读章太炎为《革命军》所作的序,回忆起自己在日本留学期间关注章太炎发表于《民报》上的政论文章:"我爱看这《民报》,但并非为了先生的文笔古奥,索解为难,或说佛法,谈'俱分进化',是为了他和主张保皇的梁启超斗争,和'××'的×××斗争,和'以《红楼梦》为成佛之要道'的×××斗争,真是所向披靡,令人神往。"②

但是,在鲁迅看来,辛亥革命之后,章太炎却一再周旋于军阀政客之间,"既离民众,渐入颓唐,后来的参与投壶,接收馈赠,遂每为论者所不满"。不过即便如此,"这也不过白圭之玷,并非晚节不终"。因为章太炎毕竟是一位革命者,在革命生涯里"七被追捕,三入牢狱,而革命之志,终不屈挠者,并世亦无第二人:这才是先哲的精神,后生的楷范"。③鲁迅强调,章太炎最值得人们纪念的是他坚韧不拔的革命精神与顽强不屈的革命意志,他的革命事迹置诸今日,仍然堪称青年一代的榜样。在这个意义上,章太炎不应被遗忘,也不能任由国民党政权的既得利益者们曲解。

最后,作为东京时期的章门弟子,鲁迅表达了自己对章太炎进入民国以后行谊的微词,以及不愿与那些借着章太炎名号来为自己脸上贴金的同门为伍之心迹。他指出:"革命之后,先生亦渐为昭示后世计,自藏其锋芒。""先生遂身衣学术的华衮,粹然成为儒

---

① 鲁迅:《关于太炎先生二三事》,载《鲁迅全集》第6卷,第545页。
② 鲁迅:《关于太炎先生二三事》,载《鲁迅全集》第6卷,第546页。
③ 鲁迅:《关于太炎先生二三事》,载《鲁迅全集》第6卷,第547页。

宗，执贽愿为弟子者綦众，至于仓皇制《同门录》成册。"①鲁迅认为，如果想要让章太炎永远被人们铭记，需要将他的革命事迹广为宣传。在他看来，"战斗的文章，乃是先生一生中最大，最久的业绩，假使未备，我以为是应该一一辑录，校印，使先生和后生相印，活在战斗者的心中"②。章太炎精神的继承人并非高高在上的政学精英，而是那些与恶势力作斗争的"战斗者"。

鲁迅写完这篇文章不久，又写了一篇纪念章太炎的文章，名为《因太炎先生而想起的二三事》。他在其中回忆自己青年时代的社会见闻与阅读经历，叙述自己如何萌生推翻清政府的意识。他通过"剪辫子"这一颇为形象化的举动，表彰章太炎勇于革命、毅然与清政府断绝关系的事迹。③ 这篇文章其实并未写完，因为两天以后，鲁迅也与世长辞。因此，此文堪称鲁迅的绝笔。由此可见，在奄奄一息之际，鲁迅念念不忘的依然是清末与章太炎一起干革命的往事。虽然他后来的文化立场与章太炎不无歧异，但对于老师，鲁迅却是十分怀念且尊重的。

鲁迅去世之后，全国范围内举行各种悼念活动。其中不乏将他与章太炎放在一起来纪念，借此彰显从章太炎到鲁迅的革命思想传承关系。吴承仕的学生，也是章太炎再传弟子的齐燕铭就指出："在这一个民族革命的发展途中，文化方面的战士；前者章太炎先生，继起者有鲁迅先生。章先生的时代当满清末年，一般人已认清非倾覆当前封建统治势力不能得到民主的自由，所以章先生此

---

① 鲁迅：《关于太炎先生二三事》，载《鲁迅全集》第6卷，第547页。
② 鲁迅：《关于太炎先生二三事》，载《鲁迅全集》第6卷，第547页。
③ 鲁迅：《因太炎先生而想起的二三事》，载《鲁迅全集》第6卷，第556—559页。

时对于满人政府攻击不遗余力,卒得辛亥革命的实现。""鲁迅先生在五四运动中,以最锋利的武器向着黑暗势力进攻,是当时一支最有力量的军队。不过那时鲁迅先生的作战式是局部的,散漫的,不是全面的,有计划的,系统的。直到一九二五——一九二七大革命后,世界帝国主义也走到最后的阶段,对于殖民地和半殖民地的侵略是一天比一天的加紧。在此鲁迅先生就展开他全面的斗争,认准了敌人和敌人的工具的封建势力做最勇猛的进攻。"因此,"鲁迅先生在争取中国民族解放,争取民主的自由,这一点上,是和章太炎先生站在同一的历史任务的上面;但在程度上的比较,章先生的晚年好似一位解甲归田的宿将。而鲁迅先生直到死的一天还是全副武装在火线上,努力应战的一员先锋"。①

作为"一二·九运动"的积极参与者,齐燕铭这样诠释章太炎,是想将他置于现代革命史的脉络里来纪念与评价。当时中共北方局一面反思先前文化工作中的关门主义政策,一面强调掌握民族救亡运动领导权的重要性,这就要求党在文化政策上要团结一切有爱国主义思想的人士,使他们成为抗日民族统一战线的一分子。因此,正面评价章太炎的革命事迹,也是为了更好地团结那些与章太炎立场相似,对日本侵华与国民政府不抵抗政策感到愤怒的爱国知识分子,同时凸显国民党高调纪念章太炎之虚伪。相似地,章太炎去世后不久,由进步出版家邹韬奋创办的香港《生活日报》发表评论:"太炎先生过去在中国学术上的贡献以及对辛亥革命的帮

---

① 齐燕铭:《鲁迅先生在历史上的地位——鲁迅先生追悼会的演讲》,载中国社科院文学研究所鲁迅研究室编《1913—1983鲁迅研究学术论著资料汇编》第2册,北京:中国文联出版公司,1986年,第522页。

助,这些劳绩,已用不着我们去表彰,有他的事实去说明。我们对于太炎先生特别致敬的,是他最近的言论,最近对北平学生救亡运动发表的意见。""我们悼太炎先生,我们同时希望太炎先生遍天下的弟子,实践先生最近之言论,为民族尽一点力,对那些假国学之名,为敌人张目的民贼,要赶快出来说话,揭破他们的真面具,使国家永远保存民族光辉的价值。"①中国共产党在巴黎创办的《救国时报》则以章太炎写给宋哲元的公开信为例,认为:"先生(章太炎)的这一态度,正是我们今日全国团结的必要态度,先生的这一主张,正是我们今日抗日救国的正当主张。老成谋国,我可以想见他是如何地以国家利益为前提。"此外,该报指出:"他(章太炎)始终未改变他的民族斗士的态度,他反对'宁赠友邦,不予家奴'的清政府,他反对接受日本'二十一条'的袁世凯,他现在又反对仇共降敌,出卖祖国的汉奸行动。先生说学生救国,事出公诚,其实先生的主张也同样是事出公诚……为了纪念先生,我们即应该来接受和发挥他的遗言。"②

当然,由于章太炎长期与各地军阀频繁往来,加之他晚年主张读经,有悖于新文化运动以降的文化思潮,因此仍有不少对章太炎持批评态度的文章。鲁迅在《关于太炎先生二三事》里提到高尔基。确实,在章太炎去世几天以后,苏联文坛巨匠高尔基也离开人世。由于左翼文学在当时的青年知识分子群体中影响极大,因此就出现了将章太炎与高尔基二人做比较的声音。有论者认为,虽然章太炎与高尔基分别为本国的文化发展做出巨大贡献,但相比

---

① 风:《悼太炎先生》,载章念驰编:《章太炎的生平与学术》上册,第11、12页。
② 田:《悼章太炎先生》,载章念驰编:《章太炎的生平与学术》上册,第12、13页。

于高尔基在十月革命之后依然保持进步本色,章太炎在辛亥革命之后则显得"落伍"了。不过,二人的精神依然值得人们怀念与继承。作者最后总结:"章太炎前一阶段为争取民族生存的革命精神,是值得我们大众全体敬仰取法的,他之不能像高尔基脚踏着现实而投向少数者的怀抱,这不能说是他本身的错误,而是现社会铁则下必然的趋向。我们要求着高尔基这样为哺育人类全体灵魂的母亲,就更必须要去努力创造光明的真理的社会。而首先是要继承这些学术先师和大众巨人的精神,来和剥夺人类生存权,阻碍人类幸福发展的恶魔们——帝国主义及其代理者们作血肉的抗战。"①不过,也有人认为不能将章太炎与高尔基并论,因为章太炎是当前守旧思潮的象征,是与军阀沆瀣一气的代表。就此而言,"矢志守护着苏联社会主义的前进,才显出了高尔基于苏联的伟大。今日中国上下一致的讴歌着章太炎,真是青天白日下莫大的耻辱"②。

章太炎长期参与政治活动,去世之后自然会被人从政治的角度进行评价,这本属正常。不过,章太炎毕竟留下大量学术论著,如何评价他的学术思想,同样成为不少人关注的问题。为使学术根底有限的青年人了解章太炎,宋云彬在《中学生杂志》上刊文介绍章太炎的经学、小学与文学思想,认为章太炎与以康有为为代表的晚清今文经学论战,有助于澄清关于孔子的各种妖妄之言,树立实事求是的学风。对于章太炎的文学思想,他认为章太炎关于"文"的定义有独到之见,但晚年反对白话文则为其缺点。对于他

---

① 白河:《章太炎与高尔基的死》,《中华月报》1936年第8期,第42页。
② 《章太炎和高尔基》,《人报(无锡)》1936年7月20日第2版。

常被人诟病的晚年提倡读经,宋云彬则认为:"我们要认识清楚,章太炎主张读经复古,虽然犯了'时代错误'的毛病,然而他确是从民族主义出发的,他不但没有存心借此来麻醉青年,倒反同情于热心奋斗以争取民族生存的青年学子,这在本年北平学生运动最紧张时他给宋哲元的电报里可以见到。"不过,"另一群的尊经复古者,引他为同调,想借他这块'老牌子'和他所提出的'读经'口号来麻醉青年,阻遏民族革命运动,这是他始料所不及的"。①

由于宋云彬此文主要面向青年,所以未能深入探讨章太炎的学术。20世纪30年代,钱穆在北京大学开设"中国近三百年学术史"课程。彼时章太炎还在世,秉持不对在世之人进行盖棺定论的原则,钱穆在将讲义整理成著作时并未涉及章太炎的学术思想。而在章太炎去世后,钱穆特意撰文一篇,详细评价章太炎之学术。在他看来,"余杭章炳麟太炎,为学博涉多方,不名一家。音韵小学尤称度越前人。然此特经生之专业,殊不足以尽太炎"。"或又以经学称之,太炎论经学,仅谓六经皆史,说经所以存古,非所以适今。"因此,"今论太炎学之精神,其在史学乎"。②

钱穆认为,章太炎的史学主要有"民族主义之史学""平民主义之史学""文化主义之史学"三层意涵。而这三层意涵加在一起,则是对于民族文化的热爱。③ 在这个意义上,章太炎的史学既非简单延续清代汉学的路数,又与晚清以来占主流地位的史学思潮迥然有别。此外,钱穆指出,章太炎的史学之所以呈现出这样的特征,

---

① 宋云彬:《章太炎》,《中学生杂志》1936年第67期,第16页。
② 钱穆:《余杭章氏学别记》,载章念驰编《章太炎的生平与学术》上册,第25、26页。
③ 钱穆:《余杭章氏学别记》,载章念驰编《章太炎的生平与学术》上册,第26页。

是缘于他的史论与政论紧密相连,"论史亦每与世事相发,而论政俗尤深切"。而章太炎之于政治,并不仅从政治制度与政治思想方面展开思考,他尤为重视社会文化对政治的影响,所以十分关注社会道德与民间风俗,期待学术不仅能传承文化,还能化民成俗。因此,他对于五朝学术与程朱理学都有不同于时流的评价。可以说,钱穆对章太炎学术思想的总结是颇为到位的。

最后,评价章太炎,不能不涉及他长期的论敌康有为。钱穆这样评价康章:

> 当其时,与为论敌相抗衡者,有南海康氏。康极恢奇,而太炎则守平实。故康欲上攀孔子为教主,称长素;而太炎所慕则在晚明遗老,有意乎亭林之为人,而号太炎。然康主保王,太炎则力呼革命。康唱为变法,太炎又谆谆期循俗焉。太炎之于政治,其论常夷常退;其于民族文化,师教身修,则其论常峻常激。然亦不偏尊一家,轻立门户,盖平实而能博大,不为放言高论,而能真为民族文化爱好者,诚近世一人而已矣。①

很明显,对于章太炎与康有为,钱穆是偏向于章太炎的,给予他比较高的评价,称他为"近世一人而已"。而对康有为则颇有指摘,这也与他在《中国近三百年学术史》中用不少篇幅批评以康有为为代表的晚清今文经学相一致。不过钱穆到了晚年,出于对中国近代史上反传统之风的反感,认为章太炎实乃开启洪水闸门的代表,遂

---

① 钱穆:《余杭章氏学别记》,载章念驰编《章太炎的生平与学术》上册,第29页。

对他进行新的批评,声称章太炎"为祸之烈,恐当尤驾乎其所深恶的后起新文化运动之上"。对于章太炎的学术代表作《国故论衡》,钱穆认为:"太炎此书,实即是一种新文化运动,惟与此下之新文化运动之一意西化有不同而已。"而关于章太炎的历史定位,钱穆说:"当清末民初之际,学者菲薄传统,竞求一变以为快,太炎与南海康氏,其表率也。"①这一观点,与他在《余杭章氏学别记》中所言截然相反。

如果说钱穆是作为"旁观者"来评价章太炎的话,那么在章太炎诸多弟子当中,对于师说有较为深刻评价者,当属先问学于廖平,后赴苏州拜章太炎为师的蜀学后劲李源澄。章太炎去世后,李源澄应《中央评论》之邀,发表了《章太炎先生学术述要》一文,较为全面地评价师说。他自言:"澄尝读其书而问业其人,谨愿以管窥蠡测之见,供之读者,或于认识先生,不无涓埃之助欤。"②这一方面显示出因为他对章太炎比较了解,所以可以深入分析后者的学术;另一方面其实也在表明这篇文章中的章太炎学术形象,很大程度上是从自己的学术立场出发所进行的评述。例如他如是刻画章太炎晚年的形象:"涵养益深,终日不见喜怒。接其人如汪洋浩海,不测其畔岸。如霁月光风,使人陶醉而不觉其所以然,浑然与万物同体。心量之广大如是。与壮年富贵不淫,贫贱不移,威武不屈,视死生如昼夜之先生,不知者几疑其为二人。"③毋庸多言,这种关于

---

① 钱穆:《太炎论学述》,载《中国学术思想史论丛(八)》,合肥:安徽教育出版社,2004年,第340、342、356页。
② 李源澄:《章太炎先生学术述要》,载林庆彰等编《李源澄著作集》第3册,台北:"中研院"中国文哲研究所,2008年,第1457页。
③ 李源澄:《章太炎先生学术述要》,载林庆彰等编《李源澄著作集》第3册,第1459页。

其待人接物细节的叙述,非时常接近章太炎者所不能为。

在李源澄看来,章太炎治学最为明显的特征便是所涉及面非常之广。"先生一身,可化若干学者。先生实合若干学者为一身,而又能血脉贯通,如手足头目之息息相关。"①之所以有这般成就,是因为章太炎的学术与他的个人经历融为一体,即"先生之学与人,不能离开,学问心境,互为增益。"因此,体现出"独往独来,绝所依傍"的学术气象。② 因此,将章太炎的治学主旨和他强烈的现实关怀合而观之,是李源澄评价其学术的基本视角。也正因为如此,李源澄认为章太炎的学术已与清代汉学有不小的差异。他指出:"先生治学与清儒异者,厥为时代所造成。因念念不忘光复,于是旁求政术,而遍览群史。绎颂玄言,以增其理趣。故读书不忘经国。纯守清儒矩度者,仅少年时期。晚年虽不与闻政事,而对于民族兴亡,政治得失之际,未尝去怀。所谓烈士暮年,壮心未已者也。"③可见,在李源澄看来,想要理解章太炎的学术,不能脱离对近代中国政治变革的考察。或者说,正是由于终其一生都未能忘情于政治,章太炎的学术才体现出所涉范围极广、观点洞见颇多的特征。因此,对于太炎之学,固然可以放到清代以来的学术流变中去理解,但更需要关注到清末以降的政治形势对他的巨大影响。

基于此,出于亲炙教诲之便,李源澄特别着重分析章太炎晚年的学术特点:

---

① 李源澄:《章太炎先生学术述要》,载林庆彰等编《李源澄著作集》第 3 册,第 1458 页。
② 李源澄:《章太炎先生学术述要》,载林庆彰等编《李源澄著作集》第 3 册,第 1458 页。
③ 李源澄:《章太炎先生学术述要》,载林庆彰等编《李源澄著作集》第 3 册,第 1459 页。

> 先生每分学问为二节。一曰,修己治人之学,二曰,超人之学。先生平日教人者,则修己治人之学也。此二者本难融合,先生晚年一切放下,其执著而不舍者,厥惟三事。一曰,关系民族之存亡者。二曰,关系世道之隆污者。三曰,关系学风之醇漓者。此三者其固执异于恒人,除此三事,直与物宛转,而无所用心。①

正如本书前面内容所论,章太炎晚年因受到民族危机日益加剧的刺激,为唤起国人的爱国热情而不辞辛苦地讲学。李源澄所论其晚年于"关系民族之兴亡者""关系世道之隆污者"尤为重视,指的就是章太炎的这些言行。而所谓"学风之醇漓",其主要衡量标准也是着眼于是否对前两者能有助益。可以说,作为章太炎晚年弟子,李源澄颇能道出乃师学术旨趣之所在。

不过另一方面,李源澄认为,正是由于章太炎治学有极强的现实关怀,所以他的经学主张,从李氏所理解的经学演进脉络来看,不无值得商榷检讨之处:

> 先生早年说经之文甚少,大底在今古之争。其余解经之文,亦多卓见,惟无总持一书之作耳。晚年之作,以《尚书拾遗》与《春秋左氏疑义答问》二书为大宗。《尚书拾遗》,在王氏父子与俞、孙二家之后,继续有所发明,可与同其不朽。在此时为之,则尤难也。《春秋左氏疑义答问》一书,已不如壮年

---

① 李源澄:《章太炎先生学术述要》,载林庆彰等编《李源澄著作集》第3册,第1460页。

之偏主贾、服而废杜氏。先生在此书中,发明甚多,惟左氏说经,不无问题。虽以先生之才之学,终未能使其血脉贯通……《周礼》一书,先生既信《周礼》,自不能于《周礼正义》之外,有何独创之见。先生于经学用力勤而获效少者此也。先生于整理方面,因承继清代学风,未能发舒先生之才力。然先生以史观经,而明于古代之政术。固执内诸夏外夷狄之义,为一生精神之所寄托,此又非通常所谓汉学家所能至也。①

李源澄认为章太炎于经学"用力勤而获效少",可以说是一个不轻的批评。他之所以这样评价,是因为在李源澄看来,经学自有其体例与微言,不能完全用训诂考史的方法治之,更不能将经史等而观之,这里体现了廖平经学思想对李源澄的影响。② 李源澄对这一点十分坚持,即便在这篇带有悼念与表彰性质的文章中,依然没有刻意模糊自己与章太炎在经学问题上的明显分歧。当然,李源澄不忘强调,章太炎"一生精神之所寄托"者为"内诸夏外夷狄之义",所以他的经学主张并不能用一般经学家的标准来评价。不过这一论述虽然凸显章太炎学术主张与政治思想之间的复杂关系,但其实也可理解为李源澄有意使用的一种修辞手法,借此含蓄地指出章太炎之于经学或许并未能像自己的另一位老师廖平那样,从经学本身出发展开深入研究,进而有所发明,以至于缺少"独创之见"。

---

① 李源澄:《章太炎先生学术述要》,载林庆彰等编《李源澄著作集》第3册,第1462—1463页。
② 王锐:《章太炎与近代四川学界》,载《新旧之辨:章太炎学行论》,桂林:广西师范大学出版社,2017年,第138—142页。

不过即便如此,李源澄并未贬低章太炎学术思想强烈的经世倾向。在他看来,章太炎的史学在晚近史学流派中就独具特色:

> 先生于史学以讲求政术而学之,既不空论史法,亦不重于考据,更不作穿凿之疑古。而于政治之得失,制度之因革,民族之盛衰,世运之隆污着眼。《别录》《文录》《检论》诸书,凡涉及历史者,皆能洞见本源,知微知显,可谓能得历史之用。体大思精,世罕其匹。①

他指出章太炎史学之要义在于通过思考历史流变来"讲求政术",经世致用的意味甚为明显,这其实与钱穆在《余杭章氏学别记》里所言颇为相似,基本上揭示了章太炎史学的主要特征。总之,如果要从章太炎去世后众多追悼文章中挑选出有助于理解其思想特色之作的话,除了鲁迅的《关于太炎先生二三事》,钱穆的《余杭章氏学别记》与李源澄的《章太炎先生学术述要》庶几近之。

---

① 李源澄:《章太炎先生学术述要》,载林庆彰等编《李源澄著作集》第3册,第1463页。

评价章太炎一生

　　评价一位历史人物,需要将他置于所处的时代背景之中来审视。这既要对人物本身的生平、思想与事功有较为全面的认识,又要宏观把握时代的整体面貌。评价章太炎,同样需要采取这样的方式。

　　鸦片战争以来,在西方资本主义坚船利炮的威胁下,中国遭遇亘古未有的变局与危局,中国传统也面临着巨大的危机。首先,近代中国的小农经济受到资本主义生产方式的猛烈冲击。自秦汉以来,中国形成了比较具有稳定性与广泛性的小农经济,农民一方面通过精耕细作来生产粮食,另一方面从事家庭手工业与副业活动。此外,随着建立起疆域广袤、人口众多的大一统政权,各地经贸往来日益频繁且便捷,形成以地方市镇为代表的区域性市场,以及具有全国联系的、更为广泛的经济网络。这些因素促进了各地商品与经济作物的流通,提升了整体的物质生活水平。① 纵观中国历史,小农经济是中华文明得以延续、儒家思想得以传播的最重要的经济基础。

从第一次鸦片战争开始,西方列强(加上后来的日本)用武力向中国输入资本主义,中国广大农村遭受严重的经济危机。在资本主义工业生产模式下,外国纺织品大量流入中国,严重打击了中国农村的家庭手工业,许多以丝织为业的农民经济上趋于破产,生计维艰。而随着中国成为全球资本主义体系里的下游环节,中国的农业被卷入全球市场之中,农产品价格逐渐被资本主义列强操控,这对长期自给自足的小农经济造成极大损害。同时,由于清政府与列强签订一系列不平等条约,中国丧失关税自主权,列强获得内河航运权与在中国内地开设工厂的权利,造成大量洋货倾销至中国,中国的资金不断外流。与此相关,由于缺少国家有力保护,中国民族资本主义发展步履维艰,难以与外国资本主义力量相抗衡。总之,中国的经济状况愈发严峻,中国民众,特别是占人口绝大多数的农民生活状况越来越差。

此外,中华文明在长期的历史演进过程中形成了一套十分成熟的制度体系。在社会层面,主要是以宗族、宗法、礼教为核心的乡里秩序。这一秩序的伦理准则包括诸如长幼有序、敬宗收族、老有所养、幼有所安、守望相助、劝耕兴学等内容。在政治层面,自秦朝废封建、行郡县以来,郡县制维系着中央与地方的关系,保证中央政令能直达地方,地方信息得以反馈中央。全国范围内有一套

---

① [美]许倬云:《汉代农业:早期中国农业经济的形成》,程农、张鸣译,南京:江苏人民出版社,2019年,第145—151页。

颇为完备的官僚系统。虽然它具有一些难以克服的弊病,但在正常运作时,大体上能制定出比较合理而客观的政策,并实施于四方。在官员选拔上,《韩非子》里主张的"宰相必起于州部,猛将必起于卒伍",成为历代铨选制度的重要尺度之一。隋唐以后,随着科举制的推广,形成一套具有客观标准、一定程度上体现社会流动的选拔机制,让各地具备政治才干的人有机会进入官僚系统,保证执政集团能够周知民情、更新换代。

这套制度体系在近代列强的威胁下显得千疮百孔、难以为继。伴随着农村经济的凋敝,乡里秩序面临解体的危机。在资本主义生产方式的冲击下,"一切封建的、宗法的和田园诗般的关系都破坏了"①。长期师从章太炎,后来成为马克思主义者的吴承仕就指出:"五伦的相对性,亦可应用于劳动者与资本家之间么?在资本家御用的经济学者看来,资劳两方,当然是对等的契约关系——即朋友关系;但是从另一方面看,资本家是支配者,劳动者是被支配者,资本家是剥削者,劳动者是被剥削者,当然是不平等的君臣关系,其君臣关系的强化程度——所谓生杀予夺之权,且非宗法封建时代所能及其万一。"②乡村秩序解体的后果,一是出现大量对农民巧取豪夺的土豪劣绅,二是农村的剩余劳动力要么进入城市沦为底层劳工,要么成为行走于江湖上的流民、会党,要么被迫加入军阀武装,成为军阀混战中的炮灰。

---

① 马克思、恩格斯:《共产党宣言》,载中共中央马克思恩格斯列宁斯大林著作编译局编译《马克思恩格斯选集》第1卷,北京:人民出版社,2012年,第403页。
② 吴承仕:《五伦说之历史观》,载《吴承仕文录》,北京:北京师范大学出版社,1984年,第10页。

在政治制度方面,近代西方资本主义国家具有极强的组织、动员、汲取与宣传能力,能够在短时间内迅速集结经济与军事力量进行海外殖民扩张。资本家在政府中具有很大的发言权,国家全力支持殖民扩张活动,掠夺世界各地的生产资料与劳动力。根据今天的研究,早在第一次鸦片战争之前,英国就已经筹划通过武力在中国沿海占据一块区域,将英国在印度的殖民模式照搬到中国来。① 相较之下,中国传统政治讲求低成本、低赋税的稳定,强调"君民不相扰",在"皇权不下县"的统治模式下,组织与动员能力非常有限。此外,清中叶以后,政治风气越来越败坏,出现大规模、持续性的官吏贪污与滥权,而官僚系统内部却缺乏根治这些弊病的机制。一些有识之士,如洪亮吉、龚自珍、沈垚等,都已十分深刻地揭示了清王朝的衰颓之像。正如钱穆指出的,即便没有西方列强的入侵,按照中国古代王朝兴衰率,清王朝也已渐渐步入末世。在此局面下,中国传统政治制度很难有效抵御外侮,必须对之进行改弦更张。更有甚者,中国传统政治的运作高度依赖官僚与士绅的合作,由此形成的对广大农民的支配与剥削,在近代农村经济破产的背景下显得愈发严酷,其压迫的一面表现得越来越明显,致使民不聊生。

在这样的背景下,要想让中国传统重新焕发生命力,首先,必须要让中国彻底摆脱近代以来落后挨打的局面,抵御东西列强对中国的侵略,实现真正的独立自主。其次,需要从中国的现实出发,吸收一切能让中国实现名副其实的独立富强、民生充裕的域外

---

① 黄逸平:《中外贸易冲突与鸦片战争》,载《近代中国经济变迁》,上海:上海人民出版社,1992年,第45—50页。

学说,而非恪守旧章、食古不化,对世界大势茫然不知。最后,小农经济的解体及近代资本主义在中国的兴起使中国社会结构发生深刻变化,新的政治力量开始登上历史舞台,新的文化形式也随之出现。这就要求中国传统高度依赖皇权与绅权的情形必须有所改变,中国传统需要被赋予更多平民的、大众的色彩,使传统当中的合理内核成为新的文化形式的重要组成部分,而非沦为各种腐朽的、落后的政治与经济力量的代名词。

这就是章太炎生活的时代。正如姜义华老师所论:"近代中国,对于漫长的中国历史来说,所面临的也正是一次从未经历过的最伟大的、进步的变革,它是需要文化学术方面的巨人,并产生这样的巨人的时代。十九世纪末二十世纪初的中国,社会条件与时代要求的内容与欧洲的'文艺复兴'及其后的启蒙运动都不一样。环境的急变,社会的激烈动荡,不容许近代中国的著名人物在安静的书斋中以充裕的时间,从容地进行研究与创作。然而,也正因为如此,他们几乎毫无例外地都处在时代运动的激流中,都自觉地或不自觉地在实际斗争中生活着和活动着,从而得以在多方面作出贡献。康有为、严复、章太炎等人,便是近代中国第一批多才多艺、学识渊博的巨人。"[①]正所谓"国家不幸诗家幸,赋到沧桑句便工"。近代中国面临的各种困局与危局,激发时贤深入思考中国的历史与现实,探究近代世界的基本面貌,挽救中国于危急之中。作为一位立志于救国救民的革命者,作为一位立志于让中国传统重焕新生的学者,章太炎无惧艰辛,上下求索,既付出了不小的代价,也为

---

① 姜义华:《章太炎思想研究》,上海:上海人民出版社,1985年,第508页。

后人留下了丰厚的思想遗产。其主要表现为以下四个方面：

第一，章太炎希望在近代变局之下重新阐释中国传统，使之成为未来中国文化建设的重要组成部分，让中国人能够珍视自己的传统，进而培养起爱国之心。其中，他一方面揭示儒学因长期作为帝制时代的官学而导致的各种弊病，提醒人们不要为了功名利禄而成为钻营奔竞的"小人儒"；另一方面则着重表彰荀子、顾炎武、颜元、戴震等人的思想，总结其学说中值得被继承与发扬的内容。到了晚年，目睹民族危机进一步加剧，章太炎开始强调儒家"修己治人"的重要性，希望以此来砥砺民德、激扬民气，唤起人们对于国家与民族的责任感，激励人们投身到救亡图存的政治运动之中。在语言文字学方面，章太炎将语言文字视为中国文化的重要根基，语言文字之学已非如清代那样只是经学的附属，而是一切中国学问的基础。他从中国文化的整体性与中国历史的延续性出发，对语言文字的缘起、中国文字的特点、中国文与言的关系等内容展开深入研究。

此外，章太炎强调中国传统的丰富性，挖掘长期以来被视为"异端"的先秦诸子的价值。他创造性地阐释了庄子思想当中的"齐物"之道，提出能够包容各种文明之间差异性、让万物各得其所的"齐物平等"思想。相似地，他表彰老子"圣人无常心，以百姓心为心"的主张，认为这一主张与现代民主政治的原理颇为契合，顺其思路，有可能为形成符合中国自身特点的民主政治创造契机。面对近代中国的政治动荡，章太炎对法家思想进行提炼与改造，着重阐释为政应循名责实、不避权贵；判断是非要以法律条文为根据，杜绝人情请托；以及"宰相必起于州部，猛将必发于卒伍"的政治选拔原则;强调郡县制对于维系中国统一的重要性。

同时,中国有十分丰富的历史典籍,章太炎也很重视历史。他希望创造一种既凸显中国特色,又体现现代风格的"新史学",甚至一度想动笔写一本《中国通史》。在他的设想里,这样的"新史学"既能提供丰富的历史知识,又能帮助人们认清中国发展道路。其中,章太炎尤为关注典章制度之学。他一方面深受荀子与杜佑的影响,注意到典章制度之学在中国古代史学中的重要地位;另一方面,通过阅读大量近代社会科学著作,他希望借阐述典章制度变迁来"发明社会进化之理"。及至晚年,他主张应从中国历史的演变过程来认识现状,并视此为致用之道;强调读史应识大体,熟知历代政治社会变迁与疆域沿革梗概,从中汲取足以为当下所借鉴与取法之处。

总之,章太炎身处近代变局之下,面对汹涌而来的时代巨流,为了回应世变,他对中国传统学术诸多领域进行了全面的阐释与表彰。他并非基于门户之见而将自己局限在某一家或某一派,也非出于怀思古之幽情,而是在中国传统遭遇危机的背景下展开学理思考,希望能让中国传统成为人们应变图强的重要思想资源。正是因为章太炎为世人留下了大量研究中国传统学术的论著,他被人们视为近代中国首屈一指的大学问家。

第二,长期以来,不少人将章太炎的政治思想仅限于"排满"一点,这其实严重窄化了他的思想。章太炎在清末撰写了许多分析中国政治问题的论著。在1906年之前,像同时期其他致力于追求新知的士人一样,他一度认为中国的政治变革应该以近代西方资本主义国家为样板。但在1906年东渡日本主持革命党机关报《民报》笔政之后，章太炎开始反思简单地将近代西方政治模式移植到中国的做法，强调制度建设应符合中国的历史与现实。中国未来的发展必须顾及广大平民的利益，不能因仰慕近代西方资本主义国家而忽视土地兼并、资本扩张与各种形式的剥削与压迫。基于此，他批评时人对近代西方资本主义代议制的向往，强调如若在不改变社会结构的条件下在中国实践这一制度，将会造成许多新的政治与社会矛盾，让那些有条件被选举为议员的地方豪强能变本加厉地盘剥民众，使议会变为维护这些人的特权与既得利益的工具，进而形成新的压迫与剥削，人为制造出成百上千在民众头上作威作福的"议皇"。

此外，随着近代资本主义因素在中国体现得越来越明显，章太炎对中外资本的力量在中国的扩张十分警惕，担心在创办新政、发展工商业的名义下，广大平民会遭受新的压榨与剥削。他表彰五朝之法有"抑富人"的特征，强调这与资本主义国家通过立法的形式确立资产阶级支配地位有本质区别，中国古代的一些制度设计要比资本主义制度更有历史价值。其目的并不是主张将古代法典照搬当下，而是思考在近代中国如何通过法律形式来抑制资本的力量，保障平民的利益。进一步而言，章太炎这些思考的深层次逻辑就是认为中国历史上出现的良法美制及其背后所根据的政治传统具有生命力，理应在新的历史条件下予以创造性转化，成为人们思考未来制度建设的重要参考。这样既能保证历史文化的延续性，又能避免重复西方资本主义体制里的种种弊病，让新制度不异化成维护少数特权集团高高在上的工具，而是能保障大多数人的利益，让中国实现名副其实的民主政治。

在思考政治问题时，章太炎并非简单地出于民族主义诉求，亦非不谙世变地复古守旧，而是有着超越教条式的线性史观，在认识近代资本主义政治体制之本质的基础上，将中国传统政治实践视为具有生命力的理论资源与历史遗产，并作为一种批评的尺度来审视19世纪以来的资本主义体制。其背后的思维逻辑就是将中西政治体制与政治实践都视为历史动态过程中的产物，拒绝将任何一方"本质主义化"。可以说，强烈的历史感或者历史意识，以及对于政治与经济平等的强烈诉求，是章太炎思考政治问题时的重要特征。他的这些探索固然不能被视为尽善尽美，但他在相关文章中所透露的政治主张，却颇为深刻地影响着下一代革命者的思考与实践。

第三，为了追求新知，章太炎在清末较为广泛地阅读近代西方哲学与社会科学著作，对近代西学的核心概念与基本逻辑有一定程度的认识，同时颇为细致地观察到了近代西方政治实践与意识形态话语之间的微妙关系。在他的早期著作中，诸如《膏兰室札记》与初刻本的《訄书》，可以明显看到他试图吸收、借鉴近代西学的尝试。

在因苏报案入狱的日子里，章太炎较为广泛地阅读了佛学著作，使自己的知识体系得到极大的充实与升华。1906年，章太炎东渡日本担任《民报》主编，有机会近距离地接触深受近代西方文化影响的日本社会，直观感受资本主义文明对人们产生的影响，这使他得以较为系统地反思近代西方社会科学的复杂性，一改从前对后者的简单认同态度。与此同时，通过与日本的社会主义者（包括无政府主义者）的交往，章太炎开始检讨资本主义政治、经济与文化形态,反思那些在当时极有影响力的概念,诸如"文明""进化""公理"等,一方面揭示它们在学理层面的复杂面貌,另一方面剖析这些概念如何在实践层面与近代列强殖民扩张活动相结合,成为论证这些活动具有合法性与必然性的意识形态工具。在具备这些知识积累的基础上,他的《俱分进化论》《四惑论》《齐物论释》等论著,在很大程度上代表着当时中国知识分子从理论层面反思西方现代性的最高水准。

在此基础上,章太炎试图构建一套彰显人的主体性与能动性、凸显政治与经济平等之正义性的哲学体系。对此,正如姜义华老师的评价:"在他(章太炎)那一代人中,可以说,还没有其他任何一个人曾像他这样在如此广阔的哲学领域中纵横驰骋,以勇猛的气势对传统的世界观进行挞伐,努力使他所生活的那个时代的时代矛盾、时代精神在哲学中得到升华。他确实以自己的业绩为中国哲学的发展开辟了一个新的历史阶段。""章太炎所致力的是一场名副其实的哲学革命,却又是一场中途夭折了的哲学革命。他的哲学,企图用一种新的认知方法,引导人们从世界观的高度去认识和解决时代、国家、革命所面临的一系列根本性问题。但是,人们几乎完全没有理睬他的这些努力。这种冷淡,当然与他的论著过于晦涩抽象、许多真知灼见淹没在大量相对主义和虚无主义说教中有关。更重要的理由,却是因为革命者和他们的对手当时都沉浸在激烈的政治风暴中,人们没有精力、时间、兴趣、毅力去对那些似乎远离现实的抽象问题进行深入的思考。整个国家都缺乏哲学氛围,因此,章太炎便常常是孤身一人在奋战。"①

第四,从清末到民国,章太炎多次进行讲学活动,培养出不少十分优秀的学生。"章门弟子"成为中国近代史上不容忽视的群体。在他清末民初讲学时的弟子当中,既有黄侃、朱希祖等钻研经史、深通小学的专家;又有鲁迅这样继承其批判精神,对中国现代历史进程产生深远影响的文化巨匠;还有吴承仕这样延续并发展其革命思想,在新的历史时期成为新的革命者的进步知识分子。到了晚年,目睹民族危机加剧,章太炎不顾年迈体弱,再次设坛讲学。虽然他认为晚年所收弟子在学术根底上不及清末所收弟子,但即便如此,他晚年的弟子当中同样有成绩斐然的文史名家。如诸祖耿的先秦典籍研究,王仲荦的魏晋南北朝隋唐史研究,李源澄的中国经史研究,汤炳正的楚辞研究等。

章太炎培养弟子的方式既不同于康有为那样把学术与政治混在一起,将学术上的师生关系变为政治上的主从关系,②又不像现

---

① 姜义华:《章太炎》,台北:东大图书公司,1991年,第202、203页。
② 康有为在万木草堂培养的门生,后来多成为他政治上的得力助手,这一点已为人熟知。其实不仅康有为如此,他的得意门生梁启超也是如此。五四新文化运动以来,有感于青年学生开始探索新的救国之路,成为一股不容忽视的政治力量,在政坛上屡遭挫折的梁启超及其同好开始调整思路,从先前致力于在国会里纵横捭阖,变为在社会上广树声势,利用新式教育机构,通过文化与教育活动,为自己的团体培养后备力量。20世纪20年代前期,梁启超等人仔细盘算如何在国内各大学安插自己人,如何通过创办刊物与发起讲学活动来介入文化与学术界的各种论争,如何借学术研究来潜移默化地宣传自己的政治主张。在梁启超与其同好的通信中,时常可见这样的话,"欲举大事,只有师生朋友可靠,然皆须有长久之时日……五年后吾党将遍中国,岂再如今日之长此无人也","清华、南开两处必须作吾辈之关中、河内,吾一年来费力于此,似尚不虚","今之所急,一在立事业而图发展,一在定主义而事宣传,然后方有真团体之组织……全力从事于此事,设科不必多,惟教授须最高手,藏书楼须极完备,须有一种特别精神,特别色彩,此为吾辈文化

代大学体制那样,老师与学生之间关系日趋冷淡,课堂授课以念讲义为主,上完课后师生之间不再有过多往来。从弟子所写的回忆文章可以看到,章太炎在讲学之时旁征博引,其课程内容广泛、趣味横生,并不按照现代学术分科来进行讲授。不少弟子若能得其学术之一端,就已经在相关领域堪称专家。与此同时,章太炎在不同时期主持创办学术刊物,让弟子与友朋能够将学术成果公开发表,以收同声相应之效。更为重要的是,章太炎除了向弟子讲授学问,还效仿古人讲学之旨,与弟子一起砥砺道德,以气节相尚。在清末的讲学活动中,他以坚定的革命意志影响弟子,在晚年的讲学活动中,他反复强调在强敌压境之下,需要培养爱国思想,关心国家兴亡。这种无形的道德感召力,较之具体的知识,更能凸显章太炎讲学的文化意义。

(续)————————————

运动、社会事业、政治运动之重要基本,应早筹备","将来的社会中心势力,非托与学者与商人之团结不可……所谓学者与商人的团结,只在中心势力之造成,所执的何种主义另是一问题"。参见丁文江、赵丰田编《梁任公先生年谱长编(初稿)》,北京:中华书局,2010年,第497、498、485、538页。对于梁启超等研究系人士如此这般从事学术教育活动,时人这样评价:"五四运动而后,研究系三字大为一般人所注目,盖彼舍目前政权之直接争夺,而努力文化运动,谋植将来竞争之稳固地盘者也。虽其文化运动之主张,系出一种取巧之政略,而非诚心觉悟忏悔,做基本功夫,以图根本上之改造;然视同时国中各政党,故步自封,仍守因袭传统之党纲,不知顺应世界新潮为进止者,似稍差强人意耳。"参见谢彬《民国政党史》,载《民国政党史·政党与民初政治》,北京:中华书局,2007年,第178页。或许是有相似的感观,1922年,一位青年学生写信给在学术文化界崭露头角的胡适,批评他不该和梁启超等人走得太近:"梁氏太无学问,只以滑头的手段去作著述家,要知人外有人,人人不尽可欺的。胡先生,你是最拜倒这滑头文学家的,但是我不知道你所拜倒他的是什么东西,难道是研究系的势力么?"参见《傅斯稜致胡适》,载中国社会科学院近代史研究所中华民国史组编《胡适来往书信选》上册,北京:中华书局,1979年,第178—179页。

当然，作为一位热心于政治活动的人物，章太炎在近代中国的时代大潮中也遭遇过不小的挫折，甚至因此而背上一些负面的评价。这一方面体现了近代中国历史进程中时常显现的复杂性、曲折性与残酷性并存的时代特征，导致许多历史的参与者时常会不自觉地陷入各种主观或客观上的困境，另一方面其实也体现了作为一位出身于旧式士绅家庭，行为风格带有极强士绅色彩的革命者，章太炎自己身上所表现出来的历史限度。

辛亥革命之后，为了建设由许多革命者流血牺牲换来的新政权，章太炎充满热情地参与到国内政治活动中。可结果却是，不但他自己在民初政坛上处处碰壁，而且新生的中华民国政权也未能建立起稳固的政治秩序，反而让袁世凯窃取革命果实，帝制自为。章太炎在民初政坛所面临的基本困境在于，他先是对昔日的革命同志党同伐异、腐化堕落深表不满，于是尝试联合立宪派与清廷旧官吏，借助他们的政治经验来巩固国权。但认识到后者的真实面目之后，他又一度寄希望于作为国家元首的袁世凯能够厉行法治，惩治贪污腐化与争权夺利之徒。直到宋教仁被袁世凯手下暗杀，他才彻底明白，袁世凯本人正是那些贪污腐化与争权夺利之徒的最大庇护者。随后，章太炎又开始重新与昔日的革命同志共谋大事。可此时的国民党无权无兵，非但不能改变现状，还因"二次革命"的失败而实力大损。在章太炎的政治视野里，作为国家主权所有者的广大中国民众始终是"沉默的大多数"。他所瞩目的政治力量，只是从立宪派、旧官吏，再到国民党人之间转换而已。他无法寻找到新的能够改变中国现状的政治力量；无法借由组织动员这一新的政治力量，自下而上地彻底清除中国的政治毒瘤；无法真正深入中国社会的基层,通过实践来认识近代中国社会的基本矛盾,进而总结出一套既符合中国现实,又能让绝大多数中国民众获得参与感与翻身感的政治理论。这或许就是章太炎在民初政争中处处碰壁的根本原因,也是他作为政治实践者留给后世最大的教训。

与之相似,到了20世纪20年代,新的政治力量开始在中国大地上出现。章太炎在清末所宣传的保障广大平民利益、批评地方豪强兼并与剥削、警惕近代资本主义与国家权力相结合、主张在未来政治建设中应体现政治与经济平等,被这一新的政治力量用更为生动而深刻的语言进一步阐发,并使其演变为一场轰轰烈烈的政治运动,为改造中国不合理的政治与社会结构创造了历史契机与历史动力。可章太炎此时却依然将改变中国政治现状的希望寄托于各省军阀,成为民初"军绅政权"里被利用的对象。他十分积极地参与联省自治运动,认为通过地方自治,可以有效制约北洋政权的不法勾当与卖国行径,保卫中国主权与领土完整。但他似乎未能清醒意识到,虽然联省自治运动的宣传者多为知识分子与工商阶层,但在那些开展联省自治的省份,地方大权其实掌握在拥有兵权的军阀手中。他们之所以偶尔对联省自治运动表示支持,无非是想让自己称霸一方的行为拥有更为华美的外观。章太炎本人绝非贪图富贵之人,但却在国民革命运动兴起之后依然与各地军阀保持若即若离的关系,这使他受到新一代革命者的猛烈批评。而军阀对于章太炎,也只是想借助他的名气来凸显自己"尊学右文",却绝不会将章太炎的政治与文化理想真正付诸实践。

人们不禁要问,章太炎在思想上具有革命性与独立性,为何却在行动上如此这般?说到底,这很大程度上与他本人的自我定位有关。章太炎少年与青年时代深受中国传统教育熏陶,之后又在晚清大儒俞樾主持的诂经精舍中学习多年。因此,古代士绅阶层的立身处世之道,在潜移默化中对他有不小的影响。顾炎武曾说:"士而不先言耻,则为无本之人。"①章太炎在不少论著里对历代士大夫之出处进退多有评论,表彰顾炎武、王夫之等行事高洁之士,痛斥清代"理学名臣"之虚伪夸饰。这固然显示出他对于道德风俗的重视,同时也表明他在内心深处依然以士人自命,所以才致力于对士风激浊扬清。

辛亥革命之后,虽然章太炎一度参与组建政党,但他从未像孙中山、袁世凯、徐世昌那样有过当政治"一把手"的念头,而是自处于"军师""参谋"这样的位置。除了短暂出任东三省筹边使,他先是向袁世凯披陈治国之道,南方护法军政府成立后,他又担任秘书长,协助孙中山联络西南军阀。而他长期以来对黎元洪抱有很大期望,一直为后者出谋划策,更是成为喜谈近代掌故者时常道及的一个话题。从这些活动,可以看到章太炎颇为强烈的希望辅佐"明主"安邦定国的古代士人性格。他经常将自己比作元末辅佐朱元璋成就帝业的名臣刘伯温,一个不容忽视的原因就是章太炎以"王佐之才"自期的自我定位。这固然凸显了他心系天下安危的豪迈之志,但也让他很难真正与中国大多数民众建立起牢固的联系。

进一步而言,虽然士绅阶层在传统社会里对王朝治理与文教普及有一定正面作用,同时不能否认在一些历史时期里的不少士人确实是在自觉实践儒家道德,但说到底它仍然是古代社会结构

---

① 顾炎武:《与友人论学书》,载《亭林诗文集·诗律蒙告》,上海:上海古籍出版社,2012年,第93页。

中的特权集团。而要想维系其特权,就免不了对平民百姓进行各种形式的剥削,比如收租与放贷。此外,士绅阶层常年垄断文化话语权,建构了不少旨在为士绅支配的正当性进行辩护的学说,并通过各种渠道,将这些学说的基本观点不断下沉,形成一种大众文化。明清两代颇为流行的"功过格",其中有不少大谈主仆关系固定化的内容,并宣称被支配一方需"安分守己",如此才能积累"阴德",就是明显的例子。在清代,属于上层士绅的官僚缙绅群体具有法律上与赋税徭役上的特权,使他们有条件保持优越的经济地位;属于下层士绅的绅衿群体在当地常常与地方官勾结往来,相较于一般百姓,实际上也有不少特权。① 随着近代中国社会经济结构的变迁,传统士绅阶层的经济基础已在逐渐丧失,他们越来越难以延续过去的政治与文化特权。在此背景下,他们要么转型为新式知识分子,与伴随着大众民主而出现的新政治力量相结合,在改造中国政治社会结构的同时让中国摆脱民族危机;要么沦为本国军阀与外国资本主义势力的清客,表面上延续其特权地位,实际上只能成为杜亚泉所描述的毫无根基的"贵族化之游民"。② 章太炎之所以在政治活动中难遂其愿,从根本上来说与他介乎新旧之间的社会身份息息相关。虽然他在清末的一系列文章里对士绅特权多有批判,但在行动上却依然带有十分明显的士绅阶层特征,这导致他很难将自己的思想主张付诸实践,反而一而再,再而三地被旧的势力所牵累。

---

① 经君健:《清代社会的贱民等级》,成都:四川人民出版社,2021 年,第 11—21 页。
② 杜亚泉:《中国政治革命不成就及社会革命不发生之原因》,载田建业等选编《杜亚泉文选》,上海:华东师范大学出版社,1993 年,第 401 页。

虽然如此，章太炎的一生仍然为后人留下了极为宝贵的思想遗产，这些遗产值得人们不断进行挖掘与阐发。顺着他当年的所思所想，从"自国自心"出发，基于平民的、大众的立场，思考中国文化建设路径，探索能让大多数人受益的政治与经济制度；同时正确对待各种域外学说，使中华文明焕发新的生命力，让中国的学术能真正实现自立与成熟，让人世间不再有霸权、压迫与剥削，这些都需要后来人的持续努力。本书所做的，包括笔者在其他研究章太炎的著作里所做的，不过是一些微小的尝试而已。

后记

本书之作,主要是想用比较通俗的方式呈现章太炎的生平与思想。在内容上,本书侧重分析章太炎的政治思想与政治活动,兼及他的学术主张。当然,在章太炎那里,所谓"学术"与"政治",其实并非泾渭分明。正如书名所示,本书将章太炎定位为一位在近代变局下思考中国未来发展道路的革命者,以及一位立志阐扬中国传统价值的儒生。革命者与儒生这两种身份,在章太炎身上虽偶显张力,但总体而言是兼具且互补的。

在中国传统史学里,传记占了很大一部分内容。纪传体史书,除去"表"与"志",很大程度上可以被视为某一时期不同类型人物传记的汇编。所谓"知人论世",放在中国传统史学重视传记的特点下来理解,或许更能得其三昧。司马迁在《魏其武安列传》里通过叙述窦婴与田蚡的生平呈现汉代宫廷政治之波云诡谲、残酷无情;全谢山在《鲒埼亭文集》里叙述明清之际诸大儒的学说与事迹,窃以为这些史学实践值得人们继承并发扬。笔者虽对章太炎的生平与思想做过一些研究,但基本上属于现代学术体制下的专题研究。因此,本书是一个尝试,尽可能以笔者所理解的中国传统史学精义为基本方法来叙述章太炎的一生,并通过他的生平与思想,展现近代中国政治与文化的些许面貌。就我而言,一直有用传记形式呈现章太炎生平与思想的想法,本书算是实现了一个多年来的心愿。

当然,要想深入且完整地了解章太炎生平与思想,仅凭本书是肯定不够的。导师姜义华教授的《章太炎思想研究》与《章炳麟评传》内容翔实、立论精当,实为了解章太炎及其时代的典范之作。本书的基本框架,亦是建立在对师说的学习心得之上。此外,本人着手研究章太炎,始于十年前以"章太炎晚年学术思想研究"为题撰写硕士论文。在此期间,汪荣祖教授给我了不少指导意见,让我获益良多。汪先生的 Search for Modern Nationalism: Zhang Binglin and Revolutionary China 一书,以及长文《章炳麟与中华民国》,对于了解章太炎的政治思想与政治实践极有助益。

开始撰写本书之后,才深切感到最近70余年来前辈学者搜集整理中国近代史基础文献之艰辛与伟大。手头经常翻阅的几种文献合集,如《中国近代史资料丛刊》里的《戊戌变法》《辛亥革命》《北洋军阀》,又如章开沅先生主编的《辛亥革命史资料新编》,又如初版于20世纪60年代的《辛亥革命前十年间时论选集》,又如蔡尚思教授主编的《中国现代思想史资料简编》,又如章太炎、康有为、严复等人的著作集,以及近代重要人物的年谱长编。如果没有这些精心搜集整理的文献,今日展开中国近代思想史研究,无疑会平添许多困难。这些文献合集的筹划、整理与出版过程,窃以为应属当代文科学术史中的重要内容。

  这些年下来,经常会想起在不同时间、不同地点、不同场合、不同心境下阅读这些历史文献的经历,以及与此相关的陈年旧事。其中的纷纷扰扰与聚散离合,本想借此机会感怀一下,但又恐流于絮絮叨叨、文不对题,所以还是就此打住吧。

  本书写于上海疫情管控期间,故无法到图书馆看书,更无法通过电商购买参考书籍。感谢高航兄不嫌我啰嗦,给我提供许多文献材料的电子版。感谢在此期间经常来问候我的朋友们,祝大家身体健康,工作顺利,万事如意。感谢隆进兄接纳本书,让我又能在家乡的出版社出书,同时感谢佳睿兄的精心编校。

王锐
2022年6月于上海市普陀区